Gerdes/Spellerberg
Althochdeutsch – Mittelhochdeutsch

Athenäum Taschenbücher
Sprachwissenschaft

Udo Gerdes
Gerhard Spellerberg

Althochdeutsch – Mittelhochdeutsch

Grammatischer Grundkurs zur Einführung und Textlektüre

Vierte Auflage

Athenäum Verlag
1978

CIP-Kurztitelaufnahme der Deutschen Bibliothek
Gerdes, Udo:
Althochdeutsch, mittelhochdeutsch: grammat. Grundkurs zur Einf. u. Textlektüre / Udo Gerdes; Gerhard Spellerberg. –
4. Aufl., 18.–22. Tsd. – Königstein/Ts.: Athenäum Verlag, 1978.
(Athenäum-Taschenbücher; 2008: Sprachwiss.)
ISBN 3-7610-2008-2
NE: Spellerberg, Gerhard

1.– 8. Tausend: Oktober 1972
9.–12. Tausend: August 1974
13.–17. Tausend: Februar 1976
18.–22. Tausend: Oktober 1978

Gesamtherstellung: Clausen & Bosse, Leck
Printed in Germany
ISBN 3-7610-2008-2

Inhaltsverzeichnis

C. Zum Formenbau

Vorbemerkung

Der vorliegende »Grundkurs« ist für Einführungen in das Althochdeutsche und Mittelhochdeutsche gedacht, die vor allem die notwendigen Sprachkenntnisse zum Verständnis hochdeutscher Texte des Mittelalters vermitteln wollen. Deswegen enthält er neben einer Übersicht über bestimmte, besonders in der Flexion auftretende Lautwechselerscheinungen (Teil B.) und einer Darstellung des Formenbaus (C.) auch Hinweise zur Syntax (D.) sowie zu Wortbedeutung und Bedeutungswandel (E.), schließlich Lektürestücke mit Erläuterungen, die auf sprachliche Schwierigkeiten im Text aufmerksam machen und Hilfen zu deren Lösung an die Hand geben sollen. Althochdeutsche und mittelhochdeutsche Phänomene sind jeweils nebeneinander behandelt und, soweit in dem hier gesteckten Rahmen möglich, neuhochdeutschen Entsprechungen gegenübergestellt; dadurch treten gemeinsame und je eigentümliche Kennzeichen dieser Sprachstufen hervor. Größere sprachgeschichtliche Zusammenhänge suchen der einleitende Teil (A.) sowie die Kommentare zu den beigegebenen Vergleichstexten anzudeuten. Eine kurze, nach Sachgebieten geordnete Bibliographie verzeichnet die wichtigsten wissenschaftlichen Handbücher, deren Benutzung dieser knapp gehaltene Grundkurs selbstverständlich nicht entbehrlich macht. Die Handhabung des Bandes sollen fortlaufende Marginalzahlen erleichtern, auf die sich, sofern nicht anders angegeben, die Verweise im darstellenden Teil, in den kommentierenden Fußnoten zu den Lektüretexten sowie im Register beziehen.

Der Band ist hervorgegangen aus Arbeitsmitteln, die in mehrfach abgewandelter Fassung für einsemestrige Einführungen in das mittelalterliche Deutsch erstellt worden sind. Herzlich danken wir Joachim Bumke, der Unterrichtsmaterial für ein derartiges Seminar mit ausgearbeitet hat, und Joachim Heinzle, dessen »Materialien« zu einer Einführung ins Althochdeutsche uns einige Anregungen gegeben haben.

Abkürzungsverzeichnis

A., Akk.	Akkusativ
ahd. (Ahd.)	althochdeutsch
alem. (Alem.)	alemannisch
as. (As.)	altsächsisch
bair. (Bair.)	bairisch
D., Dat.	Dativ
dt. (Dt.)	deutsch
f., Fem.	Femininum
fränk. (Fränk.)	fränkisch
G., Gen.	Genitiv
germ. (Germ.)	germanisch
got. (Got.)	gotisch
I.	Instrumental
ie. (Ie.)	indoeuropäisch
m., Mask.	Maskulinum
md. (Md.)	mitteldeutsch
mhd. (Mhd.)	mittelhochdeutsch
mnd. (Mnd.)	mittelniederdeutsch
n., Neutr.	Neutrum
N., Nom.	Nominativ
nd. (Nd.)	niederdeutsch
nhd. (Nhd.)	neuhochdeutsch
obd. (Obd.)	oberdeutsch
Pers.	Person
Pl.	Plural
Sg.	Singular
St.	Stamm
st.	stark
sw.	schwach
Z.	Zeile

A. Hauptkennzeichen der deutschen Sprache

Dieser einleitende Teil skizziert Gemeinsamkeiten des Deutschen mit anderen germanischen Sprachen sowie die Binnengliederung und die Wandlungen des Deutschen. Er stellt sprachliche Erscheinungen, die weiter unten systematisch behandelt werden, in historischem Zusammenhang vor. Dabei sollen einerseits durchgehende Kennzeichen des Deutschen, andererseits Eigentümlichkeiten des Althochdeutschen und des Mittelhochdeutschen hervortreten.

Es wird sich empfehlen, die Informationen besonders dieses Teils, in dem mehr noch als in anderen verknappt werden mußte, zu ergänzen mit Hilfe der einschlägigen, in der Bibliographie genannten Handbücher und Standardwerke. Eigens hingewiesen sei auf die vorzügliche Darstellung der deutschen Sprachgeschichte durch Peter von Polenz, auf dessen Analysen einige der im Abschnitt A. 3. zusammengestellten Hinweise zurückgehen.

1. Deutsch als germanische Sprache

Deutsch ist eine germanische Sprache und teilt als solche die Eigentümlich- 1
keiten, durch die sich die germanischen Sprachen von den übrigen zur indoeuropäischen Sprachfamilie gehörenden Sprachen (z. B. dem Indischen, Griechischen, Lateinischen) unterscheiden. Zu einer partiellen Ausgliederung des Germanischen aus dem Indoeuropäischen haben vor allem folgende Entwicklungen geführt:

Veränderungen im Konsonantismus 2

Auffälligstes konsonantisches Kennzeichen der germ. Sprachen gegenüber dem Ie. ist der Reichtum an Reibelauten, z. B. germ. *f* gegenüber ie. *p*: got. *fotus*, engl. *foot*, schwed. *fot*, niederl. *voet*, nhd. *Fuß* – griech. πούς, lat. *pes*, franz. *pied*, span. *pie*; germ. *þ* [θ] gegenüber ie. *t*: got. *þreis*, engl. *three* – lat. *tres*, franz. *trois*; germ. *h* [x] gegenüber ie. *k*: ahd. mhd. *rëht*, nhd. *recht* – lat. *rectus*. Die Vorgänge, die zur Ausbildung der germ. Reibelaute geführt haben, gehören zu der umfassenderen systematischen Veränderung des ie. Verschlußlautsystems, die als »erste« oder »germ. Lautverschiebung« bezeichnet wird. (Die einzelnen Verschiebungsvorgänge werden im Zusammenhang mit bestimmten Erscheinungen des Lautwechsels erwähnt: s. 58 und 61.)

Veränderungen im Vokalismus 3

Auch bei den Vokalen sind weitreichende, jedoch nicht in gleicher Weise systematisierbare Veränderungen eingetreten, z. B. germ. *a* gegenüber ie. *o*:

got. *nahts*, schwed. *natt*, niederl. *nacht*, nhd. *Nacht* – lat. *nox*, span. *noche*, ital. *notte*; germ. *ō* gegenüber ie. *ā*: altengl. *mōdor*, as. *mōdar*, schwed. *moder*, (ahd. mhd. *muoter*, nhd. *Mutter*) – lat. *māter*, span. ital. *madre*. (Soweit der Wandel das Erscheinungsbild des Ablauts im Germ. prägt, ist er u. 57 erwähnt.)

4 Wandel des Wortakzents
Das Germ. hat den Wortakzent, der im Ie. seiner Stellung nach frei ist (er kann z. B. in den verschiedenen Flexionsformen desselben Wortes auf der Anfangssilbe, einer Mittelsilbe oder der Endsilbe liegen), auf eine bestimmte Silbe, und zwar grundsätzlich – d. h. mit Ausnahme mancher Präfixbildungen – auf die erste Silbe eines Wortes festgelegt. Im Zusammenwirken mit der im Germ. vorherrschenden exspiratorischen, d. h. auf Verstärkung des Atemdrucks beruhenden Betonung führt diese Akzentregelung zu einem fortschreitenden Verfall der – nicht starktonigen – Mittel- und Endsilben (Schwund von Silben, Abschwächung der vollen Vokale zu farblosem *e*, vgl. z. B. ahd. *habēta* – altengl. *hæfde* – nhd. *ich hatte* – neuengl. *I had*). Dies wiederum hat zweierlei zur Folge: zum einen wird die »synthetische« Flexion des Ie., in der die grammatisch-syntaktischen Funktionen eines Wortes durch Suffixe bezeichnet werden, zunehmend abgelöst von einer »analytischen« Bezeichnung durch Personalpronomina und Hilfsverben, Artikel und Präpositionen; zum andern verlieren viele alte Wortbildungssuffixe ihre Produktivität (produktiv bleiben nur lautlich schwere Suffixsilben wie z. B. nhd. *-ung*, *-schaft*), und neben die Wortbildung mit Hilfe von Suffixen tritt in wachsendem Umfang diejenige durch Komposition.

5 Ausbildung des »starken« und »schwachen« Präteritums
Im Germ. ist der einem Teil der ie. Perfekta eigene Ablaut systematisch ausgebaut worden zur Bildung sog. »starker« Präterita (z. B. *sie binden – banden*); daneben hat sich eine dem Germ. eigentümliche Präteritalbildung mit einem Dentalsuffix entwickelt, die als »schwach« bezeichnet wird (z. B. *sie kaufen – kauften*).

6 Ausbildung der »schwachen« Adjektivflexion
Im Germ. tritt – grundsätzlich bei jedem Adjektiv – neben eine ererbte vokalische Stammbildung eine konsonantische (»schwache«) mit dem Suffix *–n–*, die flektiert die Bestimmtheitsform des Adjektivs bereitstellt (vgl. z. B. *gute Freunde – die guten Freunde*).

7 Die Gliederung des Germanischen ist wohl nicht auf eine langsame Abspaltung von Einzelsprachen aus einem homogenen sprachlichen Urzustand des Germanischen zurückzuführen; nach heute herrschender Auffassung zerfiel das Germ. schon von Anfang an, d. h. nicht erst im Moment seiner schriftlichen Fixierung, in verschiedene Dialekte. Deutsch wird zusammen mit Englisch und Niederländisch zu den west- (oder süd-)germani-

schen Sprachen gezählt, die sich u. a. durch eine Reihe lautlicher Eigentümlichkeiten (z. B. die westgerm. Konsonantengemination: s. 64) unterscheiden von den nordgermanischen Sprachen (Schwedisch, Dänisch, Norwegisch, Isländisch) und vom Ostgermanischen, von dem wir nur einen – untergegangenen – Dialekt, das Gotische, kennen (im wesentlichen durch die Bibelübersetzung des Westgotenbischofs Wulfila aus dem 4. Jh.).

2. Binnengliederung des Deutschen nach dem Konsonantenbestand

Es gibt keine sprachlichen Kennzeichen, durch die sich das »Deutsche«, 8
d. h. alle zum Deutschen gerechneten Dialekte, von anderen germ. bzw. westgerm. Sprachen unterscheidet: einige deutsche Dialekte sind mit nichtdeutschen westgerm. Sprachen näher verwandt als mit anderen deutschen Dialekten. Die einzelnen Dialekte – die wichtigsten von ihnen haben wahrscheinlich in den Stammessprachen der spätgermanischen Großstämme (Friesen, Sachsen, Thüringer, Alemannen, Baiern) ihre Wurzeln – lassen sich zu Gruppen und diese wiederum zum Deutschen nur aufgrund sekundär entwickelter Gemeinsamkeiten zusammenfassen.

Die Dialekte sind durch eine ganze Reihe von Eigentümlichkeiten – na- 9
mentlich des Vokalismus, des Konsonantismus, des Wortschatzes – charakterisiert. Die Sprachwissenschaft gliedert das Deutsche in Sprachlandschaften hauptsächlich entsprechend der unterschiedlichen Durchführung jener konsonantischen Lautveränderungen, die gemeinhin als »zweite« oder »hochdeutsche Lautverschiebung« zusammengefaßt werden. Betroffen sind von diesen Veränderungen die im Westgerm. vorhandenen stimmlosen Verschlußlaute (*p*, *t*, *k*) sowie die stimmhaften Reibe- bzw. Verschlußlaute (*ƀ* [β], *đ* [ð], *g* [ɣ] bzw. *b*, *d*, *g*). Wo die Verschiebungen mit der vergleichsweise größten Konsequenz durchgeführt sind (s. 20–22), erscheinen für *p*, *t*, *k* in der Stellung nach Vokal die langen stimmlosen Reibelaute *ff*, *ʒʒ*, *hh* (im Auslaut, vor Konsonant und weithin nach langem Vokal gekürzt zu *f*, *ʒ*, *h*), im Anlaut, nach Konsonant und in der Gemination dagegen die stimmlosen Affrikaten *pf*, *z* [ts], *ch* [kx], für *ƀ*, *đ*, *g* / *b*, *d*, *g* die stimmlosen Verschlußlaute *p*, *t*, *k*. (Zur phonetischen Gruppierung der Konsonanten vgl. 255 Tabelle.)

2.1 *Hochdeutsch – Niederdeutsch*

Die deutlichste Abgrenzung innerhalb des Deutschen ist die der hochdeut- 10
schen Dialekte gegenüber den niederdeutschen Dialekten. Niederdeutsche

Dialekte haben keine der zur zweiten Lautverschiebung gerechneten konsonantischen Veränderungen mitvollzogen, sie bewahren demnach in diesem Bereich den Konsonantenbestand des Westgerm. Alle übrigen deutschen Dialekte haben mindestens zwei Verschiebungserscheinungen gemeinsam und werden aufgrunddessen als hochdeutsche bezeichnet:

11 erstens die langen Reibelaute *ff*, *ʒʒ*, *hh* für *p*, *t*, *k* in entsprechender Stellung

hochdeutsch	niederdeutsch	englisch
ahd. *offan*	as. *opan*	
mhd. *offen*	mnd. *open*	
nhd. *offen*		*open*
ahd. *ëʒʒan*	as. *ëtan*	
mhd. *ëʒʒen*	mnd. *ëten*	
nhd. *essen*		*eat*
ahd. *mahhōn*	as. *makōn*	
mhd. *machen*	mnd. *maken*	
nhd. *machen*		*make*

12 zweitens die Affrikata *z* für *t* in entsprechender Stellung

hochdeutsch	niederdeutsch	englisch
ahd. *hërza*	as. *hërta*	
mhd. *hërze*	mnd. *hërte*	
nhd. *Herz*		*heart*

Geographisch liegt in nhd. Zeit der Grenzgürtel zwischen Hoch- und Niederdeutsch nördlich der Linie Aachen – Benrath – Siegen – Kassel – Nordhausen – Wittenberg – Frankfurt/O.

2.2 Gliederung des Hochdeutschen

13 Die einzelnen hochdeutschen Dialekte unterscheiden sich voneinander u. a. durch die Konsequenz, mit der *p* und *k* – in den entsprechenden Stellungen – zu Affrikaten und mit der *b*, *d*, *g* zu stimmlosen Verschlußlauten verschoben werden.

2.21 Oberdeutsch – Mitteldeutsch

14 Alle hochdeutschen Dialekte, die über die oben (11 und 12) genannten Konsonantenveränderungen hinaus den Labial *p* konsequent zu *pf* verschoben haben, faßt man als oberdeutsche zusammen. Zum Oberdeutschen sind danach zu rechnen: das Alemannische (Hoch- oder Südalemannisch mit

Kerngebiet Schweiz und Südbaden; Niederalemannisch oder Oberrheinisch mit Kerngebiet Elsaß; Nordalemannisch oder Schwäbisch), das Bairische (Südbairisch in Tirol, Kärnten und Steiermark; Mittelbairisch in Ober- und Niederbayern sowie Ober- und Niederösterreich; Nordbairisch in der Oberpfalz nördlich von Regensburg), das Ostfränkische (im oberen Maingebiet) und – in mhd. Zeit – das Südrheinfränkische (im Badischen).

Auf dem gesamten Verschiebungsgebiet setzt sich in einer Reihe von Wörtern auf *rpf* und *lpf* schon im 9. Jh. *rf* bzw. *lf* durch; in anderen Wörtern aber bleibt die Affrikata bis ins Mhd., z. T. bis ins Nhd. erhalten (vgl. *Harfe–Karpfen*).

Mitteldeutsche Dialekte weisen demgegenüber in Affrikatastellung entweder durchgehend – wie das Niederdeutsche – oder doch teilweise (s. 17 bzw. 18) unverschobenes *p* auf. 15

oberdeutsch	mitteldeutsch	niederdeutsch
ahd. *pflëgan*	ahd. *plëgan*	as. *plëgan*
hëlpfan, *hëlfan*	*hëlpan*	*hëlpan*
skepphen (*skepfen*)	*skeppen*	*skeppian*

Die Grenze zwischen Oberdeutsch und Mitteldeutsch verläuft heute etwa vom nördlichen Elsaß über Speyer, Heidelberg, Miltenberg zum Thüringer Wald.

Für das so bestimmte oberdeutsche Sprachgebiet (erst seit mhd. Zeit auch für einen Teil des mitteldeutschen, s. 19) gilt praktisch auch die durchgängige Verschiebung von westgerm. *d* zu *t*: 16

oberdeutsch	mitteldeutsch	niederdeutsch
ahd. *tohter*	ahd. *dohter*	as. *dohtar*
biotan	*biodan*	*biodan*

2.22 *Ostmitteldeutsch – Westmitteldeutsch*

Diejenigen mitteldeutschen Dialekte, die in Affrikatastellung wenigstens teilweise verschobenes *p* zeigen, lassen sich als Ostmitteldeutsch vom Westmitteldeutschen abgrenzen. Zum Ostmitteldeutschen gehören das Thüringische, das Meißnische (oder Obersächsische) und das Schlesische, zum Westmitteldeutschen das Mittelfränkische (mit dem Ripuarischen um Köln und dem Moselfränkischen um Trier) und das Rheinfränkische (vor allem Pfälzisch und Hessisch). 17

Das Ostmitteldeutsche, im wesentlichen erst in mhd. Zeit bezeugt, hat im Anlaut und nach Konsonant (außer *m*) den Reibelaut *f* (die Schreibung ist – wie im Obd. für die Affrikata – zumeist *pf*), behält aber in der Gemination und in der Stellung nach *m* – wie die übrigen mitteldeutschen Dialekte – unverschobenes *p* bei. 18

Die vom Ostmitteldeutschen ausgehende hochdeutsche Gemeinsprache bewahrt in den erstgenannten Fällen die omd. Verhältnisse und übernimmt sonst die obd. Affrikata.

19 Darüber hinaus hat das Ostmitteldeutsche im Unterschied zum Westmitteldeutschen *t* für westgerm. *d* (wie das Obd.: s. 16).

2.23 Südoberdeutsch – Oberdeutsch

20 Die Verschiebung aller drei stimmlosen Verschlußlaute zu Affrikaten, also außer von *t* und *p* auch von *k* (> *ch* [kx]), kennen das Hochalemannische und das Südbairische. Diese Dialekte lassen sich daraufhin von den übrigen obd. Dialekten abgrenzen, welche wie das Mitteldeutsche und das Niederdeutsche in diesen Fällen *k* haben.

südoberdeutsch	übriges Hochdt.	niederdeutsch
ahd. *chorn*	ahd. *korn*	as. *korn*
wërch	*wërk*	*wërk*
wecchen	*wecken*	*wekkian*

21 Die Verschiebung aller drei westgerm. stimmhaften Reibe- bzw. Verschlußlaute zu stimmlosen Verschlußlauten, also außer von *d* auch von *ƀ/b* (> *p*) und *g/g* (> *k*), gilt gleichfalls nicht für das gesamte Oberdeutsche, immerhin jedoch weit über das Südobd. hinaus: sie ist – mit unterschiedlicher Konsequenz – im ganzen alem. und bair. Sprachgebiet eingetreten. (Allerdings werden *p* und vor allem *k* schon in spätahd. Zeit vielfach wieder aufgegeben.)

alem./bair.	übriges Hochdt.	niederdeutsch
ahd. *përan*	ahd. *bëran*	as. *bëran*
kot	*got*	*god*

Für die westgerm. Geminaten *bb*, *dd*, *gg* lassen sich auf fast dem gesamten hochdeutschen Sprachgebiet (mit Ausnahme des Ripuarischen) die langen Fortes *pp*, *tt*, *kk* nachweisen, vgl. ahd. *sippea* neben *sibbia* »Sippe«, ahd. *bitten* (as. *biddian*), ahd. *rukki* neben *ruggi* »Rücken«.

22 Die oben zusammengestellten Konsonantenwandlungen, die zur »zweiten« oder »hochdeutschen Lautverschiebung« gerechnet werden, treten in ihrer Gesamtheit also nur im Südoberdeutschen, und auch hier nur zeitlich begrenzt, in Erscheinung.

3. Wandlungen des Deutschen und die Herausbildung einer übermundartlichen Schriftsprache

Die Gliederung des Deutschen in stark voneinander abweichende Dialekte, deren Geltungsräume anhand des Konsonantenbestandes oben (10–21) grob umrissen worden sind, hat sich in den Grundzügen vom Mittelalter bis heute durchgehalten. Für die neuere Zeit allerdings trifft dies nur für den Bereich der gesprochenen Sprache zu: nur die regionalen Umgangssprachen sind noch jetzt stark dialektgefärbt, und auch sie werden durch die wachsende Mobilität der Sprachteilhaber zur Annäherung untereinander gebracht. Eine in der Lautung vereinheitlichte gesprochene Sprache gibt es zwar seit dem 19. Jh., doch ist sie nicht Gemeinsprache geworden, sondern existiert nur als »Bühnensprache«. 23

Aus der älteren Zeit kennen wir überhaupt nur geschriebene Sprache; diese besteht, da es ein einheitliches Deutsch noch nicht gibt, in geschriebenen Dialekten (inwieweit diese die Gestalt der gesprochenen Mundarten widerspiegeln, läßt sich im einzelnen nicht ausmachen). In neuerer Zeit hat sich auf der Ebene der geschriebenen Sprache eine Einheitssprache, die nhd. Schriftsprache, herausgebildet. Zur Ablösung der Schriftdialekte durch eine Gemeinsprache hat es im Verlauf der deutschen Sprachgeschichte – bedingt durch politische, gesellschaftliche, kulturelle und technologische Faktoren – soziologisch-kulturell je anders bestimmte, von verschiedenen Sprachräumen ausgehende Ansätze gegeben. Diese Ansätze erweisen sich als jeweils geprägt im Wortschatz und daneben auch in der Syntax durch Bildung und kulturpolitische Intention der sozialen Schichten, die sie tragen, in der Lautgestalt und in einzelnen flexivischen Erscheinungen durch die Dialekte, auf denen sie basieren; in Flexion und Wortbildung bezeugen sie jeweils Entwicklungen, deren Tendenzen sich aus der Struktur des Deutschen als einer germanischen Sprache ergeben (s. 1–7). Damit kann, aufs Ganze gesehen, die Herausbildung einer nhd. Schriftsprache als eine kontinuierliche Entwicklung nur dann begriffen werden, wenn man allein die in jenen Ansätzen vorbereiteten Kennzeichen des Nhd. ins Auge faßt und demgegenüber den jeweiligen Zusammenhang vernachlässigt, in dem sie ursprünglich stehen und innerhalb dessen sie erst verständlich werden. Die folgende Skizze muß daher, obwohl an der Genese von Merkmalen des Nhd. interessiert, auf solche Gesamtzusammenhänge Rücksicht nehmen; sie kann sich dabei orientieren an der heute üblichen, auf der Abgrenzung derartiger Komplexe beruhenden Einteilung der deutschen Sprachgeschichte in vier Perioden. 24

3.1 Althochdeutsch (8.–11. Jh.)

25 Die sprachliche Überlieferung beginnt in Deutschland am Ende des 8. Jh.s. Aus der Zeit davor besitzen wir nur sporadische Sprachzeugnisse (Runeninschriften, Namen, Rechtswörter in Urkunden). Vom frühen 10. Jh. bis zur zweiten Hälfte des 11. Jh.s. gibt es, mit Ausnahme der Werke Notkers von St. Gallen um 1000, so gut wie keine deutschen Sprachzeugnisse. Die althochdeutsche Zeit kennt nur Schriftdialekte (das »Normalahd.« vieler Grammatiken ist orientiert am ostfränk. Dialekt der Tatianübersetzung). Allerdings bilden sich mit der schriftlichen Fixierung Schreibschulen und Schreibtraditionen, die eine Tendenz zur Abstoßung grober Dialekteigentümlichkeiten und zu einer gewissen Normalisierung entwickeln: so beeinflussen sich im 9. Jh. ostfränkische (Fulda) und alemannische (Reichenau, St. Gallen) Schreibtraditionen gegenseitig. Erfaßt wird sprachlich fast nur der Bereich der praktisch religiösen Erziehung. Im übrigen herrscht in der geschriebenen Sprache das Lateinische. Der größte Teil der Überlieferung ist Zeugnis der mannigfachen Versuche, orientiert an der lateinischen Kultursprache die Möglichkeiten volkssprachiger Kommunikation auf geistlichem Gebiet zu erweitern oder allererst zu schaffen. Zahlreiche Anstöße dazu gehen vom Hof Karls des Großen aus; Träger dieser Arbeit sind im wesentlichen die Klöster; die Masse der Bevölkerung hat keinen Anteil an der geschriebenen Sprache.

26 Die Lautgestalt der ahd. Dialekte ist vom Germanischen abgehoben im Konsonantenbestand durch lange Reibelaute und Affrikaten (zweite Lautverschiebung), die durchgängige Merkmale des Hochdeutschen (Ahd. bis Nhd.) sind (s. 10–12), des weiteren durch Verschlußlaut *d* für germ. *þ* (ahd. *drī* – got. *þreis*, engl. *three*); im Bereich der Vokale hauptsächlich durch *ei* oder *ē* und *ou* oder *ō* für germ. *ai* bzw. *au* (s. 54), durch *ia* für germ. (geschlossenes) *ē* (sog. $\bar{e}^2$) sowie durch *uo* für germ. *ō* (ahd. *hiar* – got. *hēr*; ahd. *bruoder* – got. *brōþar*). Gegenüber dem späteren Deutsch sind die ahd. Dialekte vor allem durch die vollen Vokale in den nichtstarktonigen Silben gekennzeichnet (z. B. *giworfan – geworfen*).

27 Im Formenbau ist das ie. System, das auf der Bezeichnung der einzelnen Flexionsformen durch (an bestimmte Stämme, z. B. solche auf *a*, *ō*, *i*, *u*, tretende) Endungen beruht, in den Grundzügen noch erhalten. Beim Verbum fehlen allerdings eigene synthetische Formen für das Passiv und die Tempora Futur, Perfekt und Plusquamperfekt; das Passiv wird umschrieben, die Tempora werden durch Präsens und Präteritum vertreten oder ebenfalls umschrieben. Substantive einiger konsonantischer Klassen sind – infolge schon vorahd. Schwundes von Endsilben – von solchen vokalischer Klassen nur noch wenig oder gar nicht mehr unterschieden und schließen sich einem anderen Paradigma an. Im Ahd. beginnt bereits die Verwendung des Demonstrativpronomens *dër*, *diu*, *daʒ* als Artikel.

28 Die Syntax wird in tiefgreifender Weise vom Lateinischen geprägt. Alle grammatischen Begriffe und Vorstellungen stammen aus dem Lateinunterricht, und die Syntax der ahd. Literatur, die zum großen Teil Übersetzung aus dem Lateinischen ist, bildet die lat. Syntax nach (z. B. Wortstellung, Partizipialkonstruktionen). Soweit sie nicht Übersetzung aus dem Lateinischen ist, bringt sie auch nichtlateinische Tendenzen und Traditionen zur Geltung; die Ausbildung komplizierterer Formen der Hypotaxe allerdings ist ohne die Berührung mit dem Lateinischen nicht denkbar.

29 Der Wortschatz wird in ahd. Zeit christianisiert. Aus dem Lateinischen oder Griechischen sind zahlreiche Sachwörter des kirchlichen Bereichs entlehnt (*kirihha*, *biscof*, *messa*, *predigōn* u. a.). Für Zentralbegriffe der christlichen Theologie werden alte, »heidnische« Wörter verwendet (z. B. *got*, ursprüngliches Neutr., das auch im Plural vorkommt, wird mask. nach lat. *deus* und bezeichnet nunmehr den einen Gott des Christentums), oder es werden in Anlehnung an lat. Wörter neue gebildet (z. B. *deomuotī* für lat. *humilitas*). Diese Arbeit an der Kirchensprache bereitet besonders durch eine Fülle von Abstraktbildungen (auf *-ī*, *-ida*, *-unga*, *-nissa*, *-heit*, *-tuom*) der Entstehung einer deutschen Bildungs- und Gelehrtensprache den Weg.

3.2 Mittelhochdeutsch (11.–14. Jh.)

30 Auch das Mittelhochdeutsche kann nur als Sammelbegriff für eine Vielfalt geschriebener Dialekte gelten. Um 1200 jedoch entsteht eine Literatursprache mit einer Tendenz zu einer überlandschaftlichen Gemeinsprache (»höfische Dichtersprache«). Sie beruht im Lautstand auf dem Alemannischen und Ostfränkischen, sucht aber Sprachformen auszumerzen, die nur in diesem oder jenem hochdeutschen Dialekt Gültigkeit haben, und wird im 13. und 14. Jh. in leicht verwandelter Form sogar von Dichtern aus dem niederdeutschen Raum in mehreren Fällen benutzt. Diese höfische Dichtersprache aber ist weder Einheitssprache nach Lautstand und Orthographie noch Hochsprache im Sinne einer bestimmten Stilnorm (die Grammatiken verarbeiten meist nur die sprachlich »normalisierten« Texte der kritischen Ausgaben). Die Sprachzeugnisse der mhd. Zeit beziehen außer dem religiösen den weiter gesteckten didaktischen und populärwissenschaftlichen, z. T. bereits den juristischen (Urkunden) und historischen (Chroniken) Bereich, vor allem aber das Gebiet der weltlichen Unterhaltungsliteratur mit ein. Die Produktion wird getragen wiederum von einer dünnen Oberschicht, dem hohen weltlichen Adel; dazu kommen in späterer Zeit mit dem Aufblühen der Städte die Patrizier.

31 Die Lautgestalt des Mhd. kann sich im Konsonantismus nach dem zuvor Gesagten von der des Ahd. nicht grundlegend unterscheiden; im Vokalismus aber zeigen sich erhebliche Veränderungen.

32 Konsonanten

- *sk* (*sc*) wird Zischlaut (ahd. *skīnan* – mhd. *schînen*; ahd. *miscen* – mhd. *mischen*).
- *m* im Auslaut wird weithin zu *n*, durchgängig in verbalen und substantivischen Flexionsausgängen (1. Pl. z. B. ahd. *nāmum* – mhd. *nâmen*; Dat. Pl. ahd. *tagum* – mhd. *tagen*).
- *b*, *d*, *g* erscheinen im Auslaut allgemein sowie im Silbenauslaut vor Fortis als *p*, *t*, *c*: »Auslautverhärtung« (ahd. *gab*, *ougta* – mhd. *gap* zu *gëben*, *oucte* zu *ougen*).
- *t* wird lenisiert inlautend nach Nasalen, z. T. auch nach Liquiden (ahd. *santa*, *wolta* – mhd. *sande*, *wolde*).
- *h* schwindet im Anlaut vor *w*, *r*, *l*, *n* (ahd. *hwër*, *hlouffan*, *hreini*, *hnīgan* – mhd. *wër*, *loufen*, *reine*, *nîgen*).
- *b*, *d*, *g* sowie *h* schwinden zuweilen zwischen Vokalen; die Vokale werden kontrahiert (ahd. *gibit* – mhd. *gît* zu *gëben*; ahd. *legit* – mhd. *leit* zu *legen*; ahd. *hāhan* – mhd. *hân* neben *hâhen*).

33 Vokale

a) Starktonige Silben

- Der Diphthong *iu* wird monophthongiert (ahd. *biutu* – mhd. *biute*, d. i. *bǖte*).
- Die Diphthonge *ea*/*ia* und *eo*/*io* fallen zusammen in den Diphthong *ie* (ahd. *hear*/*hiar* – mhd. *hier*; ahd. *beotan*/*biotan* – mhd. *bieten*).
- Vor ursprünglichen *i*, *ī*, *j* in der unmittelbar (oder auch später) folgenden Silbe werden *a* (wo nicht schon ahd. zu *e*), *u*, *ā*, *ō*, *ū*, *ou*, *uo* umgelautet zu *ä*, *ü*/*ö*, *æ*, *œ*, *iu*, *öu*, *üe* (ahd. *mahtīg*, *gutin*, *maʒīg* – mhd. *mähtec*, *gütinne*/*götinne*, *mæʒec*).

b) Nichtstarktonige Silben

- Die vollen Vokale werden (außer in den schweren Wortbildungssuffixen *-unge*, *-nisse*, *-în*, *-inne*, *-lîn*, *-lîch*/*-lich*, *-uot*, *-ære*, *-bære*, *-haft*, *-sam* und in der pronominalen Endung *-iu* für NSg. fem. und NAPl. neutr.) abgeschwächt zu farblosem *e* (ahd. *bigraban*, *gëbā*, *lëbēn*, *hano*, *hilfu*, *nimit* – mhd. *begraben*, *gëbe*, *lëben*, *hane*, *hilfe*, *nimet*). Die Vokaleinebnung ist sehr wichtig für den Endreim im Deutschen, denn sie vervielfacht die möglichen Reimwörter (mhd. *lëben*: *gëben* gegen ahd. *lëbēn* – *gëban*).
- Die Vokale werden apokopiert bzw. synkopiert in zahlreichen Fällen, so besonders in den Vorsilben *ge-* und *be-* vor Vokal und *l* (auch vor *r*, *n*, *w*) sowie in der Vorsilbe *ver-* (*gëʒʒen*, *glouben*, *erbünnen*, *blîben*, *vliesen* für *ge-ëʒʒen*, *ge-louben*, *er-be-ünnen*, *be-lîben*, *ver-liesen*); in Mittel- und Endsilben nach *r* und *l* mit vorausgehendem kurzem Tonvokal (ahd. *aro*, *hëlan* – mhd. *ar*, *hëln*, aber *êre*, *heilen*), nach Ableitungssilben *-el*, *-er*, *-en* (ahd. *grōʒiro* – mhd. *grœʒer*), zwischen gleichen oder verwandten Konsonanten und zwischen *h* und *t* sowie *h* und *s* (ahd. *hēriro*, *giltit*, *sihit*, *sihis(t)* – mhd. *hêrre*, *gilt*, *siht*, *sihst*) und zwischen hoch- und tieftoniger Silbe (ahd. *dionōstes* – mhd. *dienstes*, aber *dienest*).

34 Der Formenbau erleidet durch Zusammenfall von Formen infolge der Abschwächung der Endsilben Einbußen um mehr als die Hälfte des ahd. Bestandes. Das führt zu einem einschneidenden Systemwandel. Der Unterschied zwischen den Stammklassen der schwachen Verben geht fast ganz verloren (ahd. *suochen*, *salbōn*, *lëbēn* – mhd. *suochen*, *salben*, *lëben*). Der Konjunktiv fällt durch die Abschwächung der Moduszeichen ahd. *ē* und *ī*

überwiegend mit dem Indikativ zusammen (ahd. Präs. Konj. *nëmēt*, Ind. *nëmet* – mhd. *nëmet*; ahd. Prät. Konj. *hōrtīt*, Ind. *hōrtut* – mhd. *hôrtet*). Die Funktion der Personalendungen geht auf regelmäßig hinzutretende Personalpronomina über (ahd. *nëmamēs*, *nëmant* – mhd. *wir/sie nëmen*). Die Wortbildung der Substantive muß sich wegen des Endsilbenverfalls schwererer Ableitungssuffixe bedienen (weil z. B. ahd. *festī* »Festigkeit« mit *festi* »fest» in mhd. *veste* zusammenfällt, werden nunmehr die Bildungen mit *-(ec)heit* häufiger: *vestecheit*). Vokalische Substantivklassen können nicht mehr nach »Themavokalen« (*a*, *ō*, *i*, *u*) klassifiziert werden: relevant bleibt nur noch die gemeinsame Abgrenzung (als »stark«) gegen die Klasse auf *-n* (»schwach«). Die ahd. Kasusbezeichnungen durch Endungsvokale werden in großem Maße indifferent, ihre Funktion übernimmt u. a. der Artikel. Der ahd. Instrumental verschwindet ganz und wird ersetzt durch präpositionale Fügungen. In allen Wortklassen fällt, wo möglich, dem Umlaut die Funktion der Bedeutungsdifferenzierung zu: bei den Verben im Konjunktiv Prät. (*dæhte* gegen *dâhte*), bei den Substantiven im Plural (*veter* gegen *vater*), bei bestimmten Adjektiven in der Unterscheidung vom Adverb (*veste* adj. gegen *vaste* adv.).

In der Syntax ergeben sich naturgemäß je nach Form der Rede (Vers – 35
Prosa) und nach Gattung (Lyrik/Epik – Erzählprosa/Fachprosa) starke Unterschiede. Generell gilt, daß die mhd. Syntax keine eigentümlich lateinischen Konstruktionen, die die ahd. Übersetzer imitiert hatten, übernimmt, jedoch die Kennzeichnung der Abhängigkeit durch je besondere Typen von Nebensätzen verfeinert und verfestigt. Im Vergleich zur nhd. aber ist auch die mhd. Syntax noch sehr locker: die Wortstellung ist nicht fest geregelt, die syntaktische Unterordnung ohne Konjunktion ist häufig, Konstruktionsmischung, Inkongruenz von Numerus, Kasus, Person und Genus, mehrfache Verneinung in einem Satz sind möglich.

Der Wortschatz wird zunächst im Zusammenhang mit der höfischen 36
Adelskultur, die seit der zweiten Hälfte des 12. Jh.s aus Frankreich übernommen wurde, durch französische Lehnwörter wesentlich bereichert (*âventiure*, *lanze*, *prîs*, *pirschen* u. a.). Franz. Suffixe werden sogar zur Ableitung aus deutschen Wortstämmen benutzt (*jegerîe*, *hovieren*). Viele dieser Entlehnungen und Bildungen sind untergegangen. Die Schöpfungen der Mystiker aber haben einen Wortschatz bereitgestellt, der z. T. die Grundlage für die philosophische Terminologie des Nhd. bildet. Das gilt insbesondere für abgeleitete Abstrakta (*înbildunge*, *wësenheit*, *sachlichkeit* u. a.) und substantivierte Infinitive (*daȥ wësen*, *daȥ durchbrëchen* u. a.). Im übrigen haben die Fachsprachen an der Erweiterung des Wortschatzes starken Anteil.

3.3 Frühneuhochdeutsch (14.–17. Jh.)

37 In frühneuhochdeutscher Zeit beginnt, ohne Zusammenhang mit den Ansätzen zu einer mhd. Literatursprache, die Formierung einer nhd. Gemeinsprache. Nach den Bemühungen der kaiserlichen Kanzlei (unter Karl IV. und Maximilian I.) geht der entscheidende sprachausgleichende Einfluß (besonders in der Orthographie) vom Meißnischen Deutsch der Wettiner Kanzlei (Kurfürsten von Sachsen) sowie von der Erfurter Universitätssprache aus. Das Ostmitteldeutsche als Grundlage der nhd. Gemeinsprache wird endgültig durchgesetzt durch die Lutherbibel. Normalisierungen in Orthographie und Dialektformen nehmen seit der Erfindung des Buchdrucks (um 1450) im Streben nach überregionalem Absatz der Bücher die Drucker vor. Die Vorherrschaft des Lateinischen bleibt allerdings bestehen; sie wirkt sich besonders über die Sprache der Humanisten auf das Deutsche aus. Die Ablösung der Handschriften durch das gedruckte Buch eröffnet viel breiteren Bevölkerungsschichten Zugang zum geschriebenen Deutsch. Die tatsächliche Teilhabe bleibt jedoch abhängig vom Bildungsstand (Fähigkeit zu lesen und etwa das humanistische Gelehrtendeutsch zu verstehen); umgekehrt ist es die Allgemeinverständlichkeit, die der Lutherbibel zu ihrer breiten Wirkung verholfen hat.

38 In der Lautgestalt liegen die wichtigsten Neuerungen des Frühnhd. (dem hierin das Nhd. fast völlig entspricht) wiederum auf dem Gebiet der Vokale. Sie ergeben sich weniger aus einem allgemeinen Lautwandel gegenüber allen mhd. Dialekten als daraus, daß sich bestimmte, schon in mhd. Zeit vorhandene Dialektmerkmale teils des Oberdeutschen (vor allem Diphthongierung: s. 40), besonders aber des Mitteldeutschen (Monophthongierung, Dehnung, Kürzung, Senkung: s. 40) in der werdenden Gemeinsprache durchsetzen.

39 Konsonanten

- *s*, das zunächst nur stimmlos war und der Artikulation nach zwischen dem heutigen stimmlosen *s* und dem aus *sk* entwickelten Laut [ʃ] (vgl. 32) stand, wird vollends zum stimmlosen Zischlaut vor *p*, *t*, *l*, *m*, *n*, *w* (z. B. mhd. *springen*, *stellen*, *slange*, *smal*, *snël*, *swërt* – nhd. *springen*, *stellen*, *Schlange*, *schmal*, *schnell*, *Schwert*), zuweilen auch im In- und Auslaut nach *r* (mhd. *ars*, *hêrsen* – nhd. *Arsch*, *herrschen*); sonst näherte es sich im Verlauf des 13. Jh.s seiner Artikulation nach dem Reibelaut *ȝ* (doch ist es im Unterschied zu diesem anlautend und inlautend zwischen Vokalen stimmhaft).
- *t* erscheint zuweilen als *d* (mhd. *tuft* – nhd. *Duft*), umgekehrt auch *d* als *t* (mhd. *under* – nhd. *unter*).
- *h* schwindet im Silbenanlaut nach *r* und *l* (mhd. *vorhe*, *bevëlhen* – nhd. *Föhre*, *befehlen*).
- *w* im Silbenanlaut schwindet nach *u* (mhd. *schouwen* – nhd. *schauen*) und erscheint als *b* nach *r* und *l* (mhd. *varwe*, *valwe* – nhd. *Farbe*, *Falbe*).

Vokale 40

a) Starktonige Silben

- *î, û, iu* werden zu *ei, au, eu/äu* diphthongiert (mhd. *dîn, hûs, liute/hiuser* – nhd. *dein, Haus, Leute/Häuser*).
- *ie, uo, üe* werden (dem Md. entsprechend) zu *ī, ū, ǖ* monophthongiert (mhd. *liebe, bruoder, güete* – nhd. *Liebe, Bruder, Güte*).
- Die Quantität der Vokale ändert sich (dem Md. entsprechend) vor allem in folgenden Fällen:
  kurze Vokale werden gedehnt in offener Tonsilbe (mhd. *gë-ben* – nhd. *gē-ben*, nach *Tāges* auch *Tāg*) und häufig in einsilbigen Wörtern auf Nasal oder Liquida (mhd. *dëm, vil, wir* – nhd. *dēm, viel, wīr*) sowie auf *r* + Dental (*a* und *e*: *vart, wërt* – nhd. *Fahrt, wērt*);
  lange Vokale, auch solche aus mhd. *ie, uo, üe*, werden gekürzt besonders in ursprünglich oder nach Verlegung der Silbengrenze konsonantisch schließender Silbe (mhd. *brâhte, hôrchen; lâʒen, jâmer* – nhd. *brachte, horchen; lassen, Jammer*) und in einsilbigen Wörtern auf Mehrfachkonsonanz, zuweilen auch solchen auf *ʒ* (mhd. *brâht, slôʒ* – nhd. *gebracht, Schloß*).
- *u, ü* werden (dem Md. entsprechend) zu *o, ö* gesenkt besonders vor Nasal (mhd. *sunne, geswummen, besunder; günnen, künec, mügen* – nhd. *Sonne, geschwommen, besonders; gönnen, König, mögen*).
- Einige Laute werden mit stärker gerundeten Lippen gesprochen (mhd. *leffel, âne, wirde, liegen* – nhd. *Löffel, ohne, Würde, lügen*), andere verlieren die Rundung (mhd. *küssen, eröugen* – nhd. *Kissen, ereignen*).

b) Nichtstarktonige Silben

- Der Schwund des schwachtonigen *e* schreitet fort (mhd. *hërze, dienest, lëbende, vremede* – nhd. *Herz, Dienst, lebend, fremd*). Systemzwang macht dagegen in einigen Fällen mhd. Synkopierung rückgängig (mhd. *hëln, tihte* – nhd. *hehlen, dichtete*).
- Die Ableitungssilbe *-lîch(e)* wird allgemein gekürzt (mhd. *êrlîch/êrlich* – nhd. *ehrlich*); in den Suffixen *-esch, -ec* wird *i* wiederhergestellt (mhd. *hövesch, sælec* – nhd. *höfisch, selig*).

Im Formenbau schreitet der im Mhd. einsetzende Systemwandel fort. (Die aufgeführten Veränderungen vollziehen sich zu verschiedenen Zeiten, z. T. erst in der nhd. Periode.) Bei den Verben treten durch den Verfall der flexivischen Kennzeichen von Person und Numerus sowie Modus (ersetzt durch zahlreiche Hilfsverbfügungen) die Zeitformen besonders hervor; sie werden jetzt nach dem Lateinischen systematisiert. Funktionsloser Lautwechsel wird weitgehend ausgeglichen (mhd. *was, wâren* – nhd. *wār, wāren*). Bei den Substantiven verliert die Kasusflexion an Bedeutung gegenüber der Unterscheidung der Numeri: die Pluralbildung auf *-er* breitet sich stark aus, in der sog. gemischten Deklination der Feminina werden nur Singular und Plural unterschieden (*Gabe, Gaben*), ebenso in neuerdings (wie engl., franz.) gebildeten Typen auf *-s* im Plural (*Auto, Autos*). 41

In der Syntax entwickeln die Humanisten nach dem Beispiel des Lateinischen zahlreiche Formen abhängiger Sätze zur genaueren Kennzeichnung 42 und Unterscheidung logischer Beziehungen (dabei werden neue Konjunktionen gebildet), Kongruenz wird verbindlich, doppelte Verneinung und Apokoinu verschwinden. Klammerung und Schachtelung werden gefördert (und bleiben Kennzeichen des Gelehrten- und Amtsstils) durch die Nachahmung des lateinischen Periodenbaus und die Regulierung der Wortstellung seit dem 16. Jh. (Endstellung des infiniten Prädikatsteils im Hauptsatz, des finiten im Nebensatz usw.). Dagegen hebt sich z. B. Luthers einfacher Satzbau (besonders in Reformationsschriften und in der Bibelübersetzung) deutlich ab: Wortfolge und Periode ohne Klammerung bzw. Schachtelung entsprechen eher einer nach Blöcken gliedernden Sprechsyntax. Im ganzen hat solcher Satzbau weniger auf den Sprachstil der Folgezeit gewirkt als die syntaktischen Neuerungen der Humanisten.

43 In den Wortschatz gehen zur Zeit des Humanismus viele lateinische (*Autor*, *Manuskript*, *Konzept*, *Faktum* u. a.) und griechische Wörter (*Grammatik*, *Katheder*, *Amnestie*, *Technik* u. a.) ein. Luthers Schriften haben zahlreiche Wörter der Alltagssprache, sogar ursprünglich niederdeutsche, in der Gemeinsprache durchgesetzt (*Spuk*, *Lippe*, *Motte*, *fett* u. a.).

3.4 Neuhochdeutsch (17.–20. Jh.)

44 Seit Anfang des 17. Jh.s schaffen Grammatiker (im 17. Jh. besonders Schottel; im 18. Jh. Gottsched, Adelung; im 19. Jh. Duden), z. T. in Verbindung mit Sprachgesellschaften, die sich besonders im Kampf gegen einen stark zunehmenden französischen Spracheinfluß um eine Aufwertung der Muttersprache bemühen, eine normative Grammatik der deutschen Schriftsprache. Für deren Lautgestalt ist das Ostmitteldeutsche bestimmend geblieben; die verschiedenen regulierenden Eingriffe und Setzungen betrafen so nur in Einzelfällen die Lautung, im übrigen bestimmte Erscheinungen des Formenbaus sowie die Interpunktion und vor allem die Schreibung (Durchbrechung des Prinzips phonetisch genauer Bezeichnung zugunsten der Verdeutlichung etymologischer Zusammengehörigkeit; Regelsystem für Groß- und Klein-, Getrennt- und Zusammenschreibung). Trotz mancher Willkürlichkeiten und Inkonsequenzen ist auf diesen Gebieten die nhd. Schriftsprache eine »Einheitssprache« geworden. Eine Einheitssprache nach Wortschatz und Syntax gibt es dagegen nicht: was als Hochsprache bezeichnet wird, ist eine in der Stilebene von der Alltagssprache sich absetzende Sprache, die sehr stark der literarischen Tradition seit der Barockzeit, vor allem der deutschen Klassik, verpflichtet ist und sich damit in den beiden genannten Bereichen auch von anderen Ausprägungen des schriftsprachlichen Deutsch (etwa im Bereich der Wissenschaft, der Technik, des Rechtswesens, des Journalismus u. a.) abhebt.

B. Zum geregelten Lautwechsel

Im folgenden wird der geregelte Wechsel von starktonigen Vokalen und von wurzel- bzw. stammschließenden Konsonanten in Gruppen etymologisch zusammengehöriger Wörter und Formen desselben Wortes behandelt. Diese Wechselerscheinungen, die sämtlich bereits im Vordeutschen entstanden sind, beruhen darauf, daß neben einen Ausgangslaut eine Variante tritt oder aber derselbe Laut durch zwei andere vertreten wird. Die Darstellung orientiert sich nicht an der phonologischen Relevanz derartigen Wechsels, sie will vielmehr dessen Entstehung von den jeweils bedingenden Faktoren her verständlich machen. Da diese nur zum Teil noch im Deutschen greifbar sind, müssen auch germ. und ie. Verhältnisse in die Betrachtung einbezogen werden.

1. Vokalwechsel infolge von Palatalisierung

In den folgenden nhd. Beispielen aus Wort- und Formenbildung wechseln velare Vokale mit sog. Umlauten: 45

fahren – *fährt*
Vater – *väterlich*
hoch – *höher*
Haus – *Häuser*
Fuhre – *führen*

Dieser Wechsel beruht darauf, daß velare (Wurzel-)Vokale in der Stellung vor den extrem palatalen Lauten *i*, *ī*, *j* (s. 255 Vokalskala) palatalisiert worden sind. Diese partielle Assimilation, bei der sich neben dem Grad der Zungenhebung vor allem die Richtung der Zungenhebung änderte, wird gewöhnlich als »Umlaut« bezeichnet. Im Deutschen sind drei Erscheinungen zu unterscheiden:

1.1 *Primärumlaut*

Bereits im Ahd. erscheint kurzes *a* vor ursprünglichen *i*, *ī* oder *j* der Folgesilbe als (geschlossenes) *e*, sofern nicht bestimmte Konsonantenverbindungen (insbesondere *ht*, *hs*, vielfach auch *l* + Kons., *r* + Kons.) die Assimilation verhindert haben. 46

ahd. *ferit* – *faran*
krefti, kreftīg – *kraft*
(aber: ahd. *mahti, mahtīg*)

Das umlautbedingende *j*, stark vertreten z. B. durch die sog. *jan*-Verben (s. 74), hat sich im Ahd. nur in wenigen Fällen erhalten (geschrieben gewöhnlich *i*), z. B. ahd. *nerien* »nähren, erretten«, got. *nasjan*; vgl. im übrigen ahd. *leggen* »legen«, got. *lagjan*.

1.2 Sekundärumlaut

47 Erst im Mhd. bezeichnet wird die partielle Assimilation von kurzem *a*, soweit es ursprünglich entweder vor *i, ī, j* der Folgesilbe, jedoch umlautverhindernden Konsonantenverbindungen (s. 46), oder aber vor *i, ī, j* der dritten Silbe gestanden hatte. Dieser sog. Sekundärumlaut ist ein kurzer offener *e*-Laut, der in den Grammatiken gewöhnlich mit *ä* wiedergegeben wird.

mhd. *mähte, mähtec* – *maht*
väterlîch – *vater*
Dagegen ahd. *mahti, mahtīg, faterlīh.*

1.3 Restumlaut

48 Im Mhd. erscheinen *ü*/(*ö*), *æ*, *œ*, *iu*, *öu*, *üe* anstelle von *u*/*o*, *ā*, *ō*, *ū*, *ou*, *uo*, wo diese ursprünglich vor *i, ī, j* der Folgesilbe gestanden hatten. Diese Umlaute sind in den mhd. Sprachlandschaften mit sehr unterschiedlicher Konsequenz durchgeführt (vgl. nhd. *Osnabrück – Innsbruck*).

mhd. *zücken* – *zucte*
wir næmen – *wir nâmen*
hœhe, hœher – *hôch*
hiuser – *hûs*
öugen – *oucte*
vüeren – *vuorte*
Dagegen ahd. *zucken* (*jan*-Verb!), *nāmīn, hōhī, hōhiro, hūsir, ougen* (*jan*-Verb!), *fuoren* (*jan*-Verb!).

49 Da es ein kurzes *o* nicht in der Stellung vor ursprünglichen *i, ī, j* der Folgesilbe, sondern nur vor *a, e, o* der Folgesilbe (als Senkung von *u*: vgl. 51) gegeben hat, fehlt ein genuiner Umlaut *ö*. Kurzes *o* steht in geregeltem Wechsel mit *ü*, z. B. in nhd. *Loch* gegenüber *Lücke* (*ja*-Stamm!). Die im Mhd./Nhd. vorhandenen *ö* gehen zurück auf dialektale Sonderentwicklungen (Senkung von *ü*, Rundung von *ë*, s. 40) oder auf Analogiebildungen (z. B. *Löcher* zu Pluralbildungen wie *Blätter*).

2. Vokalwechsel infolge von Hebung

In den folgenden nhd. Beispielen aus der Wortbildung und aus der Formenbildung starker Verben wechselt *e* mit *i*: 50

Berg – *Gebirge*
recht – *richten*
werfen – *wirft*
geben – *gibst*

Dieser Wechsel beruht darauf, daß *ë* vor *i*, *ī*, *j*, vielfach auch vor *u* der Folgesilbe zum Hochzungenvokal *i* gehoben worden ist (vgl. 255 Vokalskala).

Beispiele aus dem Ahd.:

gibirgi – *bërg*
rihten (*jan*-Verb) – *rëht*
wirfu, *wirfit* – *wërfan*
gibist – *gëban*

Durchgehend, d. h. unabhängig von den Folgevokalen, ist *ë* zu *i* gehoben vor Nasalverbindung (*mm*, *m* + Kons., *nn*, *n* + Kons.). Daraus ergibt sich die Differenzierung in der III. Ablautreihe (s. 56) beispielsweise zwischen Verben wie ahd. *bintan* »binden« und solchen wie *wërfan* »werfen« mit altem *ë* vor *a*, *e*, *o* der Folgesilbe.

Eine entsprechende Hebung von *o* zu *u* kann nicht auftreten, da ie. *o* im Germ. zu *a* wird und da die im Germ. vorhandenen *o* erst sekundär durch unterschiedlich bedingte Senkungsvorgänge aus *u* entstanden sind.

3. Vokalwechsel infolge von Senkung

In den folgenden nhd. Beispielen aus der Wortbildung wechselt *u* (*ü*) mit *o*: 51

Huld – *hold*
füllen – *voll*
gülden – *Gold*

Dieser Wechsel beruht darauf, daß der Hochzungenvokal *u* vor *a*, *e*, *o* der Folgesilbe zu *o* gesenkt, d. h. an die folgenden, mit geringerer Zungenhebung artikulierten Vokale (s. 255 Vokalskala) angeglichen worden ist. Diese Senkung wird zumeist »Brechung«, gelegentlich auch »a-Umlaut« genannt.

ahd. *hold* (*a*/*ō*-St., got. *hulþs*) – *huldī*
mhd. *holt* – *hulde*
ahd. *fol* (*a*/*ō*-St., got. *fulls*) – *fullen* (got. *fulljan*)
mhd. *vol* – *vüllen*
ahd. *scolta*, *scolo* – *sculum*, *sculdīg*

mhd. *solde, schol* – *suln, schuldec*
(»sollte«, »Schuldner« »sollen«, »schuldig«)

Die Brechung unterblieb vor Nasalverbindung (vgl. die in 50 genannte Wirkung dieser Konsonantengruppe auf *ë*). Daraus ergibt sich die Differenzierung in der III. Ablautreihe (s. 56) beispielsweise zwischen zweiten Partizipien wie ahd. *gibuntan* »gebunden« mit erhaltenem *u* und *giworfan* »geworfen«.

52 Unter denselben Bedingungen wie *u* zu *o* sollte auch *i* zu *ë* gesenkt (»gebrochen«) sein. Diese Senkung ist jedoch nur in vereinzelten Fällen eingetreten, z. B. mhd. *quëc*, nhd. *Queck-(silber)*, *keck* (gegenüber mhd. nhd. *erquicken*), und hat somit zu keinem festen Vokalwechsel geführt. Sie unterbleibt regelmäßig im zweiten Partizip der starken Verben nach der I. Ablautreihe, z. B. *giritan* »geritten«, *gistigan* »gestiegen« etc. Gelegentlich finden sich Doppelformen, z. B. *wissa* – *wëssa* »wußte« zu ahd. *wiȝȝan*.

4. Vokalwechsel infolge von Hebung einerseits, Senkung andererseits

53 In den folgenden nhd. Beispielen aus der Wortbildung wechselt der Diphthong *eu* mit langem (oder kurzem) *i*:

Zeugung – *ziehen*
Seuche – *siech*
leuchten – *Licht*

Dieser Wechsel beruht darauf, daß der Diphthong germ. *eu*
– vor *i*, *ī*, *j*, *u* der Folgesilbe und vor *w* gehoben,
– vor *a*, *e*, *o* der Folgesilbe gesenkt
worden ist. Im Ahd. erscheint daraufhin das Gegenüber von Diphthong *iu* und Diphthong *eo* (*io*), im Mhd. das von Monophthong *iu* (vgl. 33 a) und Diphthong *ie*.

Beispiele:

ahd. *ziuhu, ziuhit* – *ziohan*
mhd. *ziuhe, ziuht* – *ziehen*
ahd. *siuhī* – *seoh* (*a*/*ō*-St.)
mhd. *siuche* – *siech*

Im Alem. und Bair. erscheint in ahd. Zeit *iu* auch vor *a*, *e*, *o* der Folgesilbe, wenn dem Diphthong ein Labial oder Velar folgt, z. B. alem. bair. *liubēr*, *liugan* (gegenüber fränk. *liobēr*, *liogan*).

54 Auf Hebung einerseits, Senkung andererseits beruht auch die jeweils doppelte Vertretung von germ. *ai* und *au* im Deutschen. Germ. *ai* und *au* sind gehoben worden zu *ei* bzw. *ou*; sie wurden gesenkt zu *ae* bzw. *ao* (so in frühen ahd. Texten) und sind anschließend zu *ē* bzw. *ō* monophthongiert worden vor germ. *h*, vor *r* und *w* bzw. vor germ. *h* und allen Dentalen (*d*, *t*, *s*, *ȝ*, *z*, *n*, *r*, *l*). In etymologisch

zusammengehörigen Wörtern kommt ein Wechsel zwischen Konsonanten, die Monophthongierung bewirken, und anderen praktisch nur in der Form des »grammatischen Wechsels« (s. 58) *h* – *g* und *s* – *r* vor: vgl. ahd. *zēh* (Prät. zu *zīhan* »beschuldigen«) – *zeigōn*; *mēr* »mehr« – *meist*; *lēren* »lehren« – *leisten* »beweisen, erzeigen«. Aus Hebung der alten Diphthonge einerseits, aus deren (Senkung und) Monophthongierung andererseits ergibt sich in der I. und II. Ablautreihe die Differenzierung beispielsweise zwischen st. Präterita (Sing.) auf *ei* oder *ē* bzw. *ou* oder *ō* (im Nhd. ausgeglichen): vgl. ahd. *sneid* gegenüber *dēh* zu *snīdan* »schneiden« bzw. *dīhan* »gedeihen«; *loug* gegenüber *zōh* zu *liogan* »lügen« bzw. *ziohan* »ziehen«.

5. Wechsel infolge ursprünglichen Akzentwechsels

5.1 Wechsel von Vokalen: Ablaut

In den folgenden nhd. Beispielen aus der Stammbildung starker Verben und 55
aus der Wortbildung erscheint ein bestimmter Vokalwechsel, der als Ablaut bezeichnet wird:

bergen – *barg* – *geborgen*
Binde – *Band* – *Bund*
schließen – *Schloß* – *Schluß*
Fahrt – *Fuhre*

Der Ablaut steht ursprünglich in Zusammenhang mit dem Wechsel des Wortakzents. Auf das – zeitlich gegeneinander verschobene – Vorherrschen einer mehr musikalischen, d. h. auf Veränderung der Tonhöhe, oder einer mehr dynamischen, d. h. auf Verstärkung des Atemdrucks beruhenden Betonung im Ie. wird das Vorhandensein zweier verschiedener Arten des Ablauts zurückgeführt. Diese sind:

- Abtönung, d. h. ein Wechsel quantitätsgleicher, aber ihrer Qualität nach verschiedener Vokale. Die wichtigste Abtönung ist ie. *e* – *o* (z. B. in lat. *tegō* – *toga*), germ. *e* – *a* (nhd. *bergen* – *barg*).
- Abstufung, d. h. ein Wechsel qualitätsgleicher, aber ihrer Quantität nach verschiedener Vokale (z. B. *e* – *ē* in lat. *tegō* – *tēgula*). Hierbei werden von einer Grundstufe folgende weitere Quantitätsgrade unterschieden: Dehnstufe, Reduktionsstufe, Schwundstufe. Das Eintreten von Reduktions- und Schwundstufe ist ursprünglich gebunden an Entzug des Akzents (vgl. z. B. πτ- gegenüber πέτ- in griech. πτέσθαι »geflogen sein« zu πέτεσθαι »fliegen«).

Der Ablaut war nicht auf Wurzelsilben beschränkt, sondern trat auch in Suffix- und Endsilben auf. In den germ. Sprachen hat sich jedoch aufgrund der Abschleifung der nichtstarktonigen Silben praktisch nur der Ablaut in den Wurzelsilben erhalten (vgl. aber noch ahd. *nim-i-t*: *nëm-a-nt* gegenüber mhd. *nimet*: *nëment*).

56 An den Ablauterscheinungen, die in Gruppen zusammengehöriger Wörter bzw. Formen auftreten, sind in der Regel beide Arten des Ablauts beteiligt. Feste Reihen zu je höchstens vier verschiedenen Vokalen ergeben sich im Germ. durch die geregelte Verteilung von Abtönung und Abstufung auf die in Tempus- und Formenbildung der sog. starken Verben verwendeten Stämme, nämlich die des Präsens, des Sing. Präteriti, des Plur. Präteriti und des zweiten Partizips.

Nicht alle so verteilten Ablautstufen lassen sich mit Akzentverhältnissen in entsprechenden ie. Verbformen (z. B. ie. Perfekta) in Verbindung bringen: darin bekundet sich eine von den ursprünglichen Bedingungen unabhängige Systematisierung der ererbten Ablautmöglichkeiten, die zum Teil – und fortschreitend mit dem Endsilbenverfall in den germ. Einzelsprachen – zu relevanten Zeichen für die Unterscheidung von Wörtern und Wortformen werden (vgl. engl. *sing – sang – sung*, dt. *Berg – Burg*).

Die im Deutschen vorhandenen st. Verben lassen sich aufgrund des jeweiligen Vokalwechsels insgesamt sechs Reihen zuordnen. Alle hier auftretenden Ablautmöglichkeiten begegnen auch außerhalb der Stammbildung der st. Verben, insbesondere in der Wortbildung. Beispiele aus der Stammbildung starker Verben (ahd.) und aus der Wortbildung (mhd.):

I.	*snīdan*	–	*sneid*	–	*snitum*		*gisnitan*
	dīhan	–	*dēh*	–	*digum*		*gidigan*
	zīhen		*zeigen*			*ziht* (»Anklage«)	
			lêren			*list*	
II.	*liogan*	–	*loug*	–	*lugum*		*gilogan*
	ziohan	–	*zōh*	–	*zugum*		*gizogan*
	liep		*gelouben*			*gelübede, lop*	
	bieten					*bütel, bote*	
III.	*bintan*	–	*bant*	–	*buntum*		*gibuntan*
	wërfan	–	*warf*	–	*wurfum*		*giworfan*
	trinken		*tranc*			*trunc*	
	bërgen					*burc, borgen*	
IV.	*nëman*	–	*nam*	–	*nāmum*	–	*ginoman*
	bërn (»Frucht tragen«)		*barn* (»Kind«)		*bâre*		*giburt*
V.	*sëhan*	–	*sah*	–	*sāhum*	–	*gisëhan*
	wëc		*wagen* (»Wagen«)		*wâge* (»Waage«)		
VI.	*slahan*	–	*sluog*		*sluogum*	–	*gislagan*
	grap		*gruobe*				

Differierende Wechselerscheinungen innerhalb derselben Reihe ergeben sich aus stellungsbedingten Varianten (Reihe I und II: zu *ē* gegenüber *ei* bzw. *ō* gegenüber *ou* vgl. 54; Reihe III: zu *i* gegenüber *ë* vgl. 50, zu *o* gegenüber *u* vgl. 51).

Für die sechs Reihen werden germ. Vokalreihen ursprünglich folgender Gestalt 57
angesetzt (ahd. *ī* entspricht *ei*; ahd. *ā* entspricht offenes *ē*, sog. $\bar{e}^{1}$; ahd. *uo* entspricht *ō*):

I.	*ei*	–	*ai*	–	*i*	–	*i*
II.	*eu*	–	*au*	–	*u*	–	*u*
III.	*e*	–	*a*	–	*u*	–	*u*
IV.	*e*	–	*a*	–	*ē*	–	*u*
V.	*e*	–	*a*	–	*ē*	–	*e*
VI.	*a*	–	*ō*	–	*ō*	–	*a*

Daß den Reihen I–V ein weithin gleiches Ablautsystem zugrunde liegt, wird an den beiden ersten Kolumnen unmittelbar deutlich (*a* in Abtönung zu *e*). Die Differenzierung ergibt sich aus der jeweiligen Kombination mit bestimmten Abstufungen und insbesondere durch die je eigentümlichen Folgelaute (I: Halbvokal *i̯*; II: Halbvokal *u̯*; III: Nasal- oder Liquidaverbindung; IV: Nasal oder Liquida; V: Geräuschlaut). In der dritten und vierten Kolumne sind *i* und *u* (anders als *ē* und *e*) nicht selbst ablautende Vokale, sondern die bei Schwundstufe des ablautenden Vokals silbentragenden Folgelaute (I. und II. Reihe) oder aus diesen entwickelte Sekundärvokale (III. Reihe: *u* aus silbischen *l̥*, *m̥*, *n̥*, *r̥*; in der IV. Reihe vertritt *u* wahrscheinlich alten Murmelvokal der Reduktionsstufe).
Die Vokale der VI. Reihe weisen auf verschiedene ie. Abstufungen zurück.

5.2 Wechsel von Konsonanten: Grammatischer Wechsel

In den folgenden nhd. Beispielen aus der Stammbildung starker Verben und 58
aus der Wortbildung wechseln jeweils zwei bestimmte Konsonanten miteinander, nämlich *f – b*, *d – t*, *h – g* und *s – r*:

Bedarf	–	*darben*
schneiden	–	*schnitten*
ziehen	–	*Zug*
gewesen	–	*waren*

Dieser Wechsel beruht darauf, daß die ie. Konsonanten *p*, *t*, *k* sowie *s* je nach Stellung des ursprünglichen Wortakzents durch jeweils verschiedene germ. Konsonanten vertreten werden. Im Germ. erscheinen nach ursprünglich betontem Vokal (sowie im Anlaut) die stimmlosen Reibelaute *f*, *þ*, *h* (erste oder germ. Lautverschiebung) sowie *s*, in allen anderen Stellungen (sofern nicht stimmlose Umgebung dem entgegengewirkt hat) die stimmhaften Reibelaute *ƀ* [β], *đ* [ð], *ǥ* [ɣ] (erste oder germ. Lautverschiebung) sowie *ƶ*. Diesen entsprechen im Hochdeutschen *f*, *d*, *h* sowie *s* bzw. *b*, *t*, *g* sowie *r*:

ie.	*p*	*t*	*k*	*s*
germ.	*f – ƀ*	*þ – đ*	*h – ǥ*	*s – ƶ*
hochdt.	*f – b*	*d – t*	*h – g*	*s – r*

59 Am auffälligsten ist die Erscheinung des »grammatischen Wechsels« in der Stammbildung starker Verben mit entsprechendem wurzelschließenden Konsonanten. Deren Präsens und Sing. Präteriti weisen gewöhnlich die germ. stimmlosen Reibelaute (oder deren hochdt. Vertreter) auf, wohingegen im Plur. Präteriti und im zweiten Partizip die germ. stimmhaften Reibelaute (oder deren hochdt. Vertreter) erscheinen. Der Zusammenhang dieser Verteilung mit den ursprünglichen Akzentverhältnissen tritt deutlich hervor in den ersten drei Ablautreihen (vgl. das Gegenüber von Grundstufen und – ursprünglich mit Akzententzug einhergehenden – Schwundstufen; dazu 57).

Beispiele aus der Stammbildung starker Verben (ahd.) und aus der Wortbildung (mhd.):

dīhan	–	*dēh*	*digum*	–	*gidigan*
	ziehen			*zügel*	
kiosan	–	*kōs*	*kurum*	–	*gikoran*
	genësen			*nern*	
wërdan	–	*ward*	*wurtum*	–	*giwortan*
	snîde			*snite*	
heffen		*huob*	*huobum*	–	*(ir-)haban*
	dürfen			*darben*	

60 Der oben nicht erwähnte Wechsel *h* – *w* (z. B. ahd. *līhan* »leihen« – *liwum* »liehen«) geht zurück auf germ. *hw* – *gw* für ie. k^{u}, wobei einmal der bilabiale, das andere Mal der velare Bestandteil geschwunden ist. Der Wechsel *h* – *ng* (z. B. ahd. *fāhan* »fangen« – *fiangum* »fingen«) ist nur eine besondere Erscheinungsform des Wechsels *h* – g, da im Germ. *n* vor *h* (unter Dehnung des voraufgehenden Vokals) schwand.

6. Konsonantenwechsel infolge von Stimmtonverlust (vor *t*)

61 In den folgenden nhd. Beispielen aus der Tempusbildung schwacher Verben und aus der Wortbildung erscheinen für Verschlußlaute und Affrikaten in der Stellung vor *t* Reibelaute:

schöpfen – *Geschäft*
pflegen – *Pflicht*
denken – *dachte*

Dieser Wechsel beruht darauf, daß im Ie. behauchte und unbehauchte stimmhafte Verschlußlaute (b^h, g^h, d^h bzw. *b*, *g*, *d*) in der Stellung vor *t* ihren Stimmton verloren (*pt*, *kt*, *tt*, wobei *tt* zu *ss* wurde), wie z. B. in lat. *scriptus* zu *scrībere*, *rēctus* zu *regere*, *[ob-]sessus* zu *sedēre*.

Das so entstandene Gegenüber von ie. stimmhaften Verschlußlauten und deren stimmlosen Entsprechungen in Verbindung mit *t* tritt im Hochdt. – bedingt durch die 1. und die 2. Lautverschiebung – in stark veränderter Gestalt auf. Nach der 1. Lautverschiebung erscheinen die ie. behauchten und unbehauchten stimmhaften Verschlußlaute im Germ. als stimmhafte Reibelaute (ƀ, ǥ, đ) bzw. stimmlose Verschlußlaute (*p*, *k*, *t*); ihnen stehen gegenüber als Vertreter von ie. *pt*, *kt*, *ss* die germ. Lautgruppen *ft*, *ht*, *ss*. Das hochdt. Erscheinungsbild dieses Gegenübers ist bestimmt durch die Vorgänge der 2. Lautverschiebung (s. dazu 9).

Im Deutschen wechseln danach:

hochdt.	*ft*	mit	*b*	oder	*ff/pf*
	ht	mit	*g*	oder	*hh/k*
	ss (*st*)	mit	*t*	oder	*ȝȝ*/z

Beispiele aus der Wortbildung (mhd.) und aus der Präteritalbildung der sw. Verben (ahd.):

gift zu *gëben*
geschefte zu *schepfen*

traht zu *tragen*
worhta zu *wurken*

rost zu *rôt*
wissa zu *wiȝȝan*

Das hochdt. Gegenüber von *ss* (*st*) und *d*, z. B. in nhd. *Last* – *laden*, beruht ausschließlich auf der oben genannten Sonderentwicklung von ie. *tt*, nicht auf Stimmtonverlust im Ie. (hochdt. *d* entspricht ie. *t*!).

Der im Hochdt. vorhandene Wechsel von Reibelaut *h* (*ch*) vor *t* mit Hauchlaut *h*, 62
z. B. in mhd. *vluht* – *vliehen*, nhd. *Zucht* – *ziehen*, erklärt sich daraus, daß germ. *h* vor Konsonant Reibelaut geblieben, zwischen Vokalen aber Hauchlaut geworden ist.

Der seit dem Mhd. auftretende (im Nhd. nur in der Graphie ausgeglichene) 63
Wechsel von *p* mit *b*, *k* (*c*) mit *g* und *t* mit *d* beruht auf einem dem Stimmtonverlust vor *t* vergleichbaren Phänomen: die Lenes *b*, *g*, *d* werden im Wortauslaut und im Silbenauslaut vor Fortis mit größerer Intensität artikuliert und erscheinen als Fortes *p*, *c*, *t*:

roup (*Raub*) – *roubes*
tac (*Tag*) – *tage*
liet (*Lied*) – *liedes*
geloupte (*glaubte*) – *gelouben*
neicte (*neigte*) – *neigen*

7. Konsonantenwechsel infolge von Gemination

In den folgenden nhd. Beispielen aus der Wortbildung wechselt Affrikata 64
(oder Verschlußlaut) mit Reibelaut:

schnupfen – *schniefen*
stutzen – *stoßen*
Lücke – *Loch*

Dieser Wechsel geht zurück auf ein Gegenüber von geminierten, d. h. gedehnten, und einfachen Konsonanten im Vordeutschen. Die meisten der in Betracht kommenden Geminaten sind durch nachfolgendes *j* hervorgerufen, wie z. B. in:

ahd. *hell(i)a* (got. *halja*) – *hëlan*
ahd. *bitten* (got. *bidjan*) – *bëten*
mhd. *henne* – *hane*

Im Nhd. wird durch Doppel- gegenüber Einfachschreibung nicht mehr Länge bzw. Kürze des Konsonanten, sondern – nach allgemeiner orthographischer Regelung – Kürze bzw. Länge des vorangehenden Vokals bezeichnet (vgl. *Hölle – hehlen*, *bitten – beten*, *Henne – Hahn*).

65 Zu einem für das Hochdt. charakteristischen Wechsel führt das Nebeneinander von Geminata und einfachem Konsonanten bei den vordt. stimmlosen Verschlußlauten *p*, *t*, *k*: die Geminaten *pp*, *tt*, *kk* wurden in der hochdt. Lautverschiebung zu Affrikaten (bei *kk* nur südobdt., vgl. 20), einfache intervokalische *p*, *t*, *k* aber zu langen Reibelauten verschoben (vgl. 9). Beispiele aus der verbalen Stammbildung (ahd.) und aus der Wortbildung (mhd.):

knupfen – *knufta*
slüpfen – *sliefen*

sizzen – *saȥ*
ergetzen – *vergëȥȥen*
stecken – *stëchen*

C. Zum Formenbau

Die folgende Darstellung des ahd. und mhd. Formenbaus sondert die Flexion im engeren Sinne von der Stammbildung. Auf diese Weise läßt sich die im Ahd. noch klar hervortretende klassenbildende und grammatische Leistung der Stammbildung – neben ihrer wortbildenden Funktion – erfassen und beschreiben. Einblick in diese Verhältnisse ist nützlich als Ausgangspunkt für das Verständnis des tiefgreifenden Systemwandels seit dem Ahd., der bedingt ist durch den fortschreitenden Verfall der nichtstarktonigen Silben und sich äußert in morphologischen Umgruppierungen sowie einer zunehmenden Auflösung des synthetischen Flexionssystems; soweit im verbalen und nominalen Formensystem Stammbildung und Flexion noch nicht durch andere Funktionsträger abgelöst worden sind, kann eine derartige Beschreibung auch für das Nhd. erhellend sein.

1. Allgemeines

1.1 Aufbau eines flektierten Wortes

Ein einfaches flektiertes Wort besteht im allgemeinen aus drei Elementen: 66

a) einem wurzelhaften Element
   d. i. der – etymologisch verwandten Wörtern gemeinsame – formale und semantische Kern

b) einem ableitenden Element
   d. i. das – aus einem einzigen Laut oder einer Lautgruppe bestehende – stammbildende Suffix (häufig sind auch mehrere Suffixe kombiniert)

c) einem flexivischen Element
   d. i. die – aus einem einzigen Laut oder einer Lautgruppe bestehende – Flexionsendung.

Den ganzen Komplex vor der Flexionsendung, also a) + b), nennt man Stamm.

Ahd. Beispiele:

(Dat. Plur.)	(3. Pers. Plur. Präs. Ind.)
gëb-ō-m	*nëm-a-nt*
zuh-ti-m	*ner-ie-nt*
kun-ing-innō-m	*bët-al-ō-nt*

1.2 *Zur Funktion der ableitenden und der flexivischen Elemente*

67 Mit Hilfe ableitender Suffixe werden aus vorhandenen Wurzeln bzw. Wortstämmen neue Wörter (Stämme) gebildet: Wortbildung durch Ableitung. Unter dem Aspekt ihrer – durch analogische Prozesse bestimmten – wortbildenden Leistung lassen sich die ableitenden Suffixe bestimmten »semantischen Typen« zuordnen (s. u. Zur Wortkunde).

Auch für den Bereich der Flexion sind die ableitenden Elemente von Bedeutung, und zwar in zweierlei Hinsicht:

a) Durch sein ableitendes Suffix ist ein Wort bereits zu einer bestimmten Flexionsklasse (Stammklasse) disponiert. Denn die einzelnen Flexionsklassen (Stammklassen) sind definiert durch einen je besonderen Stammauslaut, der allen zu dieser Klasse gehörigen Wörtern und nur diesen eigen ist. So fallen unter dem Aspekt ihrer rein lautlichen Gestalt die sehr zahlreichen ableitenden Suffixe in eine – zahlenmäßig sehr kleine – Reihe von Stammbildungstypen zusammen, die der Gliederung der Verba bzw. Nomina in Flexionsklassen zugrunde liegen (»klassenbildende Typen«); z. B. gehören Substantive mit den Ableitungssuffixen *-a-*, *-ja-*, *-inga-*, *-ila-* oder *-iþja-* grundsätzlich zu derselben Flexionsklasse (Stammklasse).

Es gibt eine Reihe von Wörtern, denen ein ableitendes Element fehlt (Wurzelverba, Wurzelnomina): die Flexionsendungen treten unmittelbar an die Wurzel an; z. B. lat. Gen. Sg. *noct-is*; 3. Pers. Sg. Präs. Ind. *es-t*.

b) Verben und Adjektive benutzen innerhalb ihrer Flexion über die klassenbildenden Stämme hinaus zur Bezeichnung bestimmter grammatischer Funktionen (Präteritum, Optativ, Verbalnomina; Komparation) noch besondere Stammbildungen, die die einzelnen Stammklassen ganz (oder doch zu einem großen Teil) übergreifen (»grammatische Typen«).

68 Mit Hilfe flexivischer Suffixe werden zu den Wortstämmen Wortformen gebildet, in denen ein Wort zu anderen in syntaktische Beziehung treten kann: Flexion (Deklination, Konjugation).

Schon ursprünglich werden einige Wortformen ohne flexivisches Element gebildet: die Formen sind identisch mit dem Stamm; z. B. lat. Sg. Imp. *laudā*; Nom. *Sg. mensa* gegen *turri-s*.

2. Verba

69 Verben sind Wörter, denen die Kategorien Tempus, Modus, Genus verbi und Person zukommen. Hier werden näher erläutert nur die synthetisch gebildeten Formen, d. h. Indikativ und Konjunktiv des Präsens und Präteritums (Aktiv) sowie der Imperativ; angeschlossen sind die Verbalnomina.

Einige Hinweise auf analytische Bezeichnung von Passiv, Tempora und Modi im Deutschen finden sich u. 108.

2.1 *Stammbildung*

2.11 *Klassenbildende Typen: Stammbildung des Präsens (Ind.)*

Eine Gliederung der Verben – entsprechend derjenigen der Substantive – in verschiedene Stammklassen ergibt sich aus den an der Stammbildung des Präsens beteiligten Stammbildungstypen (zu deren Verteilung auf bestimmte Bedeutungsgruppen vgl. 195–207; zu deren Flexion s. 103). 70

Die im Folgenden zu den einzelnen Typen gegebenen Beispiele sind aus dem Ahd. gewählt; es handelt sich jeweils um die 3. Sg. und 3. Pl. Ind. Präs.

Ohne stammbildendes Suffix 71

Wurzelverben sind im Deutschen das Verbum substantivum »*sīn*« sowie *tuon*, *gān* und *stān*:

is-t *s-int*
tuo-t *tuo-nt*
gā-t *gā-nt*
stā-t *stā-nt*

In mhd. *hân*, *vân*, *lân* liegen analoge, meist durch übliche Kontraktionen (s. 32) aus *haben* »haben« oder *hâhen* »hängen« intrans., *vâhen* »fangen« bzw. *lâʒen* »lassen« entstandene Bildungen vor: *hât*, *hânt*; *vât*, *vânt*; *lât*, *lânt*.

Stammbildendes Suffix ablautend *-i-/-a-* 72

Das stammbildende Suffix ist schon vorahd. als Mittel der Wortbildung nicht mehr produktiv und wirkt daher wie ein »Flexionssuffix«; es wird in der Grammatik als »Themavokal« bezeichnet, die betreffende Flexion als »thematisch«.

Diese Stammklasse umfaßt primäre, d. h. nicht von anderen Verben oder von Nomina abgeleitete Verben, z. B.:

wirf-i-t *wërf-a-nt*

Stammbildendes Suffix ablautend *-ji-/-ja-* (ahd. *-i-/-(i)e-*) 73

Nach Schwund von *j* vor *i* und Verschmelzung von *ja* zu *e* sind bereits im Ahd. die Unterschiede dieser Stammbildungsweise gegenüber der auf *-i-/-a-* sehr gering geworden (nur nach *r* tritt im Ahd. noch die Suffixform *-ie-* auf).

Diese Stammklasse umfaßt neben einigen primären Verben, denen die Stammerweiterung durch *j* nur im Präsens zukommt (sog. *j*-Präsentien, s. 81), vor allem deverbale und denominale Bildungen (sog. *jan*-Verben), z. B.:

ner-i-t *ner-ie-nt* zu: *ginësan*
nezz-i-t *nezz-e-nt* zu: *naʒ*

In der Lautgestalt der Wurzel unterscheiden sich derartige Bildungen von der jeweiligen Ableitungsgrundlage – wo möglich – durch die Wirkung von Suffixbetonung (grammatischer Wechsel!) und von *j* (Umlaut, Hebung, Gemination).

74 Stammbildendes Suffix *-ō-*
Die Klasse der sog. *ōn*-Verben umfaßt neben Deverbativa vor allem denominale Bildungen, ursprünglich von subst. *ō*-Stämmen, dann auch von anderen Substantiven und von Adjektiven, z. B.:

salb-ō-t *salb-ō-nt* zu: *salba* (f. *ō*-St.)

75 Stammbildendes Suffix *-ē-*
Die Klasse der sog. *ēn*-Verben umfaßt neben einigen primären Verben denominale und deverbale Bildungen, z. B.:

heil-ē-t *heil-ē-nt* zu: *heil*

2.12 *Grammatische Typen*
2.121 *Stammbildung des Präteritums*

76 Das Deutsche kennt zwei Bildungsweisen des Präteritums. Die eine ist die formal dem ie. Perfekt weithin entsprechende Bildung ohne stammbildendes Suffix, jedoch mit Ablaut des Wurzelvokals gegenüber den jeweiligen Präsensstämmen, der die Funktion der Tempusbezeichnung übernommen hat. Diese Bildungsweise ist den Stämmen auf *-i-/-a-* sowie einigen wenigen auf *-ji-/-ja-* eigen. Verben mit dieser Präteritalbildung nennt man seit J. Grimm »stark«. (Zu dieser Gruppe rechnet man auch diejenigen Verben, die im Deutschen einen ablautähnlichen Vokalwechsel aufweisen, noch im Germ. aber die ie. Perfektreduplikation mit oder ohne Ablaut des Wurzelvokals zeigen.)

77 Die andere ist die den germ. Sprachen eigentümliche Bildung mit dentalem Stammbildungssuffix (ahd. *-t-*). Diese Bildungsweise kommt den meisten Stämmen auf *-ji-/-ja-* (ahd. *-i-/-(i)e-*) sowie den Stämmen auf *-ō-* und *-ē-* zu. Verben mit dieser Präteritalbildung heißen seit J. Grimm »schwach«.

78 Neben die starken und die schwachen Verben stellen sich als eine besondere Gruppe die Präterito-Präsentien, die ein schwaches Präteritum zu einem Präsens bilden, das formal ein starkes Präteritum ist.

2.1211 *Starke Verben*

79 Auf Grund der Ablauterscheinungen, die das Präteritum (und das zweite Partizip) gegenüber dem Präsens kennzeichnen, lassen sich die st. Verben in sechs Klassen einteilen (zu den Vokalen der einzelnen Ablautreihen s. 56 und 57); als eine siebte Klasse wird die Gruppe der ehemals reduplizierenden Verben angeschlossen, deren Präterita durchgehend Diphthong *ia* oder

io (beide später *ie*) gegenüber jeweils anderem Vokal im Präsens aufweisen. Die Verben dieser Klasse haben also – wie die der VI. Ablautreihe – denselben Wurzelvokal im gesamten Präteritum, wohingegen die der Klassen I–V im Singular und Plural des Präteritums verschiedenen Wurzelvokal zeigen (allerdings stimmt die 2. Sg. in der Ablautstufe zum Plural: *wurfi* »du warfst« gegenüber *warf* »ich/er warf«).

Entsprechend ist der grammatische Wechsel geregelt: Er tritt – wo möglich – in den ersten fünf Klassen zwischen 1. und 3. Sg. einerseits und den übrigen Formen des Präteritums andererseits, in den Klassen VI und VII zwischen Präsens einerseits und dem gesamten Präteritum andererseits auf (s. 59).

Im Nhd. ist der funktionslos gebliebene Ablaut zwischen Sg. und Pl. des Prät. aufgegeben. Der grammatische Wechsel ist nicht nur zwischen Sg. und Pl. des Prät., sondern in den meisten Fällen auch zwischen Prät. und Präs. – nach der einen oder anderen Richtung – ausgeglichen.

Im Folgenden werden Beispiele für die Stammformen (einschließlich des zweiten 80
Partizips) der starken Verben I–VII gegeben. Dabei sollen die oben angedeuteten Ausgleichserscheinungen augenfällig werden: die einzelnen Ablautstufen sind mit Hilfe stärkerer Linien gegeneinander abgesetzt; mit Hilfe fein ausgezogener Linien wird das Auftreten des grammatischen Wechsels hervorgehoben (eingerahmt die Formen, deren wurzelschließender Konsonant auf germ. stimmhaften Reibelaut zurückgeht).

Infin. (1. Sg. Präs.)		1. Sg. Prät.	1. Pl. Prät.	Part. Prät.
I. Klasse / I. Ablautreihe				
ī		*ei/ē*	*i*	*i*
a) *snīdan*		*sneid*	*snitum*	*gisnitan*
snîden		*sneit*	*sniten*	*gesniten*
schneiden		*schnitt*	*schnitten*	*geschnitten*
b) *dīhan*		*dēh*	*digum*	*gidigan*
dîhen		*dêch*	*digen*	*gedigen*
gedeihen		*gedieh*	*gediehen*	*gediehen*
II. Klasse / II. Ablautreihe				
io		*ou/ō*	*u*	*o*
a) *liogan*	(*liugu*)	*loug*	*lugum*	*gilogan*
liegen	(*liuge*)	*louc*	*lugen*	*gelogen*
lügen		*log*	*logen*	*gelogen*

Infin. (1. Sg. Präs.)		1. Sg. Prät.	1. Pl. Prät.	Part. Prät.
b) *ziohan*	(*ziuhu*)	*zōh*	*zugum*	*gizogan*
ziehen	(*ziuhe*)	*zôch*	*zugen*	*gezogen*
ziehen		*zog*	*zogen*	*gezogen*

III. Klasse / III. Ablautreihe

i/ë		*a*	*u*	*u/o*
a) *bintan*		*bant*	*buntum*	*gibuntan*
binden		*bant*	*bunden*	*gebunden*
binden		*band*	*banden*	*gebunden*
b) *wërfan*	(*wirfu*)	*warf*	*wurfum*	*giworfan*
wërfen	(*wirfe*)	*warf*	*wurfen*	*geworfen*
werfen		*warf*	*warfen*	*geworfen*

IV. Klasse / IV. Ablautreihe

ë		*a*	*ā*	*o*
nëman	(*nimu*)	*nam*	*nāmum*	*ginoman*
nëmen	(*nime*)	*nam*	*nâmen*	*genomen*
nehmen		*nahm*	*nahmen*	*genommen*

V. Klasse / V. Ablautreihe

ë(/i)		*a*	*ā*	*ë*
wësan	(*wisu*)	*was*	*wārum*	–
wësen	(*wise*)	*was*	*wâren*	*gewësen*
–	–	*war*	*waren*	*gewesen*
sizzen		*saȝ*	*sāȝum*	*gisëȝȝan*
sitzen		*saȝ*	*sâȝen*	*gesëȝȝen*
sitzen		*saß*	*saßen*	*gesessen*

Infin. (1. Sg. Präs.)	1. Sg. Prät.	1. Pl. Prät.	Part. Prät.
VI. Klasse / VI. Ablautreihe			
a (/e)	*uo*	*uo*	*a*
slahan	*sluog*	*sluogum*	*gislagan*
slahen	*sluoc*	*sluogen*	*geslagen*
schlagen	*schlug*	*schlugen*	*geschlagen*
skephen	*skuof*	*skuofum*	*giskaffan*
schepfen	*schuof*	*schuofen*	*geschaffen*
(*schaffen*)	*schuf*	*schufen*	*geschaffen*
VII. Klasse			
fāhan	*fiang*	*fiangum*	*gifangan*
vâhen	*vienc*	*viengen*	*gevangen*
fangen	*fing*	*fingen*	*gefangen*
loufan	*liof*	*liofum*	*giloufan*
loufen	*lief*	*liefen*	*geloufen*
laufen	*lief*	*liefen*	*gelaufen*

Die Verben ahd. *bitten, sizzen, liggen* (mhd. *biten/bitten, sitzen, ligen*) der V. Klasse und ahd. *heffen, skepfen, swerien* (mhd. *heben/heven, schepfen, swern*) der VI. Klasse zeigen im Präsens *i* statt *ë* bzw. *e* statt *a* aufgrund eines ehemals folgenden *j*, das nur dem Präsens (s. 73) zukam (daher auch nur hier Geminaten oder Affrikaten).

Verben, bei denen eine Liquida dem Wurzelvokal nicht folgt (wie in der III. 81
und IV. Klasse), sondern vorausgeht, gehören im Ahd. zur III. Klasse, wenn die Wurzel ursprünglich mit zweifacher Konsonanz schließt (ahd. *brëttan, brëstan, drëskan, irlëskan, flëhtan,* dazu *fëhtan*), dagegen zur IV. Klasse, wenn die Wurzel mit ursprünglich einfachem germ. *k* (auch *p*) schloß (*brëhhan, trëhhan, rëhhan, trëffan,* dazu *stëhhan*). Im Mhd. gehö-

ren alle diese Verben zur IV. Klasse; hierher gehört auch mhd. *komen* (ahd. *quëman*).

Das Verbum ahd. *biginnan*, mhd. *beginnen* hat häufig, das Verbum *bringan*, *bringen* überwiegend neben einem starken Präteritum nach der III. Klasse schwache Präteritalbildung (s. 90 Ende bzw. 87).

82 Die Präterita der starken Verben ahd. *wësan*, mhd. *wësen* (V. Klasse), *stantan*, *standen* (VI. Klasse) und *gangan* (VII. Klasse) substituieren fehlende Präterita der Wurzelverben »*sīn*«, *stān* (bair. *stēn*) und *gān* (bair. *gēn*).

Neben dem Präteritum *gienc* findet sich zu *gân* im Mhd. die Form *gie* (1.3. Sg.). Entsprechende Kurzformen gibt es zu den im Präsens kontrahierten starken Verben mhd. *hân*, *vân*, *lân* (s. 71): *hie*, *vie*, *lie* (die vollen Formen sind *hienc*, *vienc*, *liez*).

Die Präteritalformen ahd. *tëta*, *tātum*, mhd. *tëte*, *tâten* des Wurzelverbs ahd. mhd. *tuon* gehen wohl auf Reduplikation zurück.

Zu den – teilweise analog gebildeten – Präteritalformen des im Präsens kontrahierten schwachen Verbums *hân* »haben« s. 87 (Ende).

Zur Flexion des Präteritums starker Verben s. 106 (Ind.) und 107 (Konj.).

2.1212 *Schwache Verben*

83 Das für das Präteritum der sw. Verben kennzeichnende Dentalsuffix ahd. *-t-* tritt – wenn man von einigen besonderen Bildungen absieht (s. dazu 87) – an Stämme, die vorahd. bei Verben der I. Klasse (*jan*-Verben) auf *-i-*, bei solchen der II. Klasse (*ōn*-Verben) auf *-ō-* und bei denen der III. Klasse (*ēn*-Verben) auf *-ē-* ausgehen.

84 Im Ahd. ändert sich dieses Erscheinungsbild nur insofern, als eine große Zahl von *jan*-Verben das *-i-*, d. i. das vokalisierte Bildungselement *j*, synkopiert hat. Beispiele:

I.	*deni-t-a*	zu: *dennen*
	bran-t-a	zu: *brennen*
II.	*salbō-t-a*	zu: *salbōn*
III.	*heilē-t-a*	zu: *heilēn*

Das *-i-* ist im Ahd. synkopiert bei mehrsilbigen *jan*-Verben (*mahalta* »gelobte«), nach langer Wurzelsilbe im Präteritum, d. h. nach Langvokal/Diphthong (*hōrta* »hörte«) oder Mehrfachkonsonanz (*trancta* »tränkte«), sowie nach kurzer Wurzelsilbe im Präteritum, wenn der wurzelschließende Konsonant gekürzte Geminata ist (*branta* »brannte«, *knufta* »knüpfte«, *dahta* »deckte«). Von den übrigen *jan*-Verben mit kurzer Wurzelsilbe im Präteritum haben diejenigen auf *t* und auf *l* gleichfalls synkopierte Formen, neben denen jedoch die zu erwartenden Formen mit *-i-* stehen (*ratta* neben *retita* »rettete«, *zalta* neben *zelita* »erzählte«).

Bei Wurzeln auf Dental wird die durch Synkopierung von *-i-* entstehende Dentalgruppe meist vereinfacht (*kunta* neben *kundta* zu *kunden* »künden«, *leita* neben *leitta* zu *leit(t)en* »leiten«).

Das Fehlen von *-i-* in Präterita wie *brāhta*, *dāhta*, *dūhta*, *worhta* und *forhta* geht nicht auf Synkopierung zurück (s. dazu 87).

Im Mhd. erscheinen ahd. *-i-*, *-ō-* und *-ē-* ohne Unterschied als *-e-*, so daß 85
den Präterita auf *-t-* nur noch solche auf *-et-* gegenüberstehen. Verglichen mit dem Ahd. sind die Präteritalformen auf *-t-* durch Synkopierung von *-e-* stark vermehrt.

Im Nhd. wird die Präteritalbildung auf *-t-* herrschend, ausgenommen bei Verben auf Konsonant + Nasal und auf dentalen Verschlußlaut: bei diesen wird gegen älteren Sprachgebrauch *-ete-* hergestellt (*segnete*, *neidete*, *leitete* gegenüber mhd. *sëgente*, *nîte*, *leite* zu *sëgenen*, *nîden*, *leiten*).

Bei der Mehrzahl der *jan*-Verben unterscheiden sich Präteritalformen und 86
Präsensformen im Wurzelvokal und im wurzelschließenden Konsonanten.

a) Bei Präterita ohne *-i-* erscheint anstelle des velaren Vokals oder velaren Diphthongs im dazugehörigen Präsens der entsprechende, durch *j* bewirkte Umlaut, und zwar entweder schon im Ahd. oder erst im Mhd. (Für diese Erscheinung – nichtumgelauteter Wurzelvokal im Prät. gegenüber umgelautetem Wurzelvokal im Präs. – verwendet man seit J. Grimm die irreführende Bezeichnung »Rückumlaut«.)

ahd.	*branta*	– *brennen*	mhd.	*brante*	– *brennen*
	hōrta	– *hōren*		*hôrte*	– *hœren*

b) Anstelle eines einfachen Konsonanten im Prät. (ausgenommen *r*) erscheint im dazugehörigen Präsens die entsprechende, meist durch *j* bewirkte Geminata. Ist der einfache Konsonant Kürzung aus *ff* (verschoben aus germ. *p*) oder *hh* (verschoben aus germ. *k*), so erscheinen im Präsens *pf* (germ. *pp*) bzw. *ck* (germ. *kk*).

ahd.	*denita*	– *dennen*	mhd.	*den(e)te*	– *den(n)en*
	knufta	– *knupfen*		*knupfte*	– *knüpfen*
	dahta	– *decken*		*dahte*	– *decken*

Schon im Ahd. ist der Wechsel zwischen Reibelaut und Affrikata (bzw. geminiertem Verschlußlaut) vielfach ausgeglichen, und zwar stets beim Dental (also *sazta* zu *sezzen*), häufig beim Labial (also *knupfta* neben *knufta*), gelegentlich auch schon beim Velar (also *dacta* neben *dahta*). Im Mhd. wird zudem Wechsel zwischen Einfach- und Doppelkonsonanz zugunsten des einfachen Konsonanten ausgeglichen, es sei denn, es liegt alte, d. h. nicht durch westgerm. *j* bewirkte Gemination vor (also *denen* – *denete*, aber *brennen* – *brante*).

Im Nhd. wird der funktionslose Wechsel des Konsonanten und auch des Wurzelvokals vom Präsens her weitestgehend ausgeglichen; in Resten bewahrt ist nur der »Rückumlaut«, nämlich bei Verben auf *nn* (*brennen – brannte*) und auf *nd* (*senden – sandte* neben *sendete*).

87 Schon ursprünglich ohne *-i-* gebildet sind die Präterita ahd. *dāhta* zu *denken*, *dūhta* zu *dunken*, *worhta* zu *wurken*, *forhta* zu *furhten* sowie *brāhta* zu dem st. Verb *bringan*. Aus dieser Bildungsweise ergeben sich die eigentümlichen lautlichen Unterschiede zwischen diesen Präterita und den dazugehörigen Präsensformen.

Reibelaut *h* gegenüber beispielsweise *k* erklärt sich aus Stimmtonverlust vor *-t-* (s. 61), gedehnter Vokal gegenüber kurzem Vokal aus »Ersatzdehnung« (bei Nasalschwund vor germ. *h*), *o* gegenüber *u* aus Senkung (s. 51); das *a* gegenüber *i* in *brāhta* / *bringan* läßt sich auf Abtönung zurückführen.

Die Präterita ahd. *segita* und ahd. *hebita*, mhd. *hebete* (neben regelmäßigem *sagēta*, *sagete* bzw. *habēta*, *habete/hapte*) der schwachen Verben ahd. *sagēn*, mhd. *sagen* bzw. *habēn*, *haben* (III. Klasse) sind Analogiebildungen nach der I. Klasse. Zahlreiche Kurzformen, die u. a. auf Zusammenziehung der volleren Präteritalformen von *habēn*, *haben* sowie auf Angleichung an das Präteritum von *tuon* (*tëte*) und das der starken Verben der VII. Klasse beruhen, erscheinen als Präterita zu mhd. *hân* »haben«; die wichtigsten sind: *hâte*, *hæte*, *hêt(e)*, *het(e)*, *hiet(e)*.

Zum Verbum *wellen* »wollen« gehört ein schwaches Präteritum mit abweichendem Wurzelvokal: ahd. *wolta*, mhd. *wolte*, *wolde*.

Zur Flexion des Präteritums schwacher Verben s. 106 (Ind.) und 107 (Konj.).

2.1213 Präterito-Präsentien

88 Präterito-Präsentien verwenden für das Präsens Formen starker, d. h. ablautender Präterita. Nach ihren Wurzelvokalen lassen sich diese Formen den in der Stammbildung der st. Verben hervortretenden sechs Ablautreihen zuordnen, vgl. z. B. III. Reihe

starkes Verb:	*wërfan* –	*warf* –	*wurfum*
Prät.-Präs.:		*darf* –	*durfum*

In der Verteilung der Ablautstufen unterscheiden sich die Präterito-Präsentien von den st. Verben allerdings in zwei Punkten: die zur IV. und V. Reihe gestellten zeigen im Plural keine Dehnstufe (s. u.), bei allen stimmt die 2. Sg. im Wurzelvokal – und in der Verwendung eines Perfektflexivs – zur 1. und 3. Sg. (z. B. *darft* »du darfst« gegenüber *wurfi* »du warfst«).

Der Gebrauch ablautender Präteritalformen für das Präsens läßt sich vom zugrunde liegenden ie. Perfekt her erklären, das den aus einer abgeschlossenen Verbalhandlung resultierenden Zustand bezeichnet: für die Verwendung entsprechender Bildungen als Präterita (s. starke Verben) ist das Abgeschlossensein der Verbalhandlung, hier dagegen das dem erreichten Zustand anhaftende Gegenwartsmoment bestimmend geworden.

Die Präterito-Präsentien bilden ihr Präteritum nach Art der sw. Verben mit 89
einem Dentalsuffix, das an die Wurzeln des Pl. Präs. antritt (z. B. in *dorf-ta* zu *durf-*).

Aufgrund der Bildungsweise ohne Zwischenvokal zeigen die Präterita zu Verben auf *g* und *ʒ* die Wirkungen des Stimmtonverlusts vor *-t-* (s. 61): *-ht-* gegenüber *g* und *-ss-* (gekürzt *-s-*, in Angleichung an das übliche Erscheinungsbild sw. Präterita *-st-*) gegenüber *ʒ*. (Entsprechendes gilt für die 2. Sg. Präs. mit der Endung ahd. mhd. *-t*, ie. *-tha*.)

Als Stammformen der Präterito-Präsentien werden im Folgenden aufgeführt: 1. Sg. 90
Präs., 1. Pl. Präs., 1. Sg. Prät. (die im Nhd. vorhandenen zweiten Partizipien sind noch im Mhd. sehr selten.)

	Präs.			Prät.
I. Ablautreihe				
ahd.	*weiʒ*	–	*wiʒʒum*	*wissa* (*wëssa*)
				wista (*wësta*)
mhd.	*weiʒ*	–	*wiʒʒen*	*wisse* (*wësse*)
	»ich weiß«			*wiste* (*wëste*)
				(*wuste*: ostmd.)
II. Ablautreihe				
ahd.	*toug*	–	*tugum*	*tohta*
mhd.	*touc*	–	*tugen* (*tügen*)	*tohte*
	»es hilft, nützt«			
III. Ablautreihe				
a) Vokal + *nn*				
ahd.	(*gi-*)*an*	–	(*gi-*)*unnum*	(*gi-*)*onda*
mhd.	*gan*	–	*gunnen* (*günnen*)	*gunde* (*gonde*)
	»ich gönne«			
	(ebenso: mhd. *erban* »ich mißgönne«)			
ahd.	*kan*	–	*kunnum*	*konda*
mhd.	*kan*	–	*kunnen* (*künnen*)	*kunde* (*konde*)
	»ich weiß, verstehe, kann«			
b) Vokal + *r* + Kons.				
ahd.	*darf*	–	*durfum*	*dorfta*
mhd.	*darf*	–	*durfen* (*dürfen*)	*dorfte*
	»ich brauche, bedarf; darf«			

ahd.	*gi-tar*	–	*giturrum*	*gitorsta*
(got.	*ga-dars*	–	*gadaúrsum*	*gadaúrsta*)
mhd.	(*ge-*)*tar*	–	(*ge-*)*turren* (*türren*)	(*ge-*)*torste*
	»ich wage«			

IV. Ablautreihe

ahd.	*scal*	–	*sculum*	*scolta*
mhd.	*sol* (*sal*)	–	*suln* (*süln*)	*solde* (*solte*)
	»ich bin schuldig [zu tun], ich soll«			

V. Ablautreihe

ahd.	*mag*	–	(*magum*) *mugum*	(*mahta*) *mohta*
mhd.	*mac*	–	*mugen* (*mügen*)	*mohte*
			(*magen*, *megen*)	(*mahte*)
	»ich vermag, kann«			

VI. Ablautreihe

ahd.	*muoȝ*	–	*muoȝum*	*muosa*
mhd.	*muoȝ*	–	*müeȝen*	*muose* (*muoste*)
	»ich habe Gelegenheit [zu tun], ich muß«			

Ein dem Präteritum des Prät.-Präs. *an* (*onda*) entsprechendes schwaches Präteritum bildet das starke Verb der III. Klasse ahd. *biginnan*, mhd. *beginnen* (s. 81): ahd. *bigonda*, mhd. *begunde*.

Zur Flexion des Präsens und des Präteritums der Präteritopräsentien s. 106 (Ind.) und 107 (Konj.).

2.122 *Stammbildung des Konjunktivs (Optativs)*

91 Stammbildendes Suffix ist das »Optativzeichen« *-ī-*, das jeweils an den Präsens- und Präteritalstamm antritt. (Im Präs. ist das Stammkennzeichen als solches nur bei dem Wurzelverbum *sein* erhalten: ahd. mhd. *s-î*, *s-î-s(t)* etc.)

2.1221 *Präsens*

92 Charakteristikum bei den *-i-/-a-* und *-ji-/-ja-*Stämmen ist ahd. *-ē-* (< germ. *ai* < *o* + *ī*), im Auslaut *-e*, mhd. jeweils *e*.
Die Stämme auf *-ō-* und auf *-ē-* sowie die Wurzelverben *gān*, *stān*, *tuon* unterscheiden gewöhnlich den Optativstamm nicht vom Indikativstamm (gelegentlich wird jedoch im Ahd. das »Suffix« *-ē-* hinzugefügt).

ahd.	*wërf-ē-s(t)*	mhd.	*wërfest*
	zell-ē-s(t)		*zel(e)st*
	salbō-(ē-)s(t)		*salbest*
	heilē-(ē-)s(t)		*heilest*
	tuo-(ē-)s(t)		*tuost*

Zur Flexion im einzelnen s. 104.

2.1222 *Präteritum*

Das Optativzeichen *-ī-*, das an die Präteritalstämme (bei den st. Verben der Klassen I–V: Ablautstufe des Plur. Prät.) antritt, ist im Ahd. als solches noch erhalten (im Auslaut gekürzt zu *-i*). 93

Diese Bildung gilt bei den Präterito-Präsentien sowohl für das (funktionale) Präsens als auch für das Präteritum.

ahd.	*wurf-ī-s(t)*	mhd.	*würfest*
	zelit-ī-s(t), zalt-ī-s(t)		*zeltest, zaltest*
	salbōt-ī-s(t)		*salbetest*
	heilēt-ī-s(t)		*heiletest*
	(*durf-ī-s(t)*		*dürfest*)
	dorft-ī-s(t)		*dörftest*

Zur Flexion im einzelnen s. 107.

2.123 *Stammbildung der Verbalnomina (verbum infinitum)*

Zum Verbalsystem gehören mittelbar noch ein Verbalsubstantiv (der Infinitiv) und zwei Verbaladjektive (die Partizipien). Der nominale Charakter äußert sich darin, daß die Bildungen dekliniert und als Substantive oder – die Partizipien – als Adjektive verwendet werden können. Der Anschluß an das Verbalsystem ist dadurch begründet, daß die Verbalnomina vielfach finite Verbformen vertreten. 94

2.1231 *Infinitiv*

Der Infinitiv ist der Form nach der (erstarrte) Akkusativ eines neutralen Verbalsubstantivs, und zwar eines Nomen actionis. Als einem Nomen fehlen dem Infinitiv die Bedeutungskategorien des Genus verbi und des Tempus. Daß der Infinitiv vielfach aktive und präsentische Bedeutung hat, beruht auf Übertragung vom Verbum finitum. Bildungssuffix ist *-na-*, das an die jeweiligen Präsensstämme antritt. Im Deutschen geht der Infinitiv 95 stets auf *-n* aus, nachdem der stammbildende Vokal *-a-* ebenso wie die Akkusativendung *-m* geschwunden ist.

Wurzelverb:

ahd. *tuo-n* mhd. *tuon*

Verba mit stammbildendem Suffix:

ahd. *wërf-a-n* mhd. *wërfen*
zell-e-n *zeln*
salb-ō-n *salben*
heil-ē-n *heilen*

Prät.-präs. bilden den Infinitiv sekundär mit der Ablautstufe des Plur.:

ahd. *durfan* mhd. *dürfen*

Zu dem als Nom. und Akk. gebrauchten Infinitiv gehören ein Gen. und ein Dat., denen ein neutraler *ja*-St. (s. dazu 112) zugrunde liegt: ahd. *wërfannes*, *wërfanne*, mhd. *wërfen(n)es*, *wërfen(n)e*.

2.1232 Erstes Partizip (»Partizip des Präsens«)

96 Das erste Partizip ist ein Verbaladjektiv, das eine unvollendete (dauernde) Handlung bezeichnet, nicht aber eine Zeitstufe. Es hat aktive Bedeutung. Bildungssuffix ist ie. *-nt-* (germ. *-nđ-*!), das an die jeweiligen Präsensstämme antritt.

ahd. *wërf-a-nt-* mhd. *wërfend-* etc.

Zur Flexion s. 123.

2.1233 Zweites Partizip (»Partizip des Präteritums«)

97 Das Partizip des Präteritums ist ein Verbaladjektiv, das das Ergebnis einer Handlung bezeichnet, nicht aber eine Zeitstufe. Es ist bei transitiven Verben vorwiegend von passiver, bei intransitiven Verben von aktiver Bedeutung. Das zweite Partizip wird entweder mit dem Nasalsuffix *-na-* (dt. *-n*) oder mit dem Dentalsuffix (*-þa-*)/*-đa-* (dt. *-t*) gebildet.

98 Die starken Verben benutzen das Suffix *-na-*, das an die auf »Themavokal« ausgehenden Stämme (zu den ablautenden Wurzelvokalen s. 79) antritt:

ahd. *gi-worf-a-n* mhd. *geworfen*

Beim Wurzelverb *tuon* tritt das Nasalsuffix unmittelbar an den Wurzelvokal des Pl. Prät. (ahd. *gitā-n*); die analogen Bildungen *gegâ-n*, *gestâ-n* und *gesî-n* stehen erst im Mhd. gelegentlich neben den zweiten Partizipien der st. Verben *gangen*, *standen* bzw. *wësen* (*gegangen*, *gestanden* bzw. *gewësen*).
Die kontrahierten starken Verben mhd. *hân*, *vân*, *lân* (s. 71) bilden die Partizipien *gehân*, *gevân*, (*ge*)*lân* (daneben stehen *gehangen*, *gevangen*, (*ge*)*lâȥen* zu den nicht kontrahierten Präsentien).
Zur Flexion s. 123.

Die schwachen Verben benutzen das Suffix (*-þa-*)/*-đa-*, das an die auf *-i-*, *-ō-*, *-ē-* ausgehenden Verbalstämme (bei *jan*-Verben mit »Rückumlaut« – dazu 86 a – in der sog. flektierten, mhd. häufig auch in der sog. unflektierten Form) antritt: 99

ahd. *gi-zel-i-t* (aber: *gi-zal-tēr*) mhd. *gezelt, gezalt* (*gezalter*)
gi-salb-ō-t *gesalbet*
gi-heil-ē-t *geheilet*

Bei den Partizipien der I. Klasse mit wurzelschließenden *b, d, g* ist im Mhd. mit kontrahierten Formen zu rechnen (vgl. 32. 103. 106), z. B. *geleit* (ahd. *gilegit*), *geseit* (ahd. *gisegit* und *gisagēt*, vgl. 87).

Zu den Präterito-Präsentien *wiȥȥen, gunnen, -durfen* sind bereits im Mhd. zweite Partizipien gut belegt; sie werden zumeist mit Dentalsuffix gebildet: mhd. *gewist* (*gewest*), *gegunnet*/*gegunnen, bedorft.* (Einige ältere Partizipien werden nur als Adjektive verwendet, z. B. mhd. *gewis, gewiȥȥen, kunt, schult.*)

Zur Flexion s. 123.

Das perfektivierende Präfix *gi-, ga-, ge-* (vgl. nhd. *gefrieren* gegenüber imperfektivem *frieren*) konnte ursprünglich nur durativen (den Verlauf einer Handlung bezeichnenden) Verben beigegeben werden, nicht aber nichtdurativen (meist perfektiven) Verben: so noch im Mhd. regelmäßig *vunden, troffen, komen, worden, brâht*, gelegentlich auch *lâȥen, gëben, nomen*; ebenso noch im Nhd. bei den meist nichtdurativen Verben, die mit einem vortonigen, untrennbaren Präfix komponiert sind, z. B. *erklommen, entgangen, berufen, verbessert, durchfahren – durchgefahren.* Die Präfigierung mit *gi-, ga-, ge-* unabhängig von der ursprünglichen Funktion beginnt bereits im Ahd. die Regel zu werden. 100

Der adjektivische Charakter der Bildungen wird deutlich in folgenden Beispielen: 101

trunk-an »der getrunken hat« zu *trinkan*
al-t »erwachsen« zu got. *al-an* »aufwachsen«
(vgl. lat. *al-tus* zu *al-ere* »nähren, aufziehen«)

Der Anschluß dieser deverbalen Adjektivbildungen an das Verbalsystem in partizipialer Funktion ergibt sich insbesondere aus der fortschreitenden Verwendung in umschreibenden Formen, aus denen sich die Bezeichnung des Passivs und verschiedener Tempora herausgebildet haben.

2.2 *Flexion*

Durch die Verbindung von Flexionssuffixen mit bestimmten verbalen Stammbildungen werden im Deutschen die Formen des Indikativ und Konjunktiv Präs./Prät. Aktiv sowie des Imperativs gebildet. 102

Zur Stammbildung des Präsens Indikativ und Imperativ s. 71 (Wurzelverben), 72–73 (st. Verben), 73–75 (sw. Verben) sowie 88 und 90 (Prät.-Präs.), des Präsens Konjunktiv 92 (Wurzelverben, st. und sw. Verben) sowie 93 (Prät.-Präs.), des Präteritum Indikativ 81 (Wurzelverben), 76 und 79–81 (st. Verben), 77 und 83–87 (sw. Verben) sowie 78 und 89–90 (Prät.-Präs.).

2.21 Präsens

2.211 Indikativ

103 Alle Verben verwenden für einander entsprechende Formen grundsätzlich dieselben Endungen, die an die jeweiligen Präsensstämme antreten. Einen Unterschied gibt es nur in der 1. Sg. zwischen den *-i-/-a-* und *-ji-/-ja-*Stämmen, die hier auf ahd. *-u* ausgehen, und den *-ō-* und *-ē-*Stämmen sowie den Wurzelverben, die hier die Endung ahd. *-m* haben (diese erscheint im Mhd. nur noch bei den Wurzelverben, und zwar als *-n*).

Bei den *-i-/-a-*Stämmen sind die Wirkungen von *-i-* (und *-u*) auf den Wurzelvokal zu beachten (s. 46–50).

Bei den *-ji-/-ja-*Stämmen erscheint vor dem *-i-* der 2. 3. Sg. keine Gemination, da vor diesem das stammerweiternde *-j-* frühzeitig geschwunden war: ahd. *leggu*, aber *legis*. Ausgeglichen wird der Wechsel zwischen Geminata und einfachem Laut spätestens im Mhd. zugunsten des letzteren (*lege – legest*), der Wechsel zwischen Affrikata und Reibelaut schon im Ahd. zugunsten der ersteren (*stepfu – stepfis* statt *stefis*).

ahd.	*wirfu*	*zellu*	*salbō-m*	*heilē-m*	*tuo-m*
	wirfi-s(t)	*zeli-s(t)*			
	wirfi-t	*zeli-t*			
	wërfa-mēs	*zelle-mēs*			
	wërfe-t	*zelle-t*			
	wërfa-nt	*zelle-nt*			
mhd.	*wirfe*	*zel(e)*	*salbe*	*heile*	*tuon*
	wirfest				
	wirfet				
	wërfen				
	wërfet				
	wërfent				

In der 1. Pl. steht neben der längeren Form auf *-mēs* schon früh die aus dem Konjunktiv übernommene Form auf *-m* (*-n*), die in späterer Zeit herrschend wird.

In der 2. 3. Sg. begegnet im Mhd. bei Verben mit wurzelschließenden *b*, *d*, *g* häufig Kontraktion (vgl. 32. 99. 106), z. B. *gîst*, *gît* (ahd. *gibist*, *gibit*, mhd. *gibest*, *gibet*); *leist*, *leit* (ahd. *legist*, *legit*, mhd. *legest*, *leget*); *seist*, *seit* (ahd. *segist*, *segit* neben *sagēst*, *sagēt*, vgl. 87).

Die Formen des Wurzelverbums »*sīn*«, an deren Bildung verschiedene Wurzeln beteiligt sind, lauten gewöhnlich:

ahd. *bim*, *bist*, *ist*, *birum*, *birut*, *sint*;
mhd. *bin*, *bist*, *ist*, *birn* (*sîn*), *birt* (*sît*), *sint*.

Die Formen des Verbums *wellen* »wollen«, denen alte Optativbildungen zugrunde liegen, lauten gewöhnlich:

ahd. *willu*, *wili*, *wili*, *wellen*, *wellet*, *wellent*
mhd. *wil*, *wil* (*wilt*), *wil*, *wellen*, *wellet*, *wellen(t)*.

2.212 *Konjunktiv (Optativ)*

Im Unterschied zum Indikativ werden hier ursprünglich weniger volle Endungen (sog. Sekundärendungen) verwendet; sie sind für alle Verbklassen gleich. Vom Flexionsausgang her heben sich im Ahd. nur die 1. und 3. Sg. sowie die 3. Pl. des Konjunktivs von denen des Indikativs ab. 104

ahd.	*wërfe*	*zelle*	*salbo*	*heile*	*tuo*
	wërfē-s(t)	*zellē-s(t)*			
	wërfe				
	wërfē-m				
	wërfē-t				
	wërfē-n				
mhd.	*wërfe*	*zel(e)*	*salbe*	*heile*	*tuo*
	wërfest	*zel(e)st*			
	wërfe				
	wërfen				
	wërfet				
	wërfen				

Die Formen des Wurzelverbums »*sīn*« lauten gewöhnlich:
ahd. (mhd.) *sī*, *sīst*, *sī*, *sīn*, *sīt*, *sīn*.

2.213 *Imperativ*

Der 2. Sg. liegt der reine Stamm zugrunde (Vokalschwund bzw. Vokalkürzung im Auslaut!). 105

Bei den *-i-*/*-a*-Stämmen stimmt der Wurzelvokal mit dem der 1. Sg. Präs. Ind. überein; bei den *-ji-*/*-ja*-Stämmen unterbleibt die Gemination (doch wird zugunsten der Affrikata ausgeglichen: *sizzi*, *stepfi*).

ahd.	*wirf*	*zeli*	*salbo*	*heile*	*tuo*
mhd.	*wirf*	*zel(e)*	*salbe*	*heile*	*tuo*

Die 1. 2. Plur. stimmen mit den entsprechenden Formen des Ind. überein.

Als Imperativformen des Wurzelverbums »*sīn*« dienen gewöhnlich die entsprechenden Formen des st. Verbums *wësan*; schon im Mhd. steht in der 2. Pl. neben *wëset* die Form *sît*.

2.22 *Präteritum*
2.221 *Indikativ*

Die Formen der sw. Verben und der Präterito-Präsentien sind im Singular und Plural mit Sekundärendungen gebildet. Bei den st. Verben und im 106 funktionalen Präsens der Präterito-Präsentien sind im Plural gleichfalls Sekundärendungen verwendet, im Singular dagegen Perfektendungen (mit Ausnahme der 2. Sg. der st. Verben, die ganz abweichend gebildet ist: bei gleicher Ablautstufe wie im Pl. erscheint als Ausgang ahd. *-i*, mhd. *-e*).

ahd.	*warf*	(*darf*)	*zelita, zalta*	*dorfta*
	wurfi	(*darft*)	*zelitōs(t)*	
	warf	(*darf*)	*zelita*	
	wurfum	(*durfum*)	*zelitum*	
	wurfut	(*durfut*)	*zelitut*	
	wurfun	(*durfun*)	*zelitun*	
mhd.	*warf*	(*darf*)	*zelte, zalte*	*dorfte*
	würfe	(*darft*)	*zeltest*	
	warf	(*darf*)	*zelte*	
	wurfen	(*durfen, dürfen*)	*zelten*	
	wurfet	(*durfet, dürfet*)	*zeltet*	
	wurfen	(*durfen, dürfen*)	*zelten*	

Bei den schwachen Präterita der I. Klasse mit wurzelschließenden *b, d, g* ist im Mhd. mit kontrahierten Formen zu rechnen (vgl. 32. 99. 103), z. B. *leite* (ahd. *legita*), *seite* (ahd. *segita* neben *sagēta*, s. 87).

2.222 Konjunktiv (Optativ)

107 Starke und schwache Verben verwenden die Sekundärendungen. Das stammauslautende ahd. *-ī-* (bzw. *-i* im Auslaut) bewirkt bei den st. Verben, soweit möglich, Umlaut; bei den sw. Verben bleibt es dagegen ohne Einfluß auf den Wurzelvokal, so daß im Mhd. der Ind. und der Konj. Prät. völlig gleichlauten (eine Ausnahme bilden nur solche *-ji-/-ja*-Stämme, die das Prät. schon ursprünglich ohne *-i-* bildeten, sowie die Präterito-Präsentien: Ind. mhd. *dûhte* – Konj. mhd. *diuhte, brâhte – bræhte, dorfte – dörfte*).

ahd.	*wurfi*	(*durfi*)	*riti*	*zeliti, zalti*	*dorfti*
	wurfī-s(t)			*zelitī-s(t)*	
	wurfi			*zeliti*	
	wurfī-m			*zelitī-m*	
	wurfī-t			*zelitī-t*	
	wurfī-n			*zelitī-n*	
mhd.	*würfe*	(*dürfe*)	*rite*	*zelte, zalte*	*dörfte*
	würfest		*ritest*	wie der Ind.	
	würfe		*rite*		
	würfen		wie der Ind.		
	würfet				
	würfen				

Seit dem Ahd. fallen durch die Endsilbenabschwächung immer mehr synthetische Formen zusammen. Dadurch werden der Formenbestand geringer, die einzelnen Formen mehrdeutig. Die grammatische Leistung der abgebauten flexivischen Mittel übernehmen bei Verben besonders Pronomina und Umschreibungen. 108

- Die Funktion der Personalendungen geht zunehmend auf regelmäßig hinzutretende Personalpronomina über:

ahd.	mhd.	nhd.
wërfamēs	*wir wërfen*	*wir werfen*
wërfant	*sie wërfen(t)*	*sie werfen*

- Schon im Ahd. wird das verlorengegangene (im Got. noch vorhandene) synthetische Passiv durch Umschreibung (mit *wësan* oder *wërdan* und dem zweiten Partizip) ausgedrückt, ebenso, soweit diese Tempora nicht von Präs. und Prät. vertreten werden, allmählich das Futur (mit *sculan*, *wellen*, mhd. auch *müezen* mit Infinitiv; *wërden* mhd. mit dem ersten Partizip, nhd. mit Infinitiv) und das Perfekt/Plusquamperfekt (mit *habēn* oder *wësan* und dem zweiten Partizip).
- Ein flexivischer Optativ/Konjunktiv beginnt seit dem Mhd. zu verschwinden. Im Präs. bleibt der Unterschied zum Ind. in der 3. Sg. (*bindet* gegen *binde*) und z. T. in der 2. Sg. (Typen *wirfst*, *nimmst*, *gibst*, *fährst*, *hältst*, *rätst*, *läufst*, *stößt* gegen *werfest* usw.; aber: *bindest*, *bietest* = Konj.), er geht verloren in der 1. Sg. und 3. Pl. (mhd. *spriche*, *sprëchent*, aber nhd. *spreche*, *sprechen* = Konj.). Im Prät. ist der Konj. nur noch bei den dort umlautfähigen starken Verben sowie Typen wie *dächte* zu erkennen. Bei den nicht umlautfähigen st. V. schmelzen die Unterschiede auf die 1. 3. Sg. zusammen (2. Sg. Ind. mhd. *griffe*, aber nhd. *griff(e)st* = Konj.), bei den schwachen Verben ist schon mhd. Konjunktiv = Indikativ. An die Stelle treten zunehmend Fügungen mit *sei*, *wäre*, *würde* usw.
- Die einzig verbliebene Imperativform mit eigener Flexion (2. Sg.) wird bereits seit dem Ahd. auch durch Umschreibungen wiedergegeben (*du mußt*, *sollst*).

3. Nomina

Nomina umfassen Substantive und Adjektive. Ihnen – wie auch den Numeralia und einem Teil der Pronomina – kommen die Kategorien Genus, Numerus und Kasus zu. Im Gegensatz zu den Numeralia sind sie durchgehend deklinierbar, anders als die Pronomina sind sie grundsätzlich alle nach Genera unterschieden. 109

3.1 Substantive

3.11 Stammbildung (Stamm- bzw. Flexionsklassen)

Die Gliederung der Substantive in Stammklassen ergibt sich durch den Auslaut der (wort- und) stammbildenden Suffixe. So gehören z. B. alle 110

Substantive, deren (wort- und) stammbildendes Suffix – nach dem germ. Lautstand – auf *-a-* ausgeht, zu ein und derselben Stammklasse bzw. – da die Verbindung dieses Stammes mit den Flexionssuffixen, z. T. mit ganz bestimmten Suffixvarianten, ein charakteristisches flexivisches Erscheinungsbild ergibt – zu ein und derselben Flexionsklasse.
Innerhalb einer Stamm- oder Flexionsklasse (gleicher Stammauslaut, gleiche Flexionssuffixe) können Unterschiede im flexivischen Erscheinungsbild auftreten, wenn z. B. ein vokalischer Stammauslaut durch einen Halbvokal (*i̯*, *u̯*) erweitert wird (z. B. *-ja*-Stämme, *-wa*-Stämme) oder in einem auf Konsonant ausgehenden stammbildenden Suffix verschiedene Ablautstufen einander gegenüberstehen (z. B. *-in-*/*-an*-Stämme, *-ōn*-Stämme).
Folgende Stammklassen (nach dem germ. Lautstand) sind noch im Ahd. einigermaßen klar zu unterscheiden:

a) ohne stammbildendes Suffix
  Wurzelnomina : Mask. Fem.

b) vokalische Stammbildungen
  -a-Stämme : Mask. Neutr.
    (reine *-a*-Stämme, *-ja*-Stämme, *-wa*-Stämme)
  -ō-Stämme : Fem.
    (reine *-ō*-Stämme, *-jō*-Stämme, *-wō*-Stämme)
  -i-Stämme : Mask. Fem.
  -u-Stämme : Mask. Neutr. Fem.

c) konsonantische Stammbildungen
  -n-Stämme : Mask. Neutr. Fem.
  -iƶ-/*aƶ*-Stämme: Neutr.
  -r-Stämme : Mask. Fem.
  -nđ-Stämme : Mask.

Die in Petit-Satz aufgeführten Klassen sind schon im Ahd. durch nur noch wenige Wörter repräsentiert (Übertritt in die *a-*, *ō-* und *i*-Deklination); die vokalischen Klassen beginnen sich bereits stark zu vermischen. Dies und die Abschwächung der vollen Endsilbenvokale zu farblosem *e* führt dazu, daß im Mhd. praktisch nur die Unterscheidung zwischen starker (vokalischer) und schwacher (*n-*) Deklination bleibt.

3.12 Flexion

3.121 Stark

Maskulina 111

	ahd.		mhd.
	Singular (-*a*-St., -*i*-St.)		
N.A.	*tag, gast*		*tac, gast*
G.	*tages, gastes*		*tages, gastes*
D.	*tage, gaste*		*tage, gaste*
I.	*tagu, gastu*		– –
	Plural (-*a*-St. // -*i*-St.)		
N.A.	(*tagā*) *taga*		
G.	*tago*		
D.	*tagum* (*tagom*)		
		N.A.	*tage, geste*
		G.	*tage, geste*
		D.	*tagen, gesten*
N.A.	*gesti*		
G.	(*gestio*) *gesto*		
D.	*gestim*		

Die -*i*-Stämme (Typ »*gast*«) waren mit ihrem Sg. schon im Germ. ganz in die *a*-Deklination übergetreten. Vom »flexivischen« Erscheinungsbild her sind -*i*- und -*a*-Stämme in mhd. Zeit auch im Plural nicht mehr zu unterscheiden. Alte *i*-Stämme sind allenfalls kenntlich am Umlaut des Wurzelvokals im Plural.
Abweichungen zeigen folgende Stämme: N.A.Sg. haben -*ja*-Stämme (beachte: durchgehend Umlaut, soweit möglich, und Konsonantengemination!) und einige kurzwurzlige -*i*-Stämme Ausgang auf ahd. -*i* (mhd. -*e*): *hirti* (*hirte*), *wini* (*wine*); kurzwurzlige -*u*-Stämme Ausgang auf ahd. -*u* (mhd. -*e*): *situ* (*site*); -*wa*-Stämme Ausgang auf ahd. -*o* (*snēo*, mhd. *snê*), in den übrigen Kasus noch das Stammkennzeichen -*w*- (*snēwes*).
Im G.D.Sg. haben -*r*-Stämme und das Wurzelnomen *man* häufig alte endungslose Formen: *fater*; *man*. Im N.A.Pl. haben -*r*-Stämme, -*nd*-Stämme und das Wurzelnomen *man* häufig endungslose Formen: *bruoder*, mhd. *bruoder*/*brüeder*; *friunt*, mhd. *vriunt*; *man*.

Zu beachten sind im Mhd. Apokope und Synkope: G.Sg.: *stils*, *winters*, *vogel(e)s*; D.Sg.: *stil*, *winter*, *vogel(e)*; N.A.G.Pl.: *stil*, *winter*, *vogel(e)*; D.Pl.: *stiln*, *wintern*, *vogel(e)n*.

112 Neutra

	Singular	
	(*a*-St., -*iz*-/-*az*-St.)	
	wort, lamb	*wort, lamp*
	entspricht ganz dem Mask.	
	Plural	
	(-*a*-St.)	
N.A.	*wort*	*wort*
G.	*worto*	*worte*
D.	*wortum* (*wortom*)	*worten*
	(-*iz*-/-*az*-St.)	
N.A.	*lembir*	*lember*
G.	*lembiro*	*lember(e)*
D.	*lembirum* (-*om*)	*lembern*

Pluralformen auf stammhaftes -*ir* (germ. -*iz*-) kommen ursprünglich nur entsprechend abgeleiteten Wörtern zu, werden dann aber zur besseren Kennzeichnung des Plurals auch auf Neutra ursprünglich anderer Stammbildung (schließlich auch auf Mask.) übertragen: mhd. *daȥ kint – diu kint* : *diu kinder* (vgl. das Nebeneinander von nhd. *die Lande* : *die Länder*, *die Worte* : *die Wörter*; vgl. nhd. *Männer*, *Geister* etc.).
Abweichungen zeigen folgende Stämme: Im N.A.Sg.Pl. gehen -*ja*-Stämme auf ahd. -*i* (mhd. -*e*), -*wa*-Stämme auf ahd. -*o* aus: *kunni* (mhd. *künne*), *rēo* (mhd. *rê*).
Zu beachten sind im Mhd. Apokope und Synkope: N.A.Sg.Pl.: *her*, *ber*; G.Sg.: *hers*, *bers*, *spils*, *waȥȥers*; D.Sg.: *her*, *ber*, *spil*, *waȥȥer*; D.Pl.: *hern*, *bern*, *spiln*, *waȥȥern*.

113 Feminina

	Singular	
	(-*ō*-St.)	
N.A.	*gëba*	*gëbe*
G.	*gëba*	*gëbe*
D.	*gëbu*	*gëbe*
	Plural	
N.A.	*gëbā*	*gëbe*
G.	*gëbōno*	*gëben*
D.	*gëbōm*	*gëben*

Außer den -*ō*-, -*wō*- und -*jō*-Stämmen (letztere zeigen, soweit möglich, die bekannten Wirkungen des *j*) stimmen im Mhd. nach Schwund von -*n*- bzw. -*ni*- auch die ehemaligen -*īn*-Stämme (Adjektivabstrakta, z. B. ahd. *hōhī(n)*, mhd. *hœhe*) und -*īni*-Stämme (Verbalabstrakta zu *jan*-Verben, z. B. ahd. *toufī*, mhd. *toufe*) zu dem Typus »*gëbe*«. Bei den Konkreta dieser Klasse tritt schon im Mhd. Vermischung mit der schwachen Deklination ein.

N.Sg. ohne *-a* (mhd. *-e*) haben movierte Feminina (ahd. *kuningin* neben *kuningin-na*, mhd. *künegîn* neben *küneginne*) sowie in formelhaften Wendungen (sonst ganz wie *gëba*) *buoȝ*, *stunt*, *wîs*, *wîl*, *halp* (indeklinabel für alle Kasus).
Zu beachten sind im Mhd. Apokope und Synkope: Sg.: *zal*, *nar*, *ahsel*, *lügen* (ahd. *lugina*); Pl.: *zal/zaln* usw.

Singular (*-i*-St.) 114

N.A.	*kraft*	*kraft*
G.	*krefti*	*krefte*, *kraft*
D.	*krefti*	*krefte*, *kraft*
	Plural	
N.A.	*krefti*	*krefte*
G.	(*kreftio*) *krefto*	*krefte*
D.	*kreftim*	*kreften*

Einige kurzwurzlige *-i*-Stämme haben im N.A.Sg. ahd. *-i*: *kuri*, mhd. *kür*. Von den hierher übergetretenen *-u*-Stämmen hat nur noch *hant* eine Form, den Dat. Pl., nach der alten Klasse: ahd. *hantum*, mhd. *handen* (in feststehenden Wendungen; ebenso auch G.Pl. *hande*) neben *henden*. Im N.A.G.D.Sg. und im N.A.Pl. bleiben *-r*-Stämme meist endungslos (im Mhd. im Pl. aber meist Umlaut: *müeter*). Entsprechendes gilt für das Wurzelnomen *naht*.

3.122 Schwach

Den Formen des Mask. und Neutr. liegen – im Ahd. noch erkennbar – 115
verschiedene Ablautstufen des stammbildenden Suffixes zugrunde, bei den Feminina ist die Suffixform *-ōn-* durchgeführt. (Die fem. *-īn*-Stämme flektieren im Mhd. nach dem Typus »*gëbe*«, s. 113.)

Maskulina 116

	Singular	
N.	*boto*	*bote*
G.D.	*boten* (*botin*)	*boten*
A.	*boton* (*botun*)	*boten*
	Plural	
N.A.	*boton* (*botun*)	*boten*
G.	*botōno*	*boten*
D.	*botōm*	*boten*

117 Neutra

	Singular	
N.A.	*hërza*	*hërze*
G.D.	*hërzen* (*hërzin*)	*hërzen*
	Plural	
N.A.	*hërzun* (*hërzon*)	*hërzen*
G.	*hërzōno*	*hërzen*
D.	*hërzōm*	*hërzen*

118 Feminina

	Singular	
N.	*zunga*	*zunge*
G.D.A.	*zungūn*	*zungen*
	Plural	
N.A.	*zungūn*	*zungen*
G.	*zungōno*	*zungen*
D.	*zungōm*	*zungen*

Zu beachten sind im Mhd. Apokope und Synkope: Mask.: *ar*, *arn*; *gevangen* (alle Kasus!); *haber(e)*, *haber(e)n*; Fem.: *bir*, *birn*; *neʒʒel*, *neʒʒeln*.

119 Wie bei den Verben, so führt auch bei den Substantiven der Endsilbenverfall zu starken Verlusten im Formenbestand. Die Folge ist auch hier ein tiefgreifender Systemwandel:

- Die Unterscheidung von Flexionsklassen nach vokalischen stammbildenden Suffixen wird gänzlich aufgehoben. Bei der Vermischung der Typen verändern sich nicht selten die Genera einzelner Wörter (fem. Verbalabstrakta ahd. *maht*, *forlust*, *gift* – nhd. *die Macht*, aber *der Verlust*, *das Gift*).
- Die Kasusformen der einzelnen Klasse fallen vielfach zusammen. Ein Instrumental, den das Ahd. noch bei starken Mask. und Neutra hat, ist schon im Mhd. verschwunden. Das schwachtonige *e* in den Sg.-Kasus verliert allmählich seine Bedeutung. In der starken Flexion bleiben als Kasuszeichen nur das GSg.-*s* und das DPl.-*n* relevant. Die Funktion der Kasusdifferenzierung übernehmen immer mehr der Artikel (*gëbā*, *gëbōno*, *gëbōm* – *die/der/den Gaben*), Pronomina (*seiner Gaben*), Präpositionen (*Nachbars Garten* – *der Garten des Nachbarn* – *der Garten vom Nachbarn*) und flektierte Adjektivattribute (*guter Dinge*).
- Die Numeri Singular und Plural sind vielfach nicht mehr flexivisch unterscheidbar. Die Funktion der Numerusdifferenzierung erhält zunehmend der Umlaut, der ursprünglich nur den *-i-* und *-iz-* (ahd. *-ir-*!)Stämmen zukommt. Die Unterscheidung von Sg. und Pl. wird wichtiger als die der Kasus: die im Nhd. ausgebildete »gemischte« Deklination der Feminina (aus *ō-* und *n-*Stämmen) hat im ganzen Sg. *-(e)*, im ganzen Pl. *-(e)n* (*Gabe*, *Gaben*). Eine neue Klasse ist mit der Pluralbildung auf *-s* (wohl unter dem Einfluß des Französischen und Englischen) im Entstehen (*Autos*, *Blaus*, *Sozis*).

3.2 Adjektive
3.21 Stammbildung
3.211 Positiv

Die Stammbildung des Adjektivs (und auch die Flexion) war ursprünglich von der des Substantivs nicht unterschieden. Ein Adjektiv gehörte gemäß seinem stammbildenden Suffix einer der vokalischen oder einer der konsonantischen Stamm-(bzw. Flexions-)Klassen an: vgl. ie. *-o-/-ā*-St. (germ. *-a-/-ō*-St.) in lat. *catus*, *-um/-a*; *-i*-St. in lat. *brevi-s*; *-s*-St. in lat. *vetus*, *veteris* < **vetes-is*. Das Germ. hat hier weitreichende Neuerungen durchgeführt, die schließlich darauf hinauslaufen, daß fast jedes Adjektiv sowohl »stark« als auch »schwach« flektiert werden kann: 120

- die vokalische (starke) Stammbildung wird dahingehend eingeschränkt, daß Mask. u. Neutr. als *-a*-Stämme, Fem. als *-ō*-Stämme gebildet sind (mit den von den Substantiven her bekannten Stammerweiterungen: *-ja-/-jō-*, *-wa-/-wō-*);
- die Mehrzahl der Adjektive kann neben Stämmen auf *-a-/-ō-* auch Stämme auf *-n-* (Suffixform *-an-/-ōn-*, *-jan-/-jōn-*, *-wan-/-wōn-*) bilden.

Daß einzelnen Adjektiven oder bestimmten Bildungen (z. B. Komparativ) zunächst nur die eine oder die andere Stammbildung (bzw. Flexion) zukam, hängt zusammen mit der funktionalen Bedeutung des *-n*-Suffixes, das zur Bezeichnung von Personen und Substantivierung von Adjektiven verwendet wurde (vgl. lat. *Catō*, *Catōn-is* = »der Schlaue« gegenüber *catus* = »schlau, ein Schlauer«) und dem so eine individualisierende Funktion zugewachsen war. Daraus resultiert die – im Mhd. nur noch für den syntaktischen Gebrauch relevante – Bestimmtheitsgeltung des schwach flektierten Adjektivs, gegenüber der sich für das stark flektierte Adjektiv Unbestimmtheitsgeltung ausgeprägt hat (vgl. nhd. *die blinden Menschen – blinde Menschen*), s. dazu 147–150. 121

3.212 Komparativ und Superlativ

Die charakteristischen Bildungssuffixe sind 122

für den Komparativ germ. *-is-/iz-* bzw. *-ōs-/-ōz-*
für den Superlativ germ. *-is-t-* bzw. *-ōs-t-*,

an die jeweils ein *-n*-Suffix (»schwache« Stammbildung) antrat (germ. *-iz-ōn*, *-ōz-ōn*; *-is-t-ōn*, *-ōs-t-ōn*).

ahd. *lang*	mhd. *lanc*
leng-ir-o	*lenger*
leng-is-t-o	*lengest(e)*
liob	*liep*
liob-ōr-o	*lieber*
liob-ōs-t-o	*liebest(e)*

In mhd. Zeit setzt sich auch für den Komparativ und Superlativ das Nebeneinander von starker und schwacher Stammbildung (bzw. Flexion) durch.

3.22 Flexion

3.221 Stark

123 Die Flexion der *-a-/-ō*-Stämme (starke Flexion) weist im Germ. einen deutlichen Unterschied gegenüber der entsprechenden Substantivflexion auf; in die ursprünglich rein nominale Flexion sind in großem Ausmaß Formen aus der Pronominalflexion eingedrungen. Im N. Sg. aller drei Genera und im A. Sg. Neutr. führt das zu einem Nebeneinander nominaler und pronominaler Formen:

nominal: ahd. *guot* wie *tag* (m.), *wort* (n.), *buoȝ* (f.)
pronominal: ahd. *guotēr*, *guotaȝ*, *guotiu* wie *dër*, *daȝ*, *diu*

Ahd.:		Mask.		Neutr.	Fem.
Sg.	N.	*guot, guotēr*		*guot, guotaȝ*	*guot, guotiu*
	G.		*guotes*		*guotera*
	D.		*guotemo*		*guoteru*
	A.	*guotan*		*guot, guotaȝ*	*guota*
PL.	N.	*guote*		*guotiu*	*guoto*
	G.			*guotero*	
	D.			*guotēm*	
	A.	*guote*		*guotiu*	*guoto*

Mhd.:		Mask.		Neutr.	Fem.
Sg.	N.	*guot, guoter*		*guot, guoteȝ*	*guot, guotiu*
	G.		*guotes*		*guoter(e)*
	D.		*guotem(e)*		*guoter(e)*
	A.	*guoten*		*guot, guoteȝ*	*guote*
Pl.	N.	*guote*		*guotiu*	*guote*
	G.			*guoter(e)*	
	D.			*guoten*	
	A.	*guote*		*guotiu*	*guote*

-ja-/-jō-Stämme gehen in der nominalen Form des N. Sg. auf ahd. *-i* (mhd. *-e*), *-wa-/-wō*-Stämme auf ahd. *-o* aus:

ahd. *māri*, *mārēr* (mhd. *mære*, *mærer*)
ahd. *garo*, *gar(a)wēr* (mhd. *gar*, *garwer*).

Die Partizipien flektieren stark und schwach, und zwar das Partizip des Präsens wie ein *-ja-/-jō*-Stamm (ahd. *nëmanti*, *nëmantēr*, mhd. *nëmende*, *nëmender*), das Partizip des Präteritums wie ein *-a-/-ō*-Stamm (ahd. *ginoman*, *ginomanēr*, *gizelit*, *gizalt*, *gizaltēr*).

3.222 Schwach

Die Flexion der adjektivischen *-n*-Stämme (schwache Flexion) entspricht ganz derjenigen der substantivischen *-n*-Stämme: *guoto* m., *guota* n., *guota* f. (wie *boto*, *hërza*, *zunga*), mhd. *guote* m. n. f. 124

4. Pronomina

Den Pronomina kommen – im allgemeinen – wie den Nomina die Kategorien Kasus, Numerus und Genus zu. Die einzelsprachlich stets deutliche Unterscheidung von den Nomina ergibt sich daraus, daß einmal an der Formenbildung eines Pronomens sehr oft mehrere Wurzeln bzw. Stämme beteiligt sind (vgl. N. *ich* – D. *mir*, N. *sie* – G. *ihrer*), zum anderen teilweise nur den Pronomina zukommende Flexionssuffixe verwendet werden (z. B. die Pronominalendung ie. *-d* in ahd. *iʒ*, *daʒ*, engl. *it*, *that*); soweit dieselben Suffixe wie in der Substantivflexion benutzt werden, bleiben diese in den germ. Sprachen in anderer, namentlich vollerer Gestalt erhalten, weil bei den Pronomina als zumeist einsilbigen Wörtern nicht die in den »Auslautgesetzen« beschriebenen Verfalls- und Abschleifungserscheinungen auftreten (vgl. z. B. das geschlechtige Personalpronomen oder das Demonstrativum). 125

In satzunbetonter Stellung neigen manche Pronomina zu Enklise (»Anlehnung« an das vorangehende Wort, z. B. das Verbum, oft unter Verlust des anlautenden Vokals) und Krasis (»Verschmelzung« mit unmittelbar vorangehendem oder folgendem Wort durch Vokalkontraktion, häufig unter Ausfall eines zwischen den betreffenden Vokalen stehenden Konsonanten): s. dazu 126, 128 und 130.

Von den mannigfaltigen Formen, die im Dt. für die einzelnen Kasus begegnen, kann die folgende Übersicht nur die jeweils gebräuchlichsten berücksichtigen; die von den ahd. abweichenden mhd. Formen sind in ( ) angegeben.

4.1 Personalpronomina

4.11 Pronomina der 1. und 2. Person

Diese Pronomina unterscheiden – anders als die der 3. Person – keine Genera; sie werden daher auch als »ungeschlechtig« bezeichnet. 126

		1. Pers.	2. Pers.
Sg.	N.	*ih*	*dū*
	G.	*mīn*	*dīn*
	D.	*mir*	*dir*
	A.	*mih*	*dih*

Pl. N.	*wir*	*ir*
G.	*unsēr* (*unser*)	*iuwēr* (*iuwer*)
D.	*uns*	*iu*
A.	*unsih* (*uns*)	*iuwih* (*iuch*)

Beim N. der 1. Sg. ist Krasis mit vorangehendem Pronomen nicht selten (z. B. mhd. *diech* = *die ich*; *deich* = *daȝ ich*); der N. der 2. Sg. tritt oft enklitisch an das Verbum (z. B. *zelstu*, *gæbestu*).

4.12 Reflexivpronomen

127 Ein ungeschlechtiges, ganz entsprechend den Pronomina der 1. und 2. Sg. gebildetes Pronomen der 3. Pers. wurde nur reflexiv verwendet und kannte daher auch nur – Sg. wie Pl. bezeichnende – Formen für die obliquen Kasus. Im Deutschen sind zwei Formen erhalten geblieben: der Genitiv ahd. mhd. *sīn*, der nur für den Sg. des Mask. und Neutr. benutzt wird, und der Akkusativ ahd. mhd. *sih*, der für Sg. und Pl. aller drei Genera gilt.

Die übrigen Formen des Reflexivums werden durch die entsprechenden des Pronomens der 3. Pers. vertreten, also:

G. Sg. Fem. *ira* (*ir*)
G. Pl. *iro* (*ir*)
D. Sg. Mask. Neutr. *imo* (*im*), Fem. *iru* (*ir*)
D. Pl. *in*

Für den reflexiven Dativ des Sg. und Pl. erscheint *sich* in größerem Umfang erst im 16. Jahrhundert.

4.13 Pronomina der 3. Person

128 Das Pronomen der 3. Pers. unterscheidet drei Genera; es wird daher auch als »geschlechtiges« Personalpronomen bezeichnet. In seiner Flexion – N. A. Sg. Neutr. ausgenommen – verwendet es ursprünglich dieselben Suffixe wie die Substantive.

Charakteristisch für das Deutsche ist die Konformität zwischen den Formen dieses Pronomens und denen des einfachen Demonstrativums (s. 130): einerseits erfuhren beide Pronomina in vorliterarischer Zeit eine wiederum an der Flexion der Substantive ausgerichtete Überformung, andererseits beeinflußten sich die beiden bedeutungsverwandten und funktionsanalogischen Pronomina wechselseitig.

Der im Ahd. überhaupt nicht mehr bezeugte G. Sg. Mask. wird durch den G. des Reflexivums ersetzt; dieser vertritt im Mhd. des öfteren auch den G. Sg. Neutr.; der alte neutr. G. Sg. *ës* ist im Nhd. noch in einigen Wendungen (z. B. *ich bin es leid*) erhalten, wird jedoch als A. (= mhd. *ëȝ*) empfunden.

		Mask.	Neutr.	Fem.
Sg.	N.	*ër*	*iȝ* (*ëȝ*)	*siu*
	G.	[*sīn*]	*ës* [*sîn*]	*ira* (*ir*)
	D.	*imo* (*im*)		*iru* (*ir*)
	A.	*inan* (*in*)	*iȝ* (*ëȝ*)	*sia* (*sie*)
Pl.	N.	*sie*	*siu*	*sio* (*sie*)
	G.		*iro* (*ir*)	
	D.		*in*	
	A.	*sie*	*siu*	*sio* (*sie*)

Für den N. A. Pl. Mask. und Fem., aber auch Neutr., erscheint im Mhd. häufig *sî*. Fast alle Formen dieses Pronomens neigen zu Enklise und Krasis (z. B. mhd. *vander* = *vant er*; *hetes* = *hete si* oder *hete ës*; *halȝ* = *hal ëȝ*; *mohten* = *mohte in*; *dâs* = *dâ si*; *zir* = *ze ir*; *imȝ* = *im ëȝ*; *sin* = *si in*; *dërm* = *dër im*; *deiȝ* = *daȝ ëȝ*, usw.).

4.2 Possessivpronomina

Die Possessivpronomina sind Pronominaladjektive und als solche mit Hilfe 129
adjektivischer Suffixe abgeleitet von Stämmen der ungeschlechtigen Personalpronomina, d. h. der 1. und 2. Sg. und Pl. sowie des Reflexivums (so sind z. B. die Possessiva des Sg. *mein*, *dein* und *sein* mit Hilfe eines Nasalsuffixes von Lokativbildungen der Personalia, also Bildungen der Bedeutung »bei mir« etc., abgeleitet); umgekehrt werden ursprüngliche Kasusformen des Possessivums als Genitive in die Deklination der ungeschlechtigen Personalpronomina übernommen.

Entsprechend dem Gebrauch des reflexiven *sīn* bezieht sich das Possessivum *sīn* nur auf ein Mask. oder Neutr. im Singular. Die demnach fehlenden Possessiva der 3. Pers. – Sg. Fem. und Pl. aller drei Genera – werden durch die Genitive des entsprechenden Pronomens der 3. Pers. vertreten, also: *ira* (*ir*) bzw. *iro* (*ir*).

	1. Pers.	2. Pers.	3. Pers.
Sg.	*mīn*	*dīn*	*sīn*, [*ira*] (*ir*)
Pl.	*unsēr* (*unser*)	*iuwēr* (*iuwer*)	[*iro*] (*ir*)

Die Flexion der Possessiva ist im Ahd. und Mhd. ausschließlich die des st. Adjektivs (s. 123); für die beiden Genitive des Personalpronomens, die fehlende Possessiva vertreten, setzt eine Flexion – und damit eine Behandlung als adj. Pronomina – in mhd. Zeit ein.

Sgl. – iu N Fem.
Pl. – iu NA Neutr.

4.3 Demonstrativpronomina

4.31 Einfaches Demonstrativpronomen

130 Im Deutschen sind wie die Formen des Pl. auch sämtliche Formen des Sg. aller drei Genera von demselben Stamm ie. **te-/to-* gebildet. Die Entwicklung der einzelnen Formen ist durch den sekundären Antritt von Flexionsausgängen, wie sie sich in der Deklination der *-a-/-ō-*Substantive herausbildeten, sowie durch Berührungen mit dem geschlechtigen Personalpronomen bestimmt.

Die ursprünglich rein deiktische Funktion dieses Pronomens ist im Deutschen schon weitgehend verlorengegangen: das einfache Demonstrativum wird einmal – wie z. B. im Griech. oder ansatzweise auch im Got. – als bestimmter Artikel, zum anderen als Relativpronomen verwendet.

Sg.	N.	*dër*	*daȝ*	*diu*
	G.	*dës*		*dëra* (*dër*)
	D.	*dëmo* (*dëm*)		*dëru* (*dër*)
	A.	*dën*	*daȝ*	*dia* (*die*)
Pl.	N.	*die*	*diu*	*dio* (*die*)
	G.		*dëro* (*dër*)	
	D.		*dēn* (*dën*)	
	A.	*die*	*diu*	*dio* (*die*)

Zum Sg. des Neutr. (und Mask.) gehört auch ein Instr. *diu*. In adnominaler Verwendung ist er schon im Ahd. nur noch wenig bezeugt; in Verbindung mit Präpositionen wird der neutr. Instr. (in Vertretung des D.) auch im Mhd. noch häufig benutzt (z. B. ahd. *fone diu*, mhd. *von diu* »deshalb«).

Zur Verbindung mit enklitischem Personalpronomen vgl. 126 und 128. Auch sonst ist Krasis und Enklise häufig (z. B. mhd. *dërst* = *dër ist*; *diust* = *diu ist*; *deist* = *daȝ ist*; *inme* = *in dëme*; *umben* = *umbe dën*; *vürs* = *vür dës*; *zer* = *ze dër*; *zen* = *ze dën*, usw.).

4.32 Zusammengesetztes Demonstrativpronomen

131 Ein Pronomen spezifisch deiktischer Funktion ist das aus Stamm bzw. Formen des einfachen Demonstrativums und deiktischer Partikel *-se* zusammengesetzte Demonstrativum. (Eine ganz abweichende Bildung ohne die Partikel *-se* zeigt der N. A. Sg. Neutr. *diz*.) Die von der Bildungsweise her zu erwartende »Binnenflexion« ist im Ahd. (und Mhd.) nur für einige wenige Formen bezeugt; neben den herrschenden Formen mit Endflexion, die ganz zu der des st. Adjektivs stimmt, stehen auch solche mit doppelter Flexion: z. B. G. Sg. Mask. Neutr. ahd. *dësse* (*disse*)/*dësses* (*disses*)/mhd. *dises*.

In den Kasusformen, die im Flexiv ein *r* enthalten, trat schon im Ahd. Assimilation des vorangehenden *s* ein.

Ahd.:		Mask.	Neutr.	Fem.
Sg.	N.	*dëse, dësēr*	*diz*	*dësiu*
	G.	*dësse, dësses*		*dësera, dërera, dërra*
	D.	*dësemo*		*dëseru, dëreru, dërru*
	A.	*dësan*	*diz*	*dësa*
Pl.	N.	*dëse*	*dësiu*	*dëso*
	G.		*dësero, dërero, dërro*	
	D.		*dësēn*	
	A.	*dëse*	*dësiu*	*dëso*

Mhd.:		Mask.	Neutr.	Fem.
Sg.	N.	*dirre, diser*	*ditze, diz*	*disiu*
	G.	*dises, disse(s)*		*dirre, diser*
	D.	*disem(e)*		*dirre, diser*
	A.	*disen*	*ditze, diz*	*dise*
Pl.	N.	*dise*	*disiu*	*dise*
	G.		*dirre, diser*	
	D.		*disen*	
	A.	*dise*	*disiu*	*dise*

4.4 *Relativpronomina*

Ein eigentliches Relativpronomen gibt es im Deutschen nicht. Im Ahd. 132
erscheint noch eine Relativpartikel *the*, *de* (für alle Genera und alle Kasus); daneben steht das relativierende *dār* (abgeschwächt *dar*, *der*, *de*), das einem Demonstrativum nachgesetzt wird. Als Relativum fungiert im Ahd. Mhd. allgemein das einfache Demonstrativum (s. 130).

Als verallgemeinernde Relativa werden im Ahd. gebraucht: *sō wër (sō)*, *sō* 133
waȥ (sō), *sō welīh (sō)*, *sō wëdar (sō)*, die im Mhd. als *swër* »wer auch immer«, *swaȥ*, *swelch*, *swëder* erscheinen. Schon in mhd. Zeit beginnt auch das anlautende *s-* auszufallen; *wer*, *was* bleiben bis ins Nhd. verallgemeinernde Relativa; *welcher* tritt als Relativum konkurrierend neben das einfache Demonstrativum.

4.5 *Interrogativpronomina*

Wie das Griechische und Lateinische und wie alle germanischen Sprachen – 134
das Gotische ausgenommen – kennt auch das Deutsche nur zwei Fragepro-

nomina, nämlich ein neutrales ahd. mhd. *waȥ* (älter *hwaȥ*), das nach Sachen, und ein maskulines ahd. mhd. *wër* (älter *hwër*), das nach Personen fragt. Eigene Formen für den Plural gibt es nicht.

In ihrer Flexion sind *wër*, *waȥ* vom einfachen Demonstrativum bzw. vom Singular des geschlechtigen Personalpronomens beeinflußt.

Sg. N.	*wër*		*waȥ*
G.		*wës*	
D.		*wëmo* (*wëm*)	
A.	*wënan* (*wën*)		*waȥ*

Der neutrale Instrumental *wiu* kommt ahd. mhd. nur noch in Verbindung mit Präpositionen vor (z. B. ahd. *fone wiu*, mhd. *von wiu* »weshalb«).

Der Stamm des Interrogativums ist auch Ableitungsgrundlage bzw. Kompositionsbestandteil bei den adjektivischen Fragepronomina *wëdar* (*wëder* »welcher von beiden«) und *welīh* (*welich*, *welch* »welch, wie beschaffen«). Die Flexion ist die des starken Adjektivs (s. 123).

4.6 Indefinitpronomina

135 Das einzige ererbte Indefinitpronomen ahd. *sum* (engl. *some*) verschwindet bereits in mhd. Zeit.

Im Ahd. und Mhd. werden als Indefinita vorwiegend gebraucht:

a) das Zahlwort *ein* »irgendein, ein gewisser« (zum Gebrauch und zur Verwendung als unbestimmter Artikel vgl. 157), dazu die Komposita *dehein* (*dechein*, *dekein*, *kein* »irgendeiner«, auch »keiner«) und *nehein* (*nechein*, *enhein* »keiner«);

b) das subst. *man*, dazu die Komposita *ioman* (*ieman* »jemand«) und *nioman* (*nieman* »niemand«), die sämtlich wie das Subst. *man* flektieren;

c) Komposita mit den Grundwörtern
wër, *waȥ*: *ëtteswër* (*ëtewer* »jemand«), *ëtteswaȥ* (*ëtewaȥ* »etwas«)
wëdar (*wëder*): *iewëder* »jeder«, *dewëder* »irgendeiner von beiden«, *iedewëder* »jeder von beiden«, *newëder*, *enwëder* »keiner von beiden«
welīh: *iogiwelīh* (subst. und adj.) »jeder«
wiht (subst.: »Ding«): ahd. *iowiht*, mhd. *iht* »etwas, irgend etwas«; ahd. *niowiht*/*ni wiht*, mhd. *niewiht*, *niewet*, *niuwet*, *nieht*, *niht* »nichts«
-līh (*-lîch*, *-lich*, ursprünglich Subst. »Gestalt«): *ëtteslīh* (mhd. *ëteslîch*, *ëtzlîch*, *ëtelîch* »irgendein«)
gilīh (*gelîch*, adj.): *iogilīh* (*iegelîch*, *ieclîch* »jeder beliebige, jeder«); daneben steht das adj. *gilīh* (*gelîch*) mit dem G. Pl. eines Subst. in der Bedeutung »jeder«, z. B. *kunno gilīhaȥ* »jedes Geschlecht«, *vrouwen gelîch* »alle Damen«

5. Adverbien

Adverbien gehören als nicht flektierbare Wörter nur bedingt in den Bereich des »Formenbaus«. Viele Adverbien allerdings sind – durch ihre syntaktische Verwendung zu »Umstandswörtern« gewordene – Formen flektierbarer Wörter (s. 137), oder sie sind Bildungen mit Hilfe von Suffixen, die wie die ableitenden (stamm-, wortbildenden) Suffixe der Verba und Nomina fungieren (s. dazu 138). Nicht in Betracht kommen hier zwei weitere Gruppen von Wörtern, die als Adverbien gebraucht werden können: Partikeln im engeren Sinn, d. h. suffixlose Wörter (z. B. nhd. *ab*), und Zusammensetzungen zweier oder mehrerer auch getrennt vorkommender Wörter (z. B. nhd. *dahin*, *halbwegs*, *zweimal*, *zufolge*). 136

5.1 Adverbielle Kasus

Flexionsformen von Substantiven, Adjektiven, Pronomina, selten von Verben (im folgenden nicht behandelt; Beispiel: nhd. *nur*, ahd. *ni wāri* »wenn nicht wäre, es wäre denn«) können zu Adverbien werden. Als sog. adverbielle Kasus werden besonders Akkusativ und Genitiv Singular von Nomina und Pronomina verwendet. 137

a) Akkusativ

Subst.: ahd. mhd. nhd. *heim* »nach Hause«.

Adj. (neutr., stark): ahd. *filu*, mhd. *vil* »sehr«, nhd. *viel-(leicht)*; ahd. *ginuog*, mhd. *genuoc*, nhd. (z. B. *gut) genug*.

Alle Komparativadv. (regelmäßig mit Ableitungssuffix ahd. *-ōr-*): ahd. *langōr* (zum adj. Komp. *lengiro* zu *lang*), mhd. *langer* (zum adj. Komp. *lenger(e)* zu *lanc*), nhd. *länger*.

Stammbildungen auf ie. *-is-* liegen zugrunde bei ahd. *baȥ* »besser« (zum adj. Komp. *beȥȥiro*), *wirs* »schlechter« (zu *wirsiro*), *mēr* (zu *mēro*), *min* »weniger« (zu *minniro*) u. a.

Alle Superlativadv. (meist mit Ableitungssuffix ahd. *-ōst-*): ahd. *hartōst* (zum adj. Sup. *hertisto* zu *herti*), mhd. *hartest* (zum adj. Sup. *hertest(e)* zu *herte*) »am härtesten«.

Stammbildungen auf *-ist-* zeigen ahd. *beȥȥist*, *wirsist*, *meist*, *minnist*, *ērist* u. a. (vgl. nhd. *jüngst*, *höchst*, *längst*).

Pron.: ahd. mhd. *waȥ* »in welchem Maße, aus welchem Grunde«.

b) Genitiv

Subst.: ahd. mhd. *dankes* »freiwillig« (vgl. nhd. *teils*, *rings*).

Adj.: ahd. *anderes* »anders, sonst«; mhd. *stætes* »beständig«, nhd. *stets*.

Pron.: ahd. mhd. *dës* »daher«.

c) Dativ Singular

Subst.: ahd. mhd. *heime* »zu Hause, (da)heim«; ahd. *morgane* »am Morgen (des folgenden Tages), morgen«.

d) Dativ Plural

Subst.: ahd. *wīlōm* »manchmal«, mhd. *wîlen(t)* »vormals, zuweilen«. Adj.: ahd. *emmiȝīgēm* »unaufhörlich« (Adj. mhd. *emȝec*, nhd. *emsig*). Die zu *-en* abgeschwächte Endung (die auch auf adverbiell gebrauchte ahd. schwache Akk. Sg. mask. und fem. des Adj. zurückgehen kann) tritt im Mhd. in Konkurrenz zu dem Adverbialsuffix *-e* (s. dazu 138): *drâten* neben *drâte* »schnell«.

5.2 Abgeleitete Adverbien

138 Ableitungen zur Bildung von Adverbien erscheinen zu Adjektiven, daneben zu Pronomina (z. B. *hie-r*, *he-r*, *hi-n*), zu Partikeln (z. B. *auß-er*, *auß-en*) und zu Zahlwörtern (z. B. *zwi-schen* zu *zwei*). Produktiv sind im Deutschen allein Adjektivableitungen.

a) Die ahd. Bildung regelmäßiger Adverbien auf *-o* geht wahrscheinlich auf den ie. Ablativ der *-o*-Stämme zurück (vgl. lat. *subitō*, Abl. und Adv. zu *subitus*). Dieses im Deutschen wie ein Ableitungssuffix gebrauchte vokalische Element tritt unmittelbar an die Wurzel (daher zeigen Adverbien zu adjektivischen *-ja-/-jō*-Stämmen keinen Umlaut):

ahd. *snëllo* (zu *snël*)
ahd. *ango* (zu *engi*)

Nach der Abschwächung des *-o* zu *-e* bleibt als Kennzeichen des Adverbs zu einem Adjektiv mit *-ja-/-jō*-Stamm, das in der nominalen Form des Nom. Sg. ebenfalls auf *-e* ausgeht, nur das Fehlen des Umlauts:

mhd. *ange* (zu *enge*)
mhd. *schône* (zu *schœne*)

b) Ein schwereres Ableitungssuffix zur Bezeichnung des Adverbs ist besonders im Mhd. verbreitet. *-līhho* aus Adverbialbildungen zu Adjektiven auf *-līh* wird schon im Ahd. wie ein Suffix verwendet und auf andere Adjektive übertragen:

ahd. *gërnlīhho* (neben *gërno*, zum Adj. *gërn*); mhd. *sæleclîche* (zu *sælec*)

Durch Analogie entsteht sogar ein Suffix *-eclîche*:

mhd. *snëllеclîche* (zu *snël*).

Besonders dieses Suffix *-(ec)lîche* wird häufig um ein *-n* (vom adverbialen Dat. Pl.) erweitert (*jæmerlîchen*).

139 Die Adverbialbildung auf *-e* ist bereits im Spätmhd. zum größten Teil untergegangen; denn das Adverb zu adj. *a-/ō*-Stämmen ist durch Apokope des *-e*, dasjenige zu adj. *ja-/jō*-Stämmen durch die Verallgemeinerung des Umlauts von der (im prädikativen Gebrauch überwiegenden) Form des adj. Nom.Sg. nicht mehr unterschieden (unumgelautet sind mit besonderer Bedeutung erhalten z. B. nhd. *schon* gegenüber

schön adv. = adj., nhd. *fast* gegenüber *fest* adv. = adj.). Die Bildungen auf *-lîche(n)* sind im Deutschen nicht, wie weitgehend im Englischen *(-ly)*, zu einem durchgängigen Adverbialkennzeichen geworden (immerhin werden im Nhd. nur als Adverbien gebraucht z. B. *neulich, schwerlich, bitterlich*). Neubildungen hat das Nhd. in Zusammensetzungen mit einem Nomen als zweitem Bestandteil, der vielfach zum Kompositionssuffix geworden ist, besonders mit *-weise* (z. B. *kreuzweise, dummerweise*), *-maßen* (z. B. *folgendermaßen*), *-seits* (z. B. *allerseits*), *-dings* (z. B. *neuerdings*) u. a. Im übrigen fungieren im Nhd. zahlreiche präpositionale Verbindungen als Adverbien.

D. Zur Syntax

Ein systematisch angelegter Abriß der Syntax des Ahd. und des Mhd. kann hier nicht geboten werden. Im Folgenden ist lediglich eine Reihe solcher syntaktischer Eigentümlichkeiten ahd. und mhd. Texte vorgeführt und erläutert, die dem Ungeübten erfahrungsgemäß das Verständnis besonders erschweren. Das Hauptgewicht liegt dabei auf den für das Mhd. charakteristischen Erscheinungen. Soweit möglich und angebracht, sind die Beispiele aus den im Anhang abgedruckten Texten gewählt; Hinweise auf zusätzliches Anschauungsmaterial und weitere, in diesem Kapitel nicht besprochene Phänomene besonders des Ahd. finden sich dort in den kommentierenden Fußnoten.

Für die mhd. Syntax sei nachdrücklich auf die ausgezeichnete Darstellung durch Ingeborg Schröbler (s. Bibliographie 3.) hingewiesen.

1. Zum Gebrauch des Verbum finitum und infinitum

1.1 Zur Bedeutung der beiden synthetisch gebildeten Tempora

1.11 Das Präsens

140 (Indikativische) Präsensformen zeigen, sofern sie überhaupt eine bestimmte Zeitstufe markieren, zumeist die unmittelbare Gegenwart eines Geschehens an: sie dienen aber auch zur Bezeichnung zukünftigen Geschehens, und zwar im Ahd. und auch im Mhd. in weit größerem Umfang als im Nhd.

Im Nhd. steht Ind. Präs. für Fut. häufiger nur dann, wenn die Zukünftigkeit des Geschehens durch Adverbien deutlich gemacht ist.

giwelīh dē dar trinkit fon wazzare thësemo, thurstit inan abur (»den wird wieder dürsten«), *dē dar trinkit* (»trinken wird«) *fon thësemo wazzare thaz ih gibu* (»geben werde«), *ni thurstit* (»wird nicht Durst haben«) *zi ēwidu*

muoz ich lëben, ich rîche iuch umb diz ungemach »wenn ich am Leben bleibe, werde ich euch für diese Mühe reichlich entschädigen«

Solcher Gebrauch des Präs. findet sich bevorzugt bei Präfixkomposita mit (perfektivem) *ge-* (s. dazu 195 und 198):

ich weiz vil wol waz Kriemhilt mit disem schatze getuot »tun wird«.

1.12 Das Präteritum

Präteritalformen besonders von Verben nichtdurativer Aktionsart (s. dazu 195) bezeichnen außer der objektiven Vergangenheit eines Geschehens 141

a) die Vergangenheit eines Geschehens unter dem Gesichtspunkt seiner Beziehung auf die Gegenwart (Perfekt):
dû gæbe mirȥ, dû nimest ëȥ ouch wider »du hast es mir gegeben«

b) die Vorvergangenheit (Plusquamperfekt):
(*Dō quad iru dër heilant: gib mir trinkan.*) *Sīne iungōron giengun in burg* [. . .] »waren in die Stadt gegangen«

Häufig ist solcher Gebrauch des Prät. bei Präfixkomposita mit perfektivem *ge-* (s. dazu 195 und 198) sowie vor allem in temporalen Nebensätzen:
Dô sî dâ siben naht gebiten, dô was ouch zît daȥ sî riten »Nachdem sie sich eine Woche dort aufgehalten hatten«
dô du von ir schiede, zehant si starp »nachdem du von ihr fortgegangen warst«

Perfekt und Plusquamperfekt werden sonst durch Umschreibungen ausgedrückt (s. 108).

1.2 Zur Bezeichnung von Aktionsarten durch periphrastische Bildungen

Zur Bezeichnung von Aktionsarten, die im übrigen durch Mittel der Wortbildung erfolgt (s. 194–196), benutzt vor allem das Mhd. auch eine Reihe von periphrastischen Bildungen. So wird 142

a) durch *sîn* + Part. Präs. der durative Charakter eines Verbalvorgangs bezeichnet:
Sālīge sint thie thar āhtnessī sint tholēnti thuruh rëht »die Verfolgung erleiden um der Gerechtigkeit willen«
dër mîn dâ vârend ist, daȥ ich mich dëm entsage »daß ich mich dem entziehe, der mir dort ständig nachstellt«

b) durch *beginnen* + Inf. der inchoative Charakter eines Verbalvorgangs gekennzeichnet:
daȥ kriuze begunde sich mit sînem süeȥen bluote rœten

Häufig dient die Umschreibung mit *beginnen* nur einer Intensivierung der Verbalaussage; nicht selten ist *beginnen* + Inf. einfach mit der entsprechenden finiten Form des Verbs zu übersetzen.

c) durch (Präteritalformen von) *wërden* + Part. Präs. zunächst der inchoative, dann auch der durative Charakter eines Geschehens ausgedrückt:
dô sî sî vrâgende wart »als sie anfing, sie zu fragen, (und auch nicht davon abließ)«

2. Zum Gebrauch der Kasus: der Genitiv

Hinsichtlich der syntaktischen Funktion wie auch der Bedeutung der einzelnen Kasus gibt es eine Reihe von Unterschieden zwischen dem Ahd. Mhd. auf der einen und dem Nhd. auf der anderen Seite. Dies gilt insbesondere für den Genitiv, der im Ahd., vor allem aber im Mhd. in weiterem und größerem Umfang verwendet wird als im Nhd.

2.1 *Genitiv in Beziehung auf Verben*

In der Beziehung auf Verben oder verbale Ausdrücke erscheint der Genitiv u. a. als Objektsgenitiv und als Genitiv der Relation.

2.11 *Objektsgenitiv*

143 Objektsgenitiv erscheint im (Ahd.) Mhd. namentlich bei Verben, die

a) eine physische oder geistige Hinwendung auf ein Ziel (oder auch das Gegenteil davon) bezeichnen, z. B.:

eines dinges (*gërōn, gërēn*) *gërn, begërn* »etwas begehren, verlangen«
eines dinges (*inbëran*) *enbërn* »etwas entbehren«
sich eines dinges bewëgen »auf etwas verzichten«; »sich wozu entschließen«
sich eines dinges (*gilouben*) *gelouben* »auf etwas verzichten, etwas aufgeben«
mir (*ge-*)*bristet eines dinges* »mir fehlt etwas, mangelt es an«

b) ein Genießen bzw. Genießenlassen (oder auch das Gegenteil davon) bezeichnen, z. B.:

eines dinges (*nioȥan, ginioȥan*) *nieȥen, genieȥen* »Vorteil, Nutzen von etwas haben«
eines dinges (*intgëltan*) *engëlten* »Schaden von etwas haben, etwas büßen müssen, für etwas bezahlen müssen«
mich (*be-, irdriuȥit*) *be-, er-, verdriuȥet eines dinges* »ich werde einer Sache überdrüssig, habe Widerwillen gegen etwas«

c) das Reden (oder Schweigen) bezeichnen, z. B.:

eines dinges (*jëhan*) *jëhen* »etwas behaupten, bekennen«
eines dinges gedagen »von etwas schweigen«

2.12 *Genitiv der Relation*

Der auf ein Verb oder einen verbalen Ausdruck bezogene Genitiv kann deutlich machen, in welcher Hinsicht die Aussage gilt; er läßt sich wiedergeben mit nhd. »in bezug auf«, z. B.: 144

ni lāʒent thie arabeit ës frist (*thëmo wārlīcho man ist*) »die Anstrengungen lassen einen (der . . .) in bezug darauf (*ës*) nicht verschont«

(*Ir hât alsô gelëbet unz hër*) *daʒ ichs an iu niht wandel gër* »daß ich mir in bezug darauf bei Euch keine Änderung wünsche«

daʒ [. . .] *im prîses niemen gelîchen mac* »daß niemand ihm gleichkommen kann in Hinsicht auf Ruhm, an Ruhm«

2.2 *Genitiv in Beziehung auf Verbalabstrakta (gen. subiect./obiect.)*

Bei einem Verbalabstraktum (oder einem substantivierten Infinitiv) kann der Genitiv Subjekt oder Objekt des betreffenden Verbalvorgangs bezeichnen. 145

Gen. subiectivus:

Thaʒ duit uns (*ubil willo, thës sint thio brusti uns follo,*) *haʒ unses muates* »das tut uns (. . .) feindselige Gesinnung unseres Herzens an«

wir suln der küneginne haʒ von schulden hœren »das Schelten der Königin«

daʒ ich erwirbe mîner frowen minne »die Liebe meiner Herrin«

Gen. obiectivus:

nioman offono sprah fon imo thuruh thëro Iudeno forahta »niemand sprach öffentlich von ihm aus Furcht vor den Juden«

niemen singe diz sanc âne gotes minne »ohne Liebe zu Gott«

(*mir tuot anders iemer wê*) *daʒ ich iuwer künde hân* daß ich mit Euch bekannt, befreundet bin«

Zur Bedeutung der Possessivpronomina in entsprechenden Fällen vgl. 153.

2.3 *Genitiv in Beziehung auf Numeralia, Pronomina und Substantive (gen. part.)*

In der Beziehung auf Numeralia, Pronomina sowie auch auf Substantive erscheint häufig ein Genitiv von partitiver Bedeutung, z. B.: 146

drīʒʒug silabarlingo (G. Pl.) »dreißig Silberlinge«

swaʒ ër warmes an geleit »was immer an warmem Zeug er anzieht«

ob im vil êren (G. Pl.) *widervert* »wenn dem großes Ansehen zuteil wird«

dër enhât dër sælden niht »der hat eben kein Heil, dem fehlt es an Segen«

Der Genitiv bei *niht* ist – bis in Frühnhd. – usuell geblieben, auch in Fällen, in denen *niht* eindeutig Negationspartikel (und nicht Pronominalsubstantiv) ist:
Ich hab nicht manns »keinen Mann«

Auch Genitiven ohne derartige Beziehungswörter kann partitive Bedeutung zukommen. Dies ist immer dann der Fall, wenn der Genitiv als Objekt transitiver Verben (seltener: als Subjekt des Satzes) fungiert:

thaȥ si [. .] *thës waȥares giholōti* »daß sie . . . (von dem) Wasser holte«
ich wil im mînes brôtes gëben »ich will ihm (etwas) von meinem Brot geben«

3. Zum Gebrauch des Adjektivs

3.1 Allgemeines

147 Adjektive können attributiv (bei Substantiven) und prädikativ oder halbprädikativ (bei Verben) gebraucht werden. Als »halbprädikativ« oder »prädikatives Attribut« bezeichnet man ein Adjektiv, dessen Funktion zwischen Attribut und Prädikat liegt: *der Mann kam gesund* (*als Gesunder*) *zurück* (attributiv: *der gesunde Mann kam zurück*; prädikativ: *der Mann ist gesund*).

Der Gebrauch der starken und schwachen Flexionsformen wird wesentlich dadurch festgelegt, daß das schwache Adj. seiner Bildung nach determinierende Bedeutung besitzt (s. 121) und als Bestimmtheitsform die Rolle des starken Adj. allmählich auf die einer Unbestimmtheitsform eingeschränkt hat.

Beim attributiven Adj. herrscht dementsprechend im Ahd. Mhd. – wie im Nhd. – die schwache Flexion vor, wenn Substantive als bestimmte Begriffe charakterisiert werden sollen und als solche gewöhnlich mit Demonstrativpronomina verbunden sind, nämlich dem einfachen Demonstrativum (bestimmten Artikel, vgl. 27 und 130) *dër, diu, daȥ* oder den Demonstrativa *dësēr* etc. (s. 131) und *jenēr* etc.: vgl. mhd. *die* (*dise, jene*) *guoten vriunde, dër* (*dirre, jener*) *guote vriunt.* Wo eine derartige Bestimmung fehlt, erscheint – wie im Nhd. – zumeist starke Flexion: vgl. mhd. *guote vriunde,* (*ein*) *guoter vriunt.*

Im rein prädikativen und im halbprädikativen Gebrauch herrscht – gleichfalls wie im Nhd. – das stark flektierte Adj.: vgl. mhd. *dër vriunt ist guot* bzw. *si lâgen tôt.*

Im einzelnen schwankt der Sprachgebrauch im Ahd. und Mhd. Das Mhd. neigt bereits zu der im Nhd. geltenden formalen Regelung, das attributive Adj. nach einer deutlichen Kasusendung schwach zu flektieren (*seines guten Freundes, mit einer guten Freundin*).

3.2 *Besonderheiten des Gebrauchs im Ahd. und Mhd.*

Im folgenden werden Beispiele nur für solche häufiger vorkommenden Fälle gegeben, in denen die Verwendung der Adjektivflexion im Ahd. und Mhd. von der im Nhd. abweichen kann.

3.21 *Attributives Adjektiv*

a) Stellung vor dem Substantiv

Schwache Flexion begegnet abweichend vom Nhd. u. a. 148

- im Vokativ:
  ahd. *liobo man*
  mhd. *êwige vater*; *zieren helde*
- nach Possessivpronomen im N.Sg. (und im A.Sg. fem.):
  ahd. *mīn liobo sun*
  mhd. *ir beste lëben*; (*sîn alten kunst*)
- nach Personalpronomen besonders im N.Sg.:
  ahd. *thū unsūboro geist*
  mhd. *ich arme tôre*
- nach stark flektiertem Adjektiv:
  mhd. *vremdiu wilden mâl*; *mit reiner süeȥen hôhen art*

Zu beachten ist, daß es im Nhd. für das Fem. eine schwache Form des A.Sg. auf *-n* nicht gibt: vgl. *die schöne Frau* gegenüber mhd. *die schœnen vrouwen.*

Starke pronominale (sog. flektierte) Form des N.Sg. (und A.Sg. neutr.) oder 149
starke Flexion der übrigen Kasus begegnet abweichend vom Nhd. u. a.

- beim allein vorausgehenden Adjektiv im G.Sg. mask. und neutr.:
  ahd. *blīdlīches muates*
  mhd. *riterlîches muotes*
- nach Possessivpronomen im G. und D.Sg. sowie im Plural:
  ahd. *in iureme tōtlīcheme lībe*
  iuwara guotu wërc
  mhd. *mit sîner ellenthafter hant*
  sîniu wâpenlîchiu kleit
- nach dem unbestimmten Artikel *ein* im G. und D.Sg.:
  ahd. *eines guotes mannes*; *einemo scōnemo kinde*
  mhd. *in einer kurzer stunt*
- nach schwach flektiertem Adjektiv:
  mhd. *die liehten liebe süeȥe tage*

Starke nominale (sog. unflektierte) Form des N.Sg. (und A.Sg. neutr.), die im Nhd. attributiv überhaupt nicht mehr verwendet wird, kann im Ahd., vor allem aber im Mhd. für die entsprechende starke pronominale (sog. flektierte) oder die schwache Form, gelegentlich auch für andere Kasusformen eintreten:

ahd. *ubil boum*; *ein kurz wīla*
mhd. *grôʒ kumber*; *ein guot knëht*; *ein schœne wîp*; *sîn rëht lêhen*; *ër sælec man*
dër trûrec man
ûf einem touwec grüenen gras

b) Stellung hinter dem Substantiv

150 Das attributive Adjektiv konnte im älteren Deutsch, anders als jetzt im Nhd., dem Substantiv nicht nur vorangestellt, sondern auch nachgestellt werden. In dieser Stellung erscheint der Gebrauch schwacher und starker Flexion im allgemeinen ähnlich geregelt wie beim vorangestellten Adjektiv:

– schwach: ahd. *thën bruader liobon*
mhd. *diu schar grôʒe*
– stark: ahd. *waʒʒar lūtaraʒ*
mhd. *hërre guoter*

Besonders im Mhd. steht die starke nominale (sog. unflektierte) Form des N.Sg. (und A.Sg. neutr.) ohne Rücksicht auf Kasus, Numerus und Genus des voraufgehenden Substantivs:

ahd. *mīn fater himilisch*
mhd. *dën künec guot*

3.22 Prädikatives Adjektiv

151 Anders als im Nhd. ist vor allem im Ahd., aber auch im Mhd. die sog. unflektierte Form für das rein prädikative und das halbprädikative Adjektiv noch nicht die allein herrschende.

a) Rein prädikatives Adjektiv
Starke pronominale (sog. flektierte) Form bezogen auf ein Subjekt im Sg.:
ahd. *thër puzz ist filu diofēr*
mhd. *nie kein tac sô langer wart*
Stark flektierte Pluralform bezogen auf ein Subjekt im Pl.:
ahd. *mit thiu sie foltruncane sint*

b) Halbprädikatives Adjektiv
Starke pronominale (sog. flektierte) Form bezogen auf ein Subjekt im Sg.:
ahd. *thō gisaʒ ër muadēr*
mhd. *daʒ ër gesunder wider kam*
Stark flektierte Pluralform bezogen auf ein Subjekt im Pl.:
ahd. *fuarun sie thō blīde* (»froh«)
mhd. *die dâ wunde lâgen*

Stark flektierte Akkusativform bezogen auf ein Akkusativobjekt:
ahd. *dër dar mih tëta heilan* (»gesund«)
mhd. *dën man tôten truoc hër dan*

4. Zum Gebrauch der Pronomina

4.1 Personalpronomina

Personalpronomina der 3. Pers. stehen nicht selten in hinweisender Bedeutung vor Relativsätzen: 152

ër ist sælec dër in treit »derjenige, der ihn trägt, . . .«
ër sælec man, dër [. . .] »glücklich der Mann, der«

4.2 Possessivpronomina

In Verbindung mit Verbalabstrakta o. ä. (z. B. *minne*, *liebe*, *haȝ*, *vorhte*, 153
hëlfe) können Possessivpronomina Subjekt oder Objekt solcher Handlungs- und Empfindungsweisen bezeichnen:

Thuruh sīna forohta erbruogite wārun thie hirta »aus Furcht vor ihm (d. i. dem Engel auf dem Grabe) befanden sich die Wächter in großem Schrecken«
sône weiȝ ich wie ich ir minne iemer gewinne »ihre Liebe«
frow, ich hân mîne sinne gewant an iuwer minne »Liebe zu Euch«

Possessivpronomina werden nicht selten mit dem bestimmten Artikel oder 154
auch mit *ein* (als unbestimmtem Artikel oder Zahlwort) verbunden. (Bei der Übersetzung ins Nhd. bleibt der best. Artikel unberücksichtigt.)

thie mīn givëho »meine Freude«
dër mîner minne
ein mîn wange »meine eine Wange«

4.3 Indefinitpronomina

Das Indefinitpronomen *dehein*, *kein* hat im Mhd. – anders als im Ahd. – 155
neben der positiven auch eine negative Bedeutung

- positive Bedeutung: »irgendein«
  swâ nû deheiniu sî diu sich ir wîpheit schame »irgendeine«
  swâ sîner tohter keiniu truoc »eine seiner Töchter schwanger war«
- negative Bedeutung: »kein« (= mhd. *nehein*, *enhein*)
  dës ist zwîvel dehein »daran gibt es keinen Zweifel«
  ir kein dën andern nîte dër gâbe »keiner von ihnen«

In negativen Sätzen ist die Unterscheidung zwischen positivem und negativem *dehein*, *kein* oft nicht möglich, vgl.: *ich schiet alsô von dan daz mir dâ nie dehein man ein wort zuo gesprach.*

156 *iht* »irgendetwas, etwas« wird substantivisch gebraucht:

sage mir ob dir iht wërre »ob dich etwas quält, bekümmert«

Es hat partitiven Genitiv bei sich:

iht liebers »etwas Angenehmeres«

Der Akk. (seltener der Gen.) kann adverbiale Funktion haben:

vorht ir iu iht [. . .] »fürchtetet Ihr Euch in irgendeiner Weise, irgendwie«

5. Zum Gebrauch des unbestimmten Artikels

157 In Bedeutung und Gebrauch unterscheidet sich (ahd.) mhd. *ein*, soweit es nicht Zahlwort ist, deutlich vom nhd. unbestimmten Artikel: einerseits sind die Grenzen zwischen dem unbestimmten Artikel *ein* und dem attributiven Indefinitpronomen *ein* sehr unscharf, andererseits kann *ein* geradezu eine hervorhebende, bestimmende Bedeutung haben. So kann – vor allem im Mhd. – *ein* stehen

a) bei Personen- und Sachbezeichnungen, die aus dem Vorhergehenden bekannt sind oder durch den Kontext eindeutig bestimmt werden:

im sleich ein hôhgeborniu küneginne nâch »hinter ihm her schritt die hochgeborene Königin«

wër was ein maget, diu den grâl truoc »ebenjene Jungfrau, die«

b) bei Stoffbezeichnungen, wenn eine bestimmte Menge oder eine bestimmte Form gemeint ist:

ër az daz brôt und tranc dâ zuo eines wazzers daz ër vant in einem einber »ein wenig von dem Wasser«

c) im Plural bei substantivischen Pluralia:

zi einēn gihugtin (Dat. Pl.) »zum Gedenken, zur Erinnerung«

daz wart zeinen êren getân froun Cunnewârn »als Ehrbezeugung für, zu Ehren von«

d) gemeinsam mit *dër* besonders vor einem Substantiv, auf das ein nachfolgender Relativsatz bezogen ist:

daz ër ein dër tiurste wolte sîn »der Vortrefflichste«

ein diu frouwe, die ër noch nie gesach »eine gewisse, jene Dame«.

6. Negation

6.1 *Mittel der Negation*

Negation kann im Ahd. Mhd. ausgedrückt werden mit Hilfe 158

a) der Partikel: ahd. *ni*, mhd. *ne* (pro- und enklitisch: *in-*, *en-*, *n-*, *-ne*, *-n*) »nichts« (z. B. *enhabe*, *dune*, *ichn*)

b) von Adverbien: ahd. *niowiht* (*niwiht*), mhd. *niht* (adverb. Akk.) »in keiner Weise, nicht«
ahd. *nio*, mhd. *nie*, ahd. *niomēr*, mhd. *niemer* »niemals«
mhd. *niene* »nicht«
mhd. *niener*, *niender(t)*, *niergen(t)* »nirgendwo, durchaus nicht«

c) von Pronomina: ahd. *nioman*, mhd. *nieman* »niemand, keiner«
ahd. *nihhein*, mhd. *nehein* (mhd. auch: *dehein*) »kein«
ahd. *niwëdar*, mhd. *newëder* »keiner von beiden«

d) von Konjunktionen: ahd. *noh*, mhd. *noch* »und nicht, auch nicht, nicht einmal«; *noch – noch*, *newëder – noch* »weder – noch«

e) von untertreibenden Bezeichnungen: mhd. *lützel*, *wênec* (subst.) »nichts«, (adv.) »nicht«
mhd. *kleine* (adv.) »nicht«
mhd. *sëlten* »niemals«.

6.2 *Zum Gebrauch der Negation*

Im Ahd. genügt zur Verneinung die Partikel *ni*; andere Mittel der Negation 159
treten in der Regel nur in Verbindung mit *ni* auf. Im Mhd. genügt zur Verneinung einfaches *ne* nur noch in der Beziehung auf Modalverben sowie auf *lâȝen*, *tuon*, *wiȝȝen*, *ruochen*; die in Verbindung mit *ne* auftretenden Adverbien und Pronomina, wie z. B. *niht*, *nieman* etc., machen die Partikel *ne* bald entbehrlich.

ahd. *ni habu gomman* »ich habe keinen Mann«
mhd. *ich enhabe niht mannes*
frühnhd. *ich habe nicht manns*

In keinem Fall heben mehrere Verneinungen in einem Satz sich gegenseitig auf:

ichn gehôrt bî mînen tagen nie selhes niht gesagen »habe so etwas niemals gehört«.

6.3 Besonderheiten in abhängigen Sätzen

6.31 Indefinita als Ausdruck der Negation in daȝ-Sätzen

160 In Final- und Objektsätzen, die mit *daȝ* eingeleitet sind, sowie nach (*ich*) *wæne* können *iht*, *ie*, *ieman*, *iemer*, *iender* zum Ausdruck der Negation werden:

dër abbet riet mir daȝ ich ëȝ iht verbære »nicht unterließe«
hêrre, ich wæn diz ie geschach »das ist, meine ich, niemals geschehen«.

6.32 Pleonastische Negation in daȝ-Sätzen

161 In *daȝ*-Sätzen, die von Sätzen mit Verben (oder verbalen Ausdrücken) an sich negativen Sinnes abhängen, kann die Negation (bzw. *iht* etc. in Vertretung von *niht* etc.) pleonastisch stehen:

ob ër sich dës kan erwern daȝ ër ze Troye niht envert »wenn er sich davor zu bewahren versteht, daß er nach Troja zieht (nach Troja zu ziehen)«
da beschirme uns dër almehtige got vor, daȝ wir nimmer dar komen »bewahre uns davor, daß wir jemals dorthin kommen«
geselle, behüetet daȝ enzît daȝ ir iht in ir schulden sît die [. . .] »verhindert beizeiten, daß ihr des Fehlers derjenigen teilhaftig werdet, die«

Die Abgrenzung gegenüber adverb. Gebrauch von *iht* »in irgendeiner Weise« (vgl. 156) ist nicht immer deutlich.

6.33 Pleonastisches ne in konjunktionslosen Sätzen

162 In konjunktionslosen konjunktivischen Sätzen, die von negierten Sätzen mit Verben (oder verbalen Ausdrücken) an sich negativer Bedeutung abhängen, kann die – durch *ne* ausgedrückte – Negation pleonastisch stehen:

sone wart ich nie zewâre dës über ze halbem jâre ichn müese koufen daȝ korn »kam ich fürwahr alle halbe Jahr nicht umhin, das [nötige] Korn zu kaufen«
unde entuo sich dës niht abe ërn sî dër rîterschefte bî »und er möge nicht abstehen, ritterlichem Tun zu obliegen (an Turnieren teilzunehmen)«.

7. Abhängige Sätze

7.1 *Abhängige Sätze mit besonderer Einleitung*

Es gibt – wie im Nhd. – im Ahd. Mhd. drei Arten abhängiger Sätze mit einer besonderen Einleitung: indirekte Fragesätze, Relativsätze, Konjunktionalsätze.

7.11 *Indirekte Fragen*

Kennzeichen dieser Sätze sind die einleitenden Fragepronomina oder Frageadverbien: 163

Sie [. . .] *sprāhhun untar zwisgēn, waȝ sie tātīn thëmo heilante* »was sie dem Heiland antun könnten«

ni curet sorgente wësan, wuo odo waȝ ir antwurtēt odo waȝ ir quëdēt »wie oder was ihr erwidern oder was ihr sagen sollt«

jane mac nieman wiȝȝen wol waȝ ëȝ muoȝ kosten »was das notwendigerweise kostet«

diene weiȝ ich war ich tuo »ich weiß nicht, wohin ich die tun soll«.

7.12 *Relativsätze*

Relativsätze werden im Ahd. Mhd. eingeleitet durch Pronomina in relativer Funktion und durch relative Adverbien (im Mhd. gelegentlich auch durch *sô*). Als Relativpronomina fungieren das einfache Demonstrativum ahd. mhd. *dër, diu, daȝ* (im Ahd. häufig mit dem nachgesetzten relativierenden *thār*, gekürzt: *dar, der*) und die verallgemeinernden Pronomina mhd. *swër, swaȝ, swelch, swëder*, ahd. *sō wër (sō)* etc.; als relative Adverbien fungieren ahd. *dara*, mhd. *dar* »(dorthin –) wohin«, ahd. *dār(a)*, mhd. *dâ* »(dort –) wo«, ahd. *dannān*, mhd. *dannen* »von woher« und die verallgemeinernden Adverbien *swar* »wohin auch immer«, *swâ* »wo auch immer«, *swannen* »von woher immer«. 164

farento in burgi inti in thorf thiu thār umbi sint »die ringsherum liegen«

sō wër sō furlāȝe sīna quënun, gëbe iru buoh thanatribes »wer (immer) sich von seiner Ehefrau trennen will, der stelle ihr den Scheidebrief aus«

dô fuor ër dar dannen in sîn vater sande »dann kehrte er dorthin zurück, von woher sein Vater ihn ausgesandt hatte«.

An Besonderheiten sind zu erwähnen: 165

a) *dër, diu, daȝ* (und auch *swër, swaȝ*) fungieren oft ineins als Bezugswort und als Relativum, und zwar auch dann, wenn im übergeordneten Satz ein anderer Kasus verlangt ist als im untergeordneten Satz (der Kasus des Pronomens ist dann häufiger der vom untergeordneten als der vom übergeordneten Satz erforderte):

untar mittēn iu stentit thën ir ni wiȝȝut »weilt der, den ihr nicht kennt«

Ir hât dës iuch genüegen sol »Ihr besitzt alles das, woran Ihr Genüge finden könnt«

swën genüeget dës ër hât »wer mit dem zufrieden ist, was er hat«

Entsprechendes gilt für relative Adverbien:

unz in [. . .] *vunden drîe vrouwen dâ ër lac* »dort, wo er lag«

ër gie dâ ër si vant »dorthin, wo«

b) Bezugswort und relative Pronomina können sich wechselseitig bezüglich des Kasus beeinflussen:

[*dër truhsæȝe*] *alles dës verpflac dës im* [sc. *Iwein*] *ze schaden mohte komen* »das ihm zum Schaden gereichen konnte«

Beeinflußt das Relativum den Kasus des Bezugswortes, so wird dieses zumeist durch ein Pronomen wieder aufgenommen:

dën lôn dën sî dâ nâmen, dës hëlfe uns got »zu dem Lohn, den sie sich dort erwarben, möge Gott (auch) uns verhelfen«

c) Relativsätze können statt durch relative Pronomina oder Adverbien auch durch *und(e)* eingeleitet werden:

diu genâde unde ër an im begie »die er«

die wîle und ich dën lîp hân »all die Zeit, die ich leben werde (solange ich lebe)«

d) Relativsätze haben häufig die Funktion eines konditionalen Nebensatzes:

dâ hœret grôȝ kumber zuo, swër daȝ hûs haben sol »es ist mit großen Sorgen verbunden, wenn einer einen Hausstand unterhalten muß«

(*sî sprach ›welt ir iht ëȝȝen?‹*) *ër sprach ›gërne, dër mirȝ gît‹* »ja gern, wenn jemand mir etwas gibt«.

7.13 Konjunktionalsätze

Im folgenden werden zu einzelnen Typen von Konjunktionalsätzen die im Ahd. Mhd. gebräuchlichsten Einleitungen aufgeführt und sodann einige wenige Beispiele geboten.

7.131 Temporalsätze

166 Als Einleitungen von Temporalsätzen werden im Ahd. Mhd. vorwiegend gebraucht:

ahd. *thō* (*dō*), mhd. *dô*	»als; indem; nachdem«
ahd. *sīd*, mhd. *sît (daȝ)*	»seitdem; nachdem« (häufig auch kausal: vgl. 169)
ahd. *mit thiu* (*diu*)	»als; nachdem; wenn«
ahd. *innan thiu* (*diu*)	»während«
ahd. *ēr*, mhd. *ê (daȝ)*	»bevor; ehe«
ahd. mhd. *unz (daȝ)*	»(solange) bis; (solange) wie« (später tritt *biȝ* an die Stelle von *unz*)

mhd. *swanne, swenne* »wann immer; wenn« (häufig auch mit konditionaler oder konzessiver Bedeutungsnuance: »wenn«, »wenn auch«)
ahd. *sō, sōsō*, mhd. *sô* »als; sowie; wenn« (häufig aber modal: vgl. 172)
ahd. *alsō*, mhd. *alsô, als(e)* »sowie; als« (häufig aber modal: vgl. 172)

Thie man thō sie gisāhun [...] *quādun* »als sie sahen (nachdem sie gesehen hatten)«
Mit thiu thër heilant giboran ward [...] »Als der Heiland geboren worden war«
immer swenner an si sach, sô was [...] »immer dann, wenn«

7.132 Konditionalsätze

Die gebräuchlichste Einleitung konditionaler Sätze ist 167
ahd. *ibu, oba*, mhd. *ob* »wenn« (auch konzessiv; vgl. 168)
oba thū gotes sun sīs quid »wenn du Gottes Sohn bist«
ober sich bî ir verlît »wenn er sich bei ihr ›verliegt‹«

Nicht selten ist *unde* als Einleitung konditionaler Sätze (die Wortstellung ist die des direkten Fragesatzes):
unde beliber iht vürbaȥ »wenn er etwas darüber hinaus wegbliebe«
Sätze, die mit mhd. *swanne, swenne* eingeleitet sind, haben oft konditionale neben temporaler Bedeutung.
Zu Konditionalsätzen ohne besondere Einleitung vgl. 177.

7.133 Konzessivsätze

Die wichtigsten Einleitungen konzessiver Sätze sind: 168
ahd. *thoh (doh)*, mhd. *doch* »obgleich; wiewohl«
ahd. *sō wio (sō)*, mhd. *swie* »wiewohl; obgleich; wenn auch«

Daneben auch:
ahd. *mit thiu* »obgleich; während doch«
ahd. *ibu, oba*, mhd. *ob* »wenn auch; wenngleich« (vgl. 167)
mhd. *sît* »während doch, obwohl« (vgl. 166 und 169)

Thoh imo iȥ abwërtaȥ sī, thoh hugit ër io, wār iȥ sī »Obgleich es ihm fern ist, ...«
dën truhsæȥen [...] *hæte ër* [...] *zeinem lügenære, doch ërm* [...] *die*

rëhten wârheit von ir hæte geseit »obgleich dieser ihm die reine Wahrheit über sie gesagt hatte«

swie si wære ein heidenin »obgleich sie eine Heidin war«

wuo mugut ir guotu sprëhhan, mit thiu ir ubile birut? »obgleich ihr doch böse seid«

spræche ich, sît ëz niemen sach, wie dirre sluoc, [. . .] »wenn ich, obwohl es doch niemand gesehen hat, erzählte, wie dieser zuschlug, dann . . .«

Nicht selten findet sich *unde* als Einleitung konzessiver Sätze (Wortstellung wie im direkten Fragesatz):

und sæz ich iemer dâ bî, ichn begüzze in nimer mêre »selbst wenn ich ständig dicht daneben (sc. an der Quelle) säße, ich begösse«

7.134 Kausalsätze

169 Kausale Nebensätze werden eingeleitet vor allem durch

ahd. (*hwanta*), *wanta*, mhd. *wande*, (*want*, *wan*)	»weil, da«
ahd. *sīd*, mhd. *sît (daz)*	»da, weil« (vgl. auch 166)
ahd. *bithiu* (*bidiu*)	»weil, da«

dër hiez dër ungenante, wand in niemen dâ bekante »weil ihn dort niemand kannte«

sît ich ân einen vrumen man mîn lant niht bevriden kan, so gewinn ich gërne einen [. . .] »da ich meinem Land nicht den Frieden erhalten kann«

(*furlāz thëso menigī, thaz sio* [. . .] *findēn phruonta,*) *bithiu wir hier in wuosteru steti birumēs* »(laß die Scharen gehen, damit sie [. . .] Lebensmittel bekommen), alldieweil (da) wir uns hier in einer öden Gegend befinden«

Es läßt sich nicht immer entscheiden, ob (*wanta*) *wande* den begründenden Satz unterordnet oder aber – wie wohl ursprünglich – beiordnet (im letzteren Fall ist es mit »denn« zu übersetzen).

7.135 Finalsätze

170 Finalsätze werden im Ahd. Mhd. meist durch bloßes *daz* eingeleitet (daneben auch durch mhd. *durch daz, ûf daz*):

Petrus [. . .] *gieng oba thëmo wazare, thaz hër quāmi zi thëmo heilante* »damit er zum Heiland käme (um zum Heiland zu kommen)«

sorge et umb dîn ende, daz dir dîn arbeit hie erhol (*daz dort diu sêle ruowe dol*) »damit dir dein Streben und Mühen hier auf Erden (das zum Lohn) erwerbe, daß«

7.136 Konsekutivsätze

Als Einleitung von Konsekutivsätzen (die gegenüber Modalsätzen nicht immer klar abzugrenzen sind) dient ahd. mhd. *daȥ*: 171

meistar, wër suntōta, thëse odo sīne eldiron, thaȥ hër blint wurdi giboran? »(so) daß er blind geboren wurde«

Sus beginnet ër [. . .] sînem gaste sagen sô manec armeȥ mære daȥ im lieber wære (wærer nie komen dar) »daß es diesem lieber wäre, (wenn er)«

Häufig steht modal-hinweisendes *sô* unmittelbar vor dem *daȥ*:

ni antlingita imo zi noheiningemo worte sō thaȥ wuntarōta thër grāvo thrāto »[Jesus] antwortete auf kein einziges seiner Worte, so daß der Landpfleger sehr erstaunte«

7.137 Modalsätze

Modalsätze werden vorwiegend eingeleitet durch 172

ahd. *sō, sōsō*, mhd. *sô*	»wie; dementsprechend wie; so wie« (vgl. auch 166)
ahd. *alsō*, mhd. *alsô, als(e)*	»(genau) so wie« (vgl. 166) (in konjunktivischen Sätzen auch: »wie wenn; als ob«)
ahd. *(sō) sama (sō)*, mhd. *sam*	»genau so wie« (in konjunktivischen Sätzen auch: »wie wenn; als ob«)

tëta sō imo gibōt truhtīnes engil »er tat, wie ihm der Engel des Herrn befohlen hatte«

ringet dar nâch [. . .] manec man sô ër meiste mac »wie er nur eben kann«

Nicht selten leiten auch *swie* und einfaches *daȥ* Modalsätze ein:

daȥ ich immer welle sîn swie mir gebiutet Götelint »ganz so wie«

zweihunt phendingo brōt ni gimugun in, thaȥ iro einero giwelīh luziles waȥ inphāhe »Brot für zweihundert Denare reicht für sie nicht aus, (derart) daß ein jeder von ihnen ein bißchen was abbekommen kann«.

7.138 Einschränkende Sätze

Die Partikel mhd. *wan* fungiert – zumeist in Verbindung mit *daȥ* – als konjunktionale Einleitung in Sätzen exzipierend-einschränkenden Charakters (nhd. »außer daß; nur daß; wenn nicht geschehen (gewesen) wäre daß«): 173

ëȥ [sc. das *meȥȥer*] *was lanc unde breit, wan daȥ ëȥ so wol niene sneit als im wære liep gewësen* »nur daß es so trefflich überhaupt nicht schneiden konnte, wie er es sich (jetzt) gewünscht hätte«

ëtewie ernert ich dën lîp, wan daȥ ich sorge um mîn wîp »mich selbst wüßte ich schon irgendwie durchzubringen, nur daß ich Sorge habe um meine Frau«

wan daȥ ër sichs erholte [. . .] *so wære vervarn sîn êre* »wenn er sich nicht in dieser Hinsicht eines Besseren besonnen hätte, (. . .) so wäre sein (gesellschaftliches) Ansehen vernichtet gewesen«

ër hete geweinet benamen, wan daȥ ër sich muose schamen »er hätte wahrhaftig geweint, wenn er sich nicht hätte schämen müssen«

Bloßes *wan* steht zumeist an der Spitze beiordnender Sätze und ist dann – je nach Art der Einschränkung – mit »nur; aber; vielmehr; sondern« zu übersetzen (vgl. *alle fürsten lëbent nu mit êren, wan dër hœhste ist geswachet* »nur«).

Bisweilen läßt sich aber auch ein *wan-daȥ*-Satz nur beiordnend (nhd. »aber; nur; sondern«) übersetzen:

(*vierzëhen dër sîne, die werlîche pîne bî ir hêrren dolten*) *und niht von im enwolten, wan daȥ se ir vërch für in buten* »und nicht von ihm weichen, sondern ihr Leben für ihn lassen wollten«

Nicht selten findet sich *wan* (*niuwan*) in der Verbindung mit einem Substantiv im Nominativ in der Bedeutung »wenn nicht . . . gewesen wäre«:

wan ir, ich hets dën lîp verlorn »wenn Ihr nicht gewesen wärt, hätte ich dadurch das Leben verloren«

174 Im übrigen dient die Partikel mhd. *wan* (*niuwan*) zur positiven oder negativen Einschränkung einzelner – positiver oder negativer – Satzteile sowie zur Einführung des Verglichenen nach *niht* + Komparativ bzw. nach *ander* in negativen Sätzen.

Häufig verbergen sich hinter einem mhd. *wan* aber auch abgeschliffene Formen des Frageworts bzw. der Konjunktion *wande*:

– *wan* < *wanne* < *wande ne* Fragewort »warum nicht«

  owê wan lânt si mir mîn liep? »Ach, warum lassen sie mir nicht meinen Geliebten?«

– *wan* (s. o.) als Einleitung von Wunschsätzen (das Prädikatsverbum steht im Konj. Prät.)

  wan hete ich in [sc. *dën brief*] *verbrant!* »O daß ich ihn doch verbrannt hätte (Hätte ich ihn doch verbrannt)!«

– *wan* < *wande* Konjunktion »denn; weil« (vgl. 169)

7.2 Abhängige Sätze ohne besondere Einleitung

Die syntaktische Unterordnung von Nebensätzen ist seit der frühen Neuzeit nach dem Vorbild des Lateinischen systematisiert und differenziert worden (vgl. 42). So ist es geradezu ein Kennzeichen des Ahd. Mhd. gegenüber dem Frühnhd. und Nhd., daß in einer Reihe von Fällen auf die Bezeichnung der Abhängigkeit durch besondere Einleitungen verzichtet werden kann und von dieser Möglichkeit in großem Umfang Gebrauch gemacht wird.

7.21 Bezeichnung der Abhängigkeit durch den Konjunktiv
7.211 Indirekte Aussagen

Konjunktivische Sätze, die von Verben des Sagens, Denkens oder Auffor- 175
derns abhängen, stellen indirekte Aussagen dar oder drücken ein Geschehensollen aus:

bittemēs nu druhtīn, ër unsih [. . .] *fon thēn guatēn ni gisceide* »laßt uns den Herrn bitten, daß er uns nicht von den Vollkommenen scheide«

ër giht ër sül dëm hûse lëben »er behauptet, daß er sich ganz dem Hausstand widmen müsse«

ouch wæn ich in betwunge diu vil wëgemüediu nôt daȥ ër [. . .] »andererseits glaube ich, daß die Ermüdung durch die Reise ihn nötigte«

Häufig wird *ich wæn* oder bloßes *wæn* in den davon abhängigen Satz gezogen:

si wæn dës lîhte enbæren dër an dër tür stât »sie würden, glaube ich, den gern missen, der an der Tür Wache hält«

7.212 Einschränkende Sätze

Konjunktivische, durch *ne* negierte Sätze formulieren Einschränkungen in 176
bezug auf die Aussage des übergeordneten – fast immer negativen – Satzes. Je nach Art der Einschränkung (unabdingbare Begleitumstände – mögliche Ausnahmen) ist zu übersetzen mit nhd. »ohne daß; daß nicht; der (die, das) nicht« oder »wofern nicht; wenn nicht«; bisweilen sind beide Übersetzungen möglich.

Ine erwache niemer ëȥ ensî mîn êrste sëgen daȥ [. . .] »Niemals wache ich auf, ohne daß es mein erster Wunsch ist, daß«

wan niemen [. . .] *lëbt, ërn vinde sînes hërzen küneginne* »es gibt niemand auf der Welt, der nicht«

ze kamere kunde niht gesîn, Brangæne enmüese ëȥ wiȥȥen »ohne daß«

irn wellent mir volgen, sô habt ir dën lîp verlorn »wenn Ihr nicht auf mich hört, so seid Ihr verloren«

(*ich wil durch ir minne wâgen mînen lîp*:) *dën wil ich verliesen, sine wërde mîn wîp* »mein Leben will ich verlieren, wofern sie nicht meine Frau wird«

Ich wêne nieman lëbe dër mînen kumber weine, [. . .] *ëȥ entuo diu guote,*

[. . .] »Ich glaube, daß es niemand gibt, der meinen Schmerz beweint, (. . .) wenn sie es nicht tut«

Die Negationspartikel *ne* kann seit dem 13. Jahrhundert fehlen; vgl. zum ersten der angeführten Beispiele:

Ich erwache niemer ëȝ sî mîn êrste sëgen daȝ [. . .]
Ich gelige hërzeliebe bî, ës hât an mînen frœden nieman niht
gegenüber: *Ich engelige hërzeliebe bî, sone hât an mîner vröide nieman niht*

Die Negation *ne* kann aber auch verstärkt oder aber ersetzt werden durch *danne*:

ichn trûwe iu dën lîp niht bewarn, ëȝn sî dan iuwer wille »Ich kann Euch nicht das Leben retten, wenn Ihr selber das nicht wollt (es sei denn, Ihr selber seid dazu entschlossen)«

dës sint ir iemer ungenësen, got welle dan dër arzât wësen »es wird daher niemals eine Rettung für Euch geben, es sei denn daß (außer daß; wofern nicht) Gott (selber) der Arzt sein will«

7.22 Bezeichnung der Abhängigkeit durch die Wortstellung

7.221 Konditionalsätze

177 Abhängige Sätze mit der Wortstellung des direkten Fragesatzes haben sehr häufig konditionale Funktion:

mir tuot anders iemer wê daȝ ich iuwer künde hân, sol iuwer rîterschaft zergân »wenn Ihr aufhören werdet, ein Ritter zu sein«

ich wære wol enbrosten dër wërlt an andern dingen, möht ich dëm hûse geringen »wenn ich mit den häuslichen Problemen fertig werden könnte«

Zur Einleitung ganz entsprechender Sätze mit *unde* vgl. 167.

7.222 Konzessiv- und Adversativsätze

178 Abhängige Sätze mit der Wortstellung des direkten Fragesatzes können konzessiven bzw. adversativen Charakter haben:

wær ich dan hêrre übern grâl, dër möhte mich ergetzen niht dës mærs [. . .] »Selbst wenn ich einmal der Herr des Grals wäre, könnte der mich nicht das vergessen machen, was«

da bî geloube ich daȝ, was Sîfrit rîch dës guotes, daȝ ër nie gewan sô manigen recken edele sô [. . .] »Zudem bin ich davon überzeugt, daß Siegfried, wenn er auch (obgleich er) über große Schätze verfügt hatte, niemals . . .«

Zur Einleitung ganz entsprechender Sätze mit *unde* vgl. 168.

7.3 Logische Abhängigkeit formal selbständiger Sätze

Häufiger als im Nhd. bleibt im Ahd. Mhd. die logische Abhängigkeit eines Satzes unbezeichnet. Je nach Art und Grad der Abhängigkeit solcher Sätze, die der Form nach selbständige Hauptsätze sind, von vorangehenden oder folgenden Sätzen können oder müssen bei der Übersetzung ins Nhd. die jeweils entsprechenden Arten abhängiger Sätze gewählt werden (in den Ausgaben mhd. Texte sind solche Stellen meist durch Doppelpunkte markiert): 179

Thie jungōron iro zilōtun, in koufe in muas thō holētun »die Jünger beeilten sich, Lebensmittel für sich zu kaufen«

hêrre, ich wæn daȥ ie geschach »Herr, ich glaube, (daß) dies niemals vorgekommen ist«

ir triwe si daȥ lêrte: die juncfrouwen im sâhen nâch »Ihre wohlwollende Anteilnahme brachte die jungen Damen dazu, ihm nachzublicken«

wâ hât diu hëlmsnuor ir stric? dës turkoyten tjost in traf aldâ »Dort, wo die Helmschnur zusammengebunden ist, da traf ihn der Speerstoß des Turkoiten«

8. Nachbildung von Konstruktionen des Lateinischen (vorwiegend im Ahd.)

In ahd. Texten, namentlich solchen der Übersetzungsliteratur, finden sich Nachbildungen bestimmter syntaktischer Fügungen des Lateinischen (vgl. 28), die sich im Deutschen nicht durchgesetzt haben.

8.1 Accusativus cum infinitivo

gibōt hër thie iungiron [Akk. Pl.] *stīgan in skēf* [. . .] »befahl er, daß die Jünger in ein Boot stiegen (befahl er den Jüngern, in ein Boot zu steigen / ließ er die Jünger in ein Boot steigen)« 180

Gilamf inan varan thuruh Samariam »Es war unumgänglich, daß er [dabei] durch Samaria zog (Er mußte dabei . . .)«

Im Mhd. ist diese Konstruktion nur spärlich belegt; in den meisten Fällen ist auch hier mit einer Nachbildung lateinischer Vorlagen zu rechnen:

si gebuten arme und rîche gâhen
dër gebiutet mich sîn hëlfære sîn
Gandîn von Anschouwe hieȥ si dâ wësen frouwe »hatte angeordnet, daß sie dort Herrin sei«

Daneben gibt es im Ahd. Mhd. – wie im Nhd. – in größerer Zahl Fügungen, die formal dem a. c. i. entsprechen, bei denen aber auch sowohl der Infinitiv wie der Akkusativ (der bei der Auflösung der Konstruktion Subjekt des durch den Infinitiv bezeichneten Verbalvorgangs werden muß) je für sich als Objektsergänzungen zur finiten Verbform gedeutet werden können:

ih erkanta [. . .] *thia kraft hiar faran fona mir*
ich bite mir got hëlfen [. . .] *und dise guote heiligen*
ich sihe in gërne bî mir stân
ich enheiȥ in vür wâr niemer von mir gân
(Vgl. nhd.: *Sie hieß ihn gehen. Er sah den Feind kommen.*)

8.2 Partizipialkonstruktionen

Bei der Auflösung von Partizipialkonstruktionen ist zu beachten, daß durch ein Partizip Präs. Gleichzeitigkeit (vgl. 96), durch ein Partizip Prät. Vorzeitigkeit (vgl. 97) in bezug auf den Verbalvorgang des Hauptsatzes bezeichnet wird.

8.21 Participium coniunctum

181 [. . .] *gisëhenti sie winnente quam zi in gangantēr oba thëmo sēwe* »als er [. . .] sah, daß (wie) sie sich abmühten, kam er zu ihnen, indem er auf dem See wandelte«

Bisorgēta ër thia muoter thār sō hangēntēr [. . .] »Er trug, indem (als) er dort [sc. am Kreuz] hing, Sorge für die Mutter (. . .)«

8.22 Dativus absolutus

182 Ein lateinischer Ablativus absolutus wird durch einen Dativus absolutus nachgebildet:

Abande giwortanemo eino was hër thār »Es war [schon] Abend geworden, und er war [noch] allein dort«

Imo sizzentemo in thëmo duomsëdale santa zi imo sīn quëna »Während er auf dem Richterstuhl saß (zu Gericht saß), schickte seine Frau [einen Boten] zu ihm«

9. Inkongruenz

In größerem Umfang als im Nhd. wird im Mhd. darauf verzichtet, die sonst übliche Kongruenz (vor allem hinsichtlich des Genus und des Numerus) zwischen aufeinander bezogenen Satzteilen herzustellen.

9.1 Inkongruenz des Genus

Die häufigsten und auffälligsten Erscheinungen sind die, daß 183

- ein Pronomen sich nicht nach dem grammatischen, sondern nach dem natürlichen Geschlecht des Substantivs richtet, auf das es sich bezieht:
  ein wîp die man hât erkant [. . .] *diun bedarf* [. . .]
- ein Pronomen oder Adjektiv, das sich auf mehrere Substantive verschiedenen oder gleichen, nicht neutralen Geschlechts bezieht, im Neutrum erscheint:
  nu hân ich ës beidiu schaden unde spot
  wëderȝ ist dër knabe dër künec sol sîn übr iwer lant?
  ir dewëdereȝ enmahte gehaben ruowe noch gemach, wan sôȝ daȝ andere sach »keiner von ihnen« (nämlich Tristan und Isolde)

9.2 Inkongruenz des Numerus

- zwischen Substantiv und aufnehmendem Pronomen 184
  dër nû zins von freuden gît: diu ist an im verborgen
- zwischen Subjekt und Prädikat
  in selhem harnasch ër reit, dëm ungelîch was jeniu kleit (*die gein im truoc dër grâwe man*)
  Hin von dën zinnen vielen und gâhten zuo dën kielen daȝ hungerc her
  jeneȝ wâren kostenlîchiu wërc
  dâ vlôch man unde wîp

10. Ersparung, Konstruktionswechsel, Konstruktionsmischung

10.1 Ersparung

Diesem Begriff wird eine Reihe von Erscheinungen subsumiert, denen die Nichtbezeichnung bestimmter syntaktischer Glieder gemeinsam ist.

10.11 Fehlen eines pronominalen Subjekts

185 Pronominales Subjekt kann fehlen

- bei gleichem Subjekt nicht nur in parataktischer, sondern auch in hypotaktischer Fügung
  wistich nû, waȝ getæte »wenn ich nur wüßte, was ich tun könnte«
  sô tuo ouch under wîlen schîn ob ër noch rîters muot habe »doch möge er ab und an auch unter Beweis stellen«
- bei verschiedenem Subjekt in parataktischen wie hypotaktischen Fügungen
  (*Mîner ougen tougenlîcheȝ spêen,*) *daȝ ich ze boten an si senden muoȝ, daȝ nëme durch got von mir für ein flêen* »das möge sie . . . nehmen«
  dar vuorte sin bî der hant und sâȝen zuo ein ander »dorthin führte sie ihn an der Hand, und sie setzten sich zueinander«
- in zweiten Sätzen (bei gleichem oder verschiedenem Subjekt), die eine nähere Bestimmung des jeweils vorangehenden enthalten und durch *heiȝet, ist* o. ä. eingeleitet sind:
  nû sâhen si bî dëm mere stân ein burc was schœne und lobesam »sie sahen eine Burg, die war strahlend und rühmenswert«
  sîn pflæge ein künec hieȝ Anfortas »den habe in Obhut ein König, der heiße Anfortas«

10.12 Fehlen eines Infinitivs

186 In bestimmten Fällen und unter bestimmten Bedingungen kann ein Infinitiv fehlen.

- Nach *lâȝen* fallen häufig die Infinitive *sîn, wësen, wërden, hân* u. ä. weg.
  durch iwer zuht lât iu niht leit [*wësen, sîn*] *ob ich* [. . .] »laßt es Euch nicht unangenehm sein, wenn ich«
  (*wan gedâht ir doch dar an* [. . .]) *und het sî mîn genoȝȝen lân* »Warum habt Ihr nicht daran gedacht (. . .) und habt sie [sc. die Herrin] den Nutzen von mir (meinem Verhalten) haben lassen«
- Nach Modalverben und nach *lâȝen* fällt häufig ein Infinitiv aus, wenn eine finite Form des betreffenden Verbums voraufgeht:
  nâch dër mîn hërze ie ranc und iemer muoȝ »und immerfort streben wird«
  si dienden im, alsô man lieben friunden sol

10.2 *Konstruktion* ἀπὸ κοινοῦ

Die Konstruktion ist gekennzeichnet »durch das Gemeinsame«, nämlich einen Satzteil (meist Subj. oder Akk.-Obj.), der in die Mitte zwischen zwei gewöhnlich koordinierte Sätze gestellt ist und gleichmäßig zu beiden gehört, also doppelt bezogen ist: 187

dô spranc von dëm gesidele hër Hagene alsô sprach »da sprang (stand) Herr Hagen vom Sitz auf und sprach folgendermaßen«

si truogen für die tür siben tûsent tôten wurfen sie derfür »sie trugen vor die Tür siebentausend Tote (eigentlich: der Toten) und warfen diese (die Toten) davor«

10.3 *Konstruktionswechsel, Konstruktionsmischung*

Derartige Erscheinungen kommen in den verschiedensten Formen sehr häufig vor. Beispiele: 188

a) Vorausnahme eines Satzgliedes, das logisch in den abhängigen Satz gehört, an die Spitze des voraufgehenden übergeordneten Satzes, der dadurch Inversion von Subjekt und Prädikat zeigt:

diene weiȝ ich war ich tuo »ich weiß nicht, wohin ich die tun soll«

b) Infinitiv statt Modalverb + Infinitiv im abhängigen Fragesatz nach negiertem *wiȝȝen*:

daȝ begunde in starke swâren, unde enwëste wie gebâren »das bekümmerte ihn sehr, und er wußte nicht, wie er sich verhalten sollte«

c) Personalpronomen der 3. Pers. in einem angereihten Relativsatz statt des Relativpronomens:

(*dës steines pfligt iemer sider*) *die got derzuo benande unt in sîn engel sande* »und denen er seinen Engel schickte«

d) Konjunktiv oder Imperativ im zweiten Glied statt des Modalverbs + Infinitiv wie im ersten:

iuch solt iur wirt erbarmet hân [. . .] *und het gevrâget sîner nôt* »euch hätte erbarmen sollen . . . und ihr hättet fragen sollen«

E. Zur Wortkunde

Den ahd. und mhd. Wortschatz zu klassifizieren und seinen Wandel systematisch zu beschreiben ist in dem hier gesteckten Rahmen nicht möglich. Es können lediglich einige Aspekte dieser beiden Bereiche anhand ausgewählter Beispiele verdeutlicht werden. So sind im folgenden zum einen die wichtigsten – in ahd. und mhd. Zeit noch produktiven oder doch gruppenhaft hervortretenden – Wortbildungsmittel nach ihrer semantischen Leistung vorgeführt, zum andern einzelne Wörter hinsichtlich ihres Bedeutungswandels erläutert.

Dieses Kapitel geht nur auf Verben und Nomina (ohne Eigennamen) ein.

1. Wortbildung und Bedeutungsgruppen

Neue Wörter werden vornehmlich durch Komposition und Ableitung gebildet.

189 Komposition erfolgt durch Zusammenfügung selbständiger Wörter zu einer neuen formalen und begrifflichen Einheit: das Kompositum trägt einen Hauptakzent, es wird flexivisch und syntaktisch wie ein einfaches Wort behandelt (nur einmal flektiert: *der Großvater, des Großvaters*), und es bedeutet etwas anderes als eine freie syntaktische Verbindung der zusammengesetzten Wörter (*der Großvater* ist nicht dasselbe wie *der große Vater*). Die Wortart ist durch das Hinterglied des Kompositums, das »Grundwort«, festgelegt (vgl. *vollstopfen, Vollbart, vollgültig*). Unabhängig davon kann im Vorderglied grundsätzlich jede Wortart stehen, so Subst., Adj., Zahlwort, Partikel (Adverb, Präposition), Pronomen, Verbum. Präfixkomposition liegt vor, wenn das Vorderglied nicht ein selbständiges Wort, sondern ein Funktionselement ist, das in Verbindung mit verschiedenen Grundwörtern einen bestimmten Bildungstypus konstituiert. Unselbständigkeit und Funktion der Präfixe rücken entsprechende Bildungen sehr nahe an Ableitungen (s. unten) heran. Historisch allerdings sind die meisten im Deutschen auftretenden Präfixe erste Kompositionsglieder aus Adverbien, die ihre Eigenbedeutung und ihre selbständige Existenz aufgegeben haben (z. B. *ver-*, vgl. dazu 192).
Die Bedeutung des Kompositums ergibt sich grundsätzlich aus der Bedeutung und dem logischen Verhältnis seiner Glieder. Nach den zugrundeliegenden logischen Beziehungen und nach der Funktion der Präfixe lassen sich gewisse semantische Typen erkennen. Den wichtigsten Typus stellen

die Determinativkomposita dar, in denen das Grundwort durch das Vorderglied näher bestimmt wird.

Ableitung erfolgt mithilfe von Suffixen (vgl. 67); die Ableitungsgrundlage 190
bilden entweder Wurzeln oder bereits abgeleitete Stämme. Die ableitenden Suffixe sind Funktionselemente ohne isolierbare Eigenbedeutung. Die Fähigkeit, aus vorhandenen Wurzeln und Stämmen neue Wörter bestimmter grammatischer und semantischer Eigenschaften zu bilden, gewinnen sie wesentlich durch analogische Vorgänge (Gruppenbildung nach Mustern). Die Mehrzahl der Suffixe besteht aus Einzellauten oder Lautgruppen, die niemals selbständig existiert haben. Einige im Deutschen verwendete Suffixe sind ursprünglich zweite Kompositionsglieder (also selbständige Wörter), die erst durch das Verblassen der jeweiligen Wortbedeutung in bestimmten Bildungstypen als sog. Kompositionssuffixe zu Mitteln der Ableitung geworden sind (z. B. *-heit*, vgl. dazu 212, oder *-haft*, vgl. 218).
Von ihrer Funktion her lassen sich die Suffixe bestimmten semantischen Typen zuordnen (bei Substantiven z. B. den Abstrakta und darunter den Nomina actionis oder den Eigenschaftsbezeichnungen, bei Verben z. B. den Kausativa oder Iterativa). In der Regel ist jeder der semantischen Typen durch mehrere Ableitungstypen vertreten, umgekehrt trägt jeder der Ableitungstypen zur Konstituierung und zum Ausbau mehrerer semantischer Typen bei.

Suffixe und Präfixe werden im folgenden zunächst in der ahd. Lautgestalt angegeben.

1.1. Verben

Für die Ableitung von Verben stehen nur die flexionstypischen vokalischen 191
Suffixe (s. 72–75) und einige erweiterte Suffixe zur Verfügung. Von diesen ist das *-i-/-a-*Suffix kein produktives Wortbildungsmittel: die Gruppe entsprechend gebildeter Stämme (starke Verben) erhält schon im Germ. keinen Zuwachs durch Neubildungen mehr. Die Stammklassen der schwachen Verben werden im Ahd. durch entsprechende Ableitungen (mit *-ji-/-ja-*, *-ō-*, *-ē-*) stark bereichert. Nach dem Zusammenfall in farbloses *-e-* (mhd.) verlieren die einfachen vokalischen Suffixe ihre Produktivität. Als seither wichtigste Suffixe bleiben *-ern*, *-eln*, *-igen* und das frz. Lehnsuffix *-ieren*; im übrigen treten an die Stelle von Suffixbildungen zunehmend Präfixbildungen.
Die Funktion der Suffixe besteht gewöhnlich entweder darin, die Bedeutung der verbalen Ableitungsgrundlage zu modifizieren (z. B. *zücken* zu *ziehen*), oder aber darin, Nomina zu verbalisieren (z. B. *salben* zu *Salbe*, *argwöhnen* zu *Argwohn*, *reinigen* zu *rein*).

Verbalkomposita sind im Deutschen vor allem solche mit Adverbien und 192
daneben mit Adjektiven. In diesem Bereich begegnet sowohl feste wie auch

unfeste Komposition. Bei festen Zusammensetzungen (nur diese werden im folgenden behandelt) fungieren ehemalige Adverbien und Adjektive als Präfixe. Die wichtigsten hierhergehörigen Präfixe sind nhd. *ge-*, *be-*, *ent-*, *er-*, *ver-*, *zer-* aus alten Lokaladverbien sowie *voll-* und *miß-* aus Adjektivstämmen.

Viele andere Adverbien (im Nhd. auch einige Adjektive) verbinden sich mit Verben nur in unfester Komposition – d. h. die Stellung von Verbum und Bestimmung richtet sich nach dem syntaktischen Zusammenhang (z. B. *ausgehen*: *ich will ausgehen*; *wenn ich ausgehe*; aber: *ich gehe aus*) –, ohne daß freilich die Bedeutung des Kompositums mit der der entsprechenden syntaktischen Fügung Adverb + Verb identisch wäre (vgl. *zusámmenkommen* »sich treffen«: *zusámmen kómmen* »gemeinsam kommen«). Wieder andere bilden sowohl feste wie unfeste Komposita, im allgemeinen je nachdem das Hauptgewicht – wie bei den eigentlichen Präfixbildungen – auf dem verbalen Geschehen (das Verbum trägt den Akzent: z. B. *übersétzen*; vgl. *entbínden*) oder – wie bei den ausschließlich unfesten Komposita – auf dem Adverb liegt (das Adverb ist betont: z. B. *ǘbersetzen*; vgl. *áusgehen*); eine klare semantische Abgrenzung der unfesten Komposita von festen mit entsprechendem Adverb ist nicht möglich.

Die Präfixe dienen vor allem dazu, die Bedeutung des verbalen Grundworts oder eine verbale Vorstellung analog den Ableitungssuffixen in abstrakterer Weise zu modifizieren (vgl. *vergehen*; *vollziehen* »ausführen« gegen jüngere Bildungen wie *vóllgießen*) und die Verbalisierung von Nomina zu unterstützen (z. B. *beseelen* zu *Seele*, *beherbergen* zu *Herberge*, *verherrlichen* zu *herrlich*).

193 Eine befriedigende Systematisierung der Wortbildungsmittel nach der semantischen Leistung ist kaum zu erreichen. Die durch Suffixe und Präfixe hervorgebrachten Modifikationen verbaler Vorstellungen sind in erster Linie bestimmte Aktionsarten oder aber negative Varianten des Grundworts; die von Nomina ausgehenden Bildungen sind überwiegend Tätigkeitsverben, die sich in einige Gruppen speziellerer Bedeutung aufgliedern lassen.

1.11 Aktionsarten

194 Aktionsarten des Verbs sind verschiedene Weisen, in denen die jeweilige Verbalhandlung unabhängig von der Auffassung des Sprechenden abläuft. Soweit sie durch Mittel der Wortbildung ausgedrückt werden, gehören sie zur Bedeutung entsprechend gebildeter Wörter.

195 Nach der zeitlichen Verlaufsweise eines Geschehens sind zu scheiden durative und nichtdurative Aktionsart, d. h. die Darstellung einer Verbalhandlung in ihrem streckenhaften Verlauf (andauernd: *er stieg mehrere Stunden bergauf*) oder in einem bestimmten Punkt (punktuell, einmalig: *er erstieg den Gipfel um zehn Uhr*). Verba durativer Aktionsart sind die

Wurzelverben, die meisten primären Verben (d. h. die Mehrzahl der *-i-/-a-*Stämme und einige – starke und schwache – Verben auf *-e-*, germ. *-ji-/-ja-*, z. B. ahd. *stīgan, sizzen; wurken*) sowie abgeleitete Verben auf *-e-* und *-ē-* mit zuständlicher Bedeutung (z. B. ahd. *liuhten* »hell sein, leuchten« zu *lioht* »hell«; *wërēn* »währen« zu *wësan* »sein«). Unter den Verben nichtdurativer Aktionsart kann man unterscheiden zwischen solchen, die den Beginn einer Handlung (Ingressiva, z. B. *erblühen*) oder den Eintritt eines Zustands (Inchoativa, z. B. *erröten*), und solchen, die den Abschluß einer Handlung (Perfektiva, z. B. *verklingen*) oder das Ergebnis einer Zustandsveränderung (Resultativa, z. B. *verrosten*) angeben.

Verben können zudem eine wiederholte oder in Teilakten verlaufende 196
Handlung ausdrücken (Iterativa, z. B. *glitzern*). Häufig als Nebensinn der iterativen Aktionsart ergibt sich eine Vergrößerung der Intensität (Intensiva, z. B. *zucken*) oder eine Abschwächung (z. B. *hüsteln*), mit der zuweilen die Bezeichnung der Neigung zu etwas verbunden ist (z. B. *kränkeln*).

1.111 Ingressiva, Inchoativa

Suffixbildungen 197

-ē-: ahd. *klëbēn* – mhd. *klëben* »zu haften beginnen« zu ahd. *klīban* »anhaften«; Denominativa bezeichnen seltener das Eintreten, vielmehr meist allgemein die Veränderung eines Zustands: ahd. *heilēn* – mhd. *heilen* »gesund werden« zu ahd. mhd. *heil*; ahd. *naʒʒēn* – mhd. *naʒʒen* »naß werden« zu ahd. mhd. *naʒ*.

Präfixbildungen

ir-, ar-: ahd. *irscīnan* – mhd. *erschînen* »erscheinen, offenbar werden« zu ahd. *scīnan*; ahd. *irrōtēn* – mhd. *errôten* »erröten«.

in(t)-: ahd. *intslāfan* – mhd. *entslâfen* »einschlafen« zu ahd. *slāfan*; ahd. *inbrinnan* – mhd. *enbrinnen* »in Brand geraten« zu ahd. *brinnan* »brennen« (intr.).

In jüngerer Zeit entwickeln auch unfeste Komposita ingressive oder inchoative Bedeutung, vgl. z. B. *anstimmen, einschlafen, losschlagen.*

1.112 Perfektiva, Resultativa

Hierher gehören die wenigen nichtdurativen primären Verben wie ahd. 198
fintan, bringan, trëffan, wërdan, quëman, gëban. Bereichert wird diese Gruppe praktisch nur durch Präfixbildungen.

ga-, gi-: ahd. *gibëran* – mhd. *gebërn* »(hervor)bringen« zu ahd. *bëran* »tragen«; ahd. *gisizzen* – mhd. *gesitzen* »zu sitzen kommen« zu ahd.

sizzen; mhd. *gelingen* »Erfolg haben, glücken« zu *lingen* »vorwärts gehen«.

far-, *fir(i)-*, *fur(i)-*: ahd. *firbrinnan* – mhd. *verbrinnen* »verbrennen« (intr.) zu ahd. *brinnan*; ahd. *firrinnan* – mhd. *verrinnen* »verrinnen, vergehen« zu ahd. *rinnan* »fließen«.

ir-, *ar-*: ahd. *irtrinkan* – mhd. *ertrinken* »ertrinken« zu ahd. *trinkan*; ahd. *irneren* – mhd. *ernern* »erretten« zu ahd. *ner(i)en*; ahd. *ercaltēn* – mhd. *erkalten* »erkalten«.

za(r)-, *zi(r)-*, *zur-*: ahd. *zifaran* – mhd. *zervarn* »zergehen, vergehen« zu ahd. *faran*; ahd. *zifallan* – mhd. *zervallen* »zerfallen, zerbrechen« zu ahd. *fallan*.

Auch das Präfix *folla-* gibt Verben perfektive oder resultative Bedeutung, besonders seit dem Mhd., z. B. *volziehen* »ausführen« (s. 192), *volvüeren* »zu Ende bringen«. Unfeste Komposita in dieser Bedeutung sind z. B. *ausgehen* (= verlöschen), *aufhören*, *zusammenfallen*.

1.113 Iterativa, Intensiva

199 Suffixbildungen

-e- (germ. *-ji-*/*-ja-*): ahd. *nicken*, *nicchen* – mhd. *nicken* »(sich) niederbeugen« zu ahd. *(h)nīgan* »(sich) neigen«; ahd. *zucken*, *zucchen* – mhd. *zücken* »an sich reißen« zu ahd. *ziohan* »ziehen«.

-ō- (nicht selten mit expressiver Konsonantendehnung im Wurzelauslaut): ahd. *korōn* – mhd. *korn* »versuchen, kosten« zu ahd. *kiosan* »wählen, prüfen«; ahd. *zockōn*, *zocchōn* – mhd. *zocken*, *zucken* »reißen, rauben« zu ahd. *ziohan*.

-az(z)e-, *-ez(z)e-* (germ. *-atji-*/*atja-*): ahd. *sprungezen* »vor Freude springen, frohlocken« zu *springan*; ahd. *blecchez(z)en* – mhd. *bleczen*, *bliczen*, *blitzen* »blitzen, funkeln« zu ahd. *blecchen* »glänzen, sichtbar werden, zeigen«; mhd. *smackezen*, *smatzen* »mit Behagen laut essen« zu *smacken* »schmecken«.

-arō-/*-irō-*: ahd. *anagangerōn* »anfallen« zu *anagangan*; mhd. *vlackern* »flackern«; *vlëdern* »flattern«; vgl. nhd. *zögern* zu *ziehen*, *stochern* zu *stechen* u. a.

-alō-/*ilō-*: ahd. *grubilōn* – mhd. *grübeln* »bohrend nachforschen« zu ahd. *graban*; ahd. *bëtalōn* – mhd. *bëtelen* »betteln« zu ahd. mhd. *bitten*; vgl. nhd. *kränkeln* »zum Kranksein neigen« zu *kranken*, *sticheln* zu *stechen* u. a.

Präfixbildungen verstärkender Bedeutung sind selten. Beispiele: ahd. *firmīdan* »vermeiden« zu *mīdan*; mhd. *vervelschen* »verfälschen« zu *velschen*; auch *ge-* und *vol-* übernehmen diese Funktion.

1.12 Aufhebung des Grundwortbegriffs

Die Bedeutung einiger Präfixbildungen stellt eine negative Variante der Grundwortbedeutung dar. Die Präfixbildung bezeichnet entweder die gänzliche Aufhebung des Simplexbegriffs oder das Abirren von der Vorstellung des Grundworts (Verkehrung oder Maßlosigkeit). 200

in(t)-: ahd. *intbintan* – mhd. *enbinden* »aufbinden, entbinden« zu ahd. *bintan* »binden, fesseln«; ahd. *intdecken* – mhd. *endecken* »aufdekken« zu ahd. *decken* »bedecken«.

far-, fir(i)-, fur(i)-: ahd. *firkiosan* – mhd. *verkiesen* »verschmähen, verachten« zu ahd. *kiosan* »wählen«; ahd. *firsëhan* – mhd. *versëhen* »verschmähen, verachten« zu ahd. *sëhan* »sehen, anblicken«. In der Bedeutung des Verkehrten: ahd. *firleiten* – mhd. *verleiten* »irreführen« zu ahd. *leit(t)en* »lenken«; ahd. *sih fermëȝ(ȝ)en* – mhd. *sich vermëȝȝen* »sich vermessen« zu ahd. *mëȝ(ȝ)an* »messen«.

missa-: ahd. *missatrūēn* – mhd. *missetrûwen* »zweifeln, mißtrauen« zu ahd. *trūēn* »glauben, vertrauen«; *misseahten* »mißachten« zu *ahten* »beachten«. In der Bedeutung des Verkehrten: mhd. *misserâten* »einen bösen Rat erteilen«; *missehandeln* »übel behandeln«.

1.13 Bedeutungsgruppen der Tätigkeitsverben

Unter den abgeleiteten und präfigierten Verben lassen sich als relevant für die ahd. und mhd. Zeit folgende Hauptgruppen erkennen: Verben des Veranlassens (Kausativa, z. B. *tränken*), des Bewirkens (Faktitiva, z. B. *härten*), des Beschäftigtseins (Okkupativa, z. B. *schneidern*), des Benutzens (Instrumentativa, z. B. *trommeln*), des Versehens (Ornativa, z. B. *färben*) und des Wegnehmens (Privativa, z. B. *köpfen*). Einige Beispiele aus den zahlreichen weiteren Gruppen sind unten zu den Okkupativa und Ornativa gestellt. Auf die grammatisch-syntaktischen Eigenschaften wird in der Anordnung keine Rücksicht genommen. Die Mehrzahl dieser Bildungen ist transitiv. 201

1.131 Kausativa

Die veranlaßte Verbalhandlung ist durch ein zugrundeliegendes primäres Verbum bezeichnet. 202

Suffixbildungen

-e- (germ. *-ji-/-ja-*): ahd. mhd. *trenken* »zum Trinken veranlassen« zu ahd. *trinkan*; ahd. *irgezzen* – mhd. *ergetzen* »vergessen machen« zu ahd. *irgëȝȝan* »vergessen«; ahd. mhd. *leiten* »zum Gehen veranlassen, füh-

ren« zu ahd. *līdan* »gehen«; ahd. mhd. *kleiben* »zum Haften bringen« zu ahd. *klīban* »anhaften«.

1.132 Faktitiva

203 Der bewirkte Zustand ist durch das zugrundeliegende Adjektiv bezeichnet.

Suffixbildungen

-*e*- (germ. -*ji*-/-*ja*-): ahd. mhd. *heilen* »gesund machen« zu ahd. *heil*; ahd. *nezzen* – mhd. *netzen* »naß machen« zu ahd. *naȝ*.

-*ō*-: ahd. *offanōn* – mhd. *offenen* »aufmachen« zu ahd. *offan*; ahd. *beȝȝirōn* – mhd. *beȝȝern* »besser machen« zu ahd. *beȝȝiro*; ahd. *heilagōn* – mhd. *heiligen* »heilig machen« zu ahd. *heilag* (hieraus durch falsche Abtrennung das Suffix mhd. -*egen*, -*igen*).

Präfixbildungen mit *be*- und *er*- erscheinen – meist neben den einfachen Ableitungen – in größerem Umfang seit dem Mhd. (ahd. mhd. *berihten* »gerade machen, berichtigen« neben *rihten* zu *rëht*; ahd. *erhōhen* – mhd. *erhœhen* »erhöhen« neben *hōhen* – *hœhen* zu *hōh*).

1.133 Okkupativa und verwandte Gruppen

204 Zu den Okkupativa im engeren Sinne (»beschäftigt sein«) wird eine Reihe weiterer Verben des Tuns, Vollziehens, Empfindens usw. gestellt. Gewöhnlich sind die zugrundeliegenden Substantive die Objekte der jeweiligen Verbalhandlung.

Suffixbildungen

-*ō*-: ahd. *arbeitōn* – mhd. *arbeiten* »sich mühen« zu ahd. *arbeit* »Mühsal«; ahd. *sunt(e)ōn* – mhd. *sunden*, *sünden* »Sünde tun« zu ahd. *sunt(e)a*; ahd. *klagōn* – mhd. *klagen* »klagen« zu ahd. *klaga*; ahd. *haȝȝōn* – mhd. *haȝȝen* »hassen« zu ahd. *haȝ* »Feindschaft«.

-*e*- (germ. -*ji*-/-*ja*-): ahd. mhd. *arbeiten* (wie *arbeitōn*); ahd. *wānen* – mhd. *wænen* »meinen, hoffen« zu ahd. *wān*; ahd. *āhten* – mhd. *æhten* »verfolgen« zu ahd. *āhta*; ahd. *dursten* – mhd. *dürsten* »Durst haben« zu ahd. *durst*.

-*ieren*: mhd. *loschieren* »Herberge nehmen« (frz. *loger*); *turnieren* »ritterliches Kampfspiel austragen (mlat. it. *torneare*); *hovieren* »den Hof machen« zu mhd. *hof*.

1.134 Instrumentativa

Suffixbildungen 205

-ō-: ahd. *rot(t)ōn* – mhd. *rot(t)en* »auf der Rotte (Musikinstrument) spielen« zu ahd. *rot(t)a*; mhd. *vingern* »berühren oder Zeichen machen mit den Fingern« zu *vinger*; *raderen* »mit dem Rade brechen, hinrichten« zu *rat*.

1.135 Ornativa und verwandte Gruppen

Zu den Ornativa im engeren Sinne (»versehen, ausrüsten mit«) werden hier einige Verben des Gebens, Erweisens, Zufügens usw. gestellt. 206

Suffixbildungen

-e- (germ. *-ji-/-ja-*): ahd. *wāten* – mhd. *wæten* (be)kleiden« zu ahd. *wāt* »Kleidung«; ahd. *farawen* – mhd. *verwen* »färben« zu ahd. *far(a)wa*; ahd. *fuotiren* – mhd. *vuotern, vüetern* »füttern« zu ahd. *fuoter*; ahd. *scenten* – mhd. *schenden* »zuschanden machen, (beschimpfen)« zu ahd. *scanta* »Schmach«.

-ō-: ahd. *wātōn* (wie *wāten*); ahd. *lobōn* – mhd. *loben* »loben« zu ahd. *lob*; ahd. *ginādōn* – mhd. *g(e)nâden* »Gnade erweisen« zu ahd. *gināda*; *pīnōn* – mhd. *pînen* »peinigen, quälen« zu ahd. *pīna* »Schmerz«.

Präfixbildungen erscheinen in größerem Umfang erst seit dem Mhd., meist noch neben den Simplicia.

bi-: ahd. *bezūnen* – mhd. *beziunen* »mit einem Zaun versehen, umzäunen« neben mhd. *ziunen* zu ahd. mhd. *zūn*; mhd. *bemannen* »mit Mannschaft versehen« neben *mannen* zu *man*; mhd. *begnâden* neben *g(e)nâden* zu *g(e)nâde*.

Die im Nhd. häufigen Bildungen mit *ver-* sind im Mhd. noch selten (mhd. *vergulden, vergülden, vergolden*).

1.136 Privativa

Suffixbildungen 207

-e- (germ. *-ji-/-ja-*): ahd. *scelen* – mhd. *scheln* »von der Schale befreien« zu ahd. *scala* »Schale«; mhd. *köpfen, kopfen* »enthaupten« zu *kopf*.

Präfixbildungen

in(t)-: ahd. *intēren* – mhd. *entêren* »des Ansehens berauben« gegen ahd. *ēren* zu *ēra*; mhd. *entlîben* »des Lebens berauben, entleiben« zu *lîp* »Leben«; *entschulden, entschuldigen* »freisprechen« gegen *schulden, schuldigen* zu *schulde, schult*.

1.2 Nomina

208 Zur Ableitung von Nomina dient schon früh eine große Zahl von Suffixen. Soweit die Suffixe mit den Stammklassenvokalen identisch sind (s. 110 bzw. 120), haben sie bereits vorahd. ihre Produktivität verloren (alte Bildungen dieser Art sind z. B. mask. Nomina actionis mit germ. *-a-*: mhd. *val* »das Fallen, der Fall«; fem. Nomina actionis mit germ. *-ō-*: mhd. *hëlfe* »das Helfen, die Hilfe«). Produktiv bleiben schwere Ableitungssilben (darunter vor allem die Kompositionssuffixe); diese sind jeweils spezifische Substantiv- bzw. Adjektivsuffixe. Einigermaßen klare Zuordnungen von Suffixen zu bestimmten semantischen Gruppen ergeben sich bei den Substantiven (vgl. z. B. Abstrakta, Personalia).

209 Die Komposition verläuft bei Substantiven und Adjektiven im Prinzip ganz parallel. Die große Mehrzahl der eigentlichen Nominalkomposita hat nominales Vorderglied. Nach der Bedeutung und dem logischen Verhältnis der Glieder kann man bei beiden Wortarten drei Gruppen unterscheiden: Determinativkomposita, in denen das Grundwort durch das Vorderglied nach Eigenschaft, Hauptmerkmal, Stoff, Zugehörigkeit, Lage, Richtung, Zeit, Ursache, Urheber, Zweck, Mittel und Grad oder durch Vergleich näher bestimmt wird (*Tageslicht, himmelblau*), Possessivkomposita, die einen im Kompositum selbst nicht enthaltenen Begriff charakterisieren (*Dickkopf, barfuß*), und Kopulativkomposita, die in der Verschmelzung zweier gleichgeordneter Begriffe bestehen (*Hemdhose, schwarzweiß*).

210 Alle bei den Verben verwendeten Präfixe erscheinen auch in nominalen Präfixbildungen, zuweilen – akzentbedingt – in abweichender Lautgestalt (z. B. *Úr-kunde* gegenüber *er-kúnden*). Freilich sind die nominalen Präfixbildungen meist schon von verbalen Präfixkomposita abgeleitet. Die eigentlich nominalen Präfixkomposita machen, wenn man von den zahlreichen Bildungen mit *un-* zur Bezeichnung der Negation absieht, nur eine verschwindend kleine Gruppe aus. Als nur bei Nomina verwendete Präfixe treten im Ahd. und Mhd. auf: *ā-* zur Bezeichnung des Verkehrten und der Negation sowie *it(a)-* zur Bezeichnung der Wiederholung. (Vgl. 217 und 219.)

Im Folgenden erscheinen Beispiele nur für Determinativkomposita, die die Masse der zusammengesetzten Substantive und Adjektive ausmachen, und für die – im Deutschen gut vertretenen – adjektivischen Possessivkomposita.

1.21 Substantive

211 Ihrer Bedeutung nach kann man die Substantive einteilen in begriffliche Substantive (Abstrakta), Personenbezeichnungen (Personalia) und Dingbezeichnungen (Konkreta). Zu den Personalia und Konkreta erscheinen als sekundäre Bildungen Verkleinerungsformen (Diminutiva) und Sammelbegriffe für Gruppen von Personen und Dingen (Kollektiva).

Die Beispiele sind aus der Ableitung gewählt. Zu Substantiven jeder dieser Bedeutungsgruppen begegnen Determinativkomposita; dieser Bildungstypus ist anschließend vorgeführt.

1.211 Abstrakta (abgeleitete)

-ī(n) (germ. *-īn-*): fem. Eigenschaftsbezeichnungen, zumeist von Adjekti- 212
ven abgeleitet: ahd. *hōhī(n)* – mhd. *hœhe*; ahd. *scǭnī(n)* – mhd. *schœne* »Schönheit«.

-ida (germ. *-iþō-*): Feminina, zumeist von Adjektiven abgeleitet: ahd. *frewida – mhd. vröude* zu ahd. *frao, frawēr*; ahd. *sālida* – mhd. *sælde* »Glück«; ahd. *gimeinida* – mhd. *gemeinde* »Gemeinschaft«; ahd. *girida* – mhd. *girde* »Begierde« zu ahd. *gër* »begierig«.

-t (germ. *-ti-*, so »lautgesetzlich« in Verbindung mit germ. *f, h* und altem *s*): fem. Nomina actionis: ahd. mhd. *gift* »das Geben« zu ahd. *gëban*; mhd. *durft* »das Verlangen«; ahd. mhd. *maht* »das Vermögen«; ahd. *forlust* – mhd. *vlust*; ahd. mhd. *kumpft, kunft* (mit Gleitlaut *f*) zu ahd. *quëman*, mhd. *komen*.

-unga (germ. *-ungō-*): fem. Nomina actionis, insbesondere zu schwachen Verben: ahd. *kostunga* »Prüfung« zu *costōn, costēn*; *manunga* »(Er)mahnung« zu *manōn*; *sceidunga* – mhd. *scheidunge* »Trennung«.

-nassi, -nessi, -nissi, -nussi/*-nissa* (germ. *-nass-ja-*/*-nass-jō-*), *-nissī, -nessī*: neutr./fem. Ableitungen von Substantiven, Adjektiven und Partizipien: ahd. *finstarnissi* n., *finstarnissī* f. »Finsternis«; mhd. *erkantnisse* f. n. »Erkenntnis«; ahd. *firstantnissi* n. »Verständnis«; ahd. *arstantnessī* f. »Auferstehung«.

-îe (mhd. nach frz. *-ie*): fem. Bezeichnungen der Eigenschaft oder des Gewerbes, besonders zu Nomina agentis auf *-ære, -er* (daher das neue Suffix *-erîe*, vgl. auch frz. *-erie*): mhd. *jegerîe* »Jägerei« zu *jeger*; *zegerîe* »Zaghaftigkeit« zu *zage* »Feigling«; *vrëʒʒerîe* »Schlemmerei« zu *vrëʒʒen*.

-heit (germ. *-haidi-*, Kompositionssuffix; vgl. Substantiv got. *haidus* »Art und Weise«; ahd. *heit* m. f. »persönliche Art, Wesen, Rang«): fem. Ableitungen aus Substantiven (Personalia) und Adjektiven: ahd. mhd. *goteheit* »göttliche Natur«; ahd. *scalcheit* – mhd. *schalcheit* »Knechtschaft«; ahd. mhd. *bōsheit* »Wertlosigkeit«; ahd. *wiʒʒantheit* – mhd. *wiʒʒentheit* »Einsicht«. Aus Typen wie ahd. *wēnagheit* – mhd. *wênecheit* entstehen durch falsche Abtrennung die Suffixe *-keit* (nhd. *Bitterkeit* zu *bitter*) und *-igkeit* (*Neuigkeit* zu *neu*).

-scaf(t) (germ. *-skapi-*/*-skafti-*, Kompositionssuffix; vgl. Substantiv ahd. *scaf* m. n. »Beschaffenheit, Ordnung, Form«; mhd. *schaft* »Geschöpf,

Gestalt, Eigenschaft«. Als Kompositionssuffix setzt sich seit dem 10. Jh. *-scaft* durch.): fem. Ableitungen vornehmlich aus Substantiven zur Bezeichnung eines Zustands oder Verhaltens: ahd. *botascaf/botascaft*; mhd. *vriuntschaft*; *ritterschaft* »ritterliches Tun«; *gemeinschaft*.

-tuom (germ. *-dōma-*, Kompositionssuffix; vgl. Substantiv got. *dōms* »Art, Bestimmung, Geschick«; ahd. *tuom* m. n. »Urteil, Gericht, Recht, Fähigkeit, ruhmwürdige Handlung, Ruhm«); mask. und neutr. Ableitungen aus Adjektiven und Substantiven: ahd. *siohtuom* – mhd. *siechtuom* »Zustand des Krankseins«; ahd. mhd. *hērtuom* »Ansehen, Herrschaft«; mhd. *magettuom* »Jungfräulichkeit«; *wahstuom* »Wachstum, Ertrag« zu *wahs* »das Wachsen«.

1.212 Personalia (abgeleitete)

213 *-āri/-eri* (germ. *-ārja-/-arja-*): mask. Nomina agentis: ahd. *lērāri*; *zuhtāri* »Erzieher«; *hëlfāri/hëlfare* – mhd. *lêrære/lêrer*, *zühter*, *helfære*; mhd. *schiltære* »Schildmacher«. Mit *-arja-* ist ahd. das Kompositionssuffix germ. *-warja-* »bewohnend« (in Völkernamen) zusammengefallen: ahd. *Rōmāri* – mhd. *Rômære* »Römer« (altengl. *Rōm-ware*).

-(l)ing (germ. *-(l)inga-*): mask. Personenbezeichnungen: ahd. *kuning* – mhd. *künec* »König« zu ahd. *kunni* »Geschlecht«; ahd. *ediling* – mhd. *edelinc* »Edler« zu ahd. *edili*; ahd. *jungiling* – mhd. *jungelinc* zu ahd. *jung*.

-il (germ. *-ila-*): mask. Nomina agentis: ahd. *butil* – mhd. *bütel* »Gerichtsbote, Büttel« zu ahd. *biotan*; ahd. mhd. *weibel* »Gerichtsdiener« zu ahd. *weibōn* »sich hin und her bewegen«.

-in(na) (germ. *-injō-*): fem. Personalia, abgeleitet von mask. Personalia (movierte Fem.): ahd. *kuningin/kuninginna* – mhd. *künegin(ne)*, *künegîn* zu ahd. *kuning*; ahd. *trūtin* »Vertraute, Freundin« zu ahd. *trūt* »Freund«; mhd. *vriundinne/vriundîn* zu *vriunt*.

1.213 Weitere Gruppen (Ableitungen)

214 Konkreta sind zum größten Teil alte Bildungen, deren Suffixe schon früh nicht mehr produktiv sind. Die Gruppe wird bereichert durch Ableitungen, die von Hause aus einerseits Personalia, andererseits Abstrakta sind.

215 Diminutiva werden im Nhd. gebildet mit den Suffixen *-lein* und *-chen*, die Kombinationen ursprünglich selbständiger Diminutivsuffixe darstellen, nämlich von germ. *-ila(n)-* (ahd. *seckil* »Säckchen« zu *sack*) bzw. *-ika(n)-* (ahd. *wībicha* »alte Frau« zu *wīb*) mit dem Adjektivsuffix germ. *-īna-* (ahd. *magatīn* »Mädchen« zu *magad*): ahd. *kindilīn* zu *kind*, mhd. *vogelchîn* zu *vogel*.

Kollektiva werden ursprünglich gebildet mit dem Suffix germ. *-ja-* (auch in Kombination mit anderen Suffixen) und meist mit dem soziativen Präfix *ga-*, *gi-*, *ge-* (ahd. *gibirgi* zu *bërg*). In späterer Zeit nehmen auch andere Bildungen kollektive Bedeutung an (nhd. *Bruderschaft*, *Menschheit*). 216

1.214 Determinativkomposita

Mit Substantiv: das Grundwort ist meist ein Nomen agentis: ahd. *manslekko* – mhd. *manslecke* »Mörder«; ahd. *herizogo* – mhd. *herzoge* »Heerführer«; ahd. *fīgboum* – mhd. *vîc-*, *vîgenboum* »Feigenbaum«. 217

Mit Adjektiv: ahd. *jungfrouwa* – mhd. *juncvrouwe* »junge Dame«; ahd. *hōhsëdal* »Thron«; ahd. *ëbanscalc* – mhd. *ëbenschalc* »Mitknecht«; ahd. *missitāt* – mhd. *missetât* »Vergehen«.

Mit Verbum: ahd. *brenni-īsarn* »Brenneisen«; ahd. *wezzistein* – mhd. *wetzstein* »Wetz-, Schleifstein«; *gieȥvaȥ* »Gießkanne«. (Viele weitere lassen sich auch auf Subst. beziehen wie z. B. *Scheltwort* auf *schelten* oder *Schelte*.)

Mit Adverb, Partikel: das Grundwort ist meist ein Verbalnomen; die Komposita, die kein spezifisches Nominalsuffix aufweisen, sind gewöhnlich Verbalkomposita nachgebildet (oder sogar von diesen abgeleitet): ahd. *widarsahho* – mhd. *widersache* »Gegner«; ahd. *durhgang* – mhd. *durchganc* »Durchgang«; ahd. mhd. *ākust* »Falschheit« zu ahd. *kust* »Tugend« zu *kiosan*; ahd. *it(i)wīȥ*, *-wīȥī* – mhd. *it(e)wîȥ(e)* »Zurechtweisung, Spott« zu ahd. *wīȥan* »vorwerfen«; das Grundwort ist kein Verbalnomen: mhd. *zuokint* »uneheliches Kind«; ahd. *giswester* – mhd. *geswester*, *geswister* »als Schwestern Zusammengehörige«; ahd. *urtievel* »Erzteufel«; ahd. mhd. *unzīt* »unpassende Zeit«.

1.22 Adjektive

1.221 Ableitungen

Die Ableitungstypen des Adjektivs den Bedeutungsgruppen der Adjektive zuordnen hieße bei der vielfältigen Funktion der einzelnen Suffixe so gut wie jeden Ableitungstyp unter allen Bedeutungsgruppen aufführen. Um der Übersichtlichkeit willen werden unter Verzicht auf eine Anordnung nach semantischen Typen die Suffixe nacheinander genannt und jeweils in ihrer Hauptfunktion gekennzeichnet, soweit eine solche hervortritt. 218

-īn: ursprünglich Zugehörigkeitsbezeichnungen, im Deutschen insbesondere Stoffadjektive: ahd. mhd. *guldīn* »gülden, golden« zu ahd. *gold*; mhd. *hülzîn*/*holzîn*, *wülvîn* »von der Art des Wolfes«, *wüllîn* »aus Wolle«. Entsprechende Ableitungen von alten neutralen *s*-Stämmen (vgl.

ahd. *lembir*) sind der Ausgangspunkt für die Bildungen auf nhd. *-ern* (*hölzern, eisern* etc.).

-isc: Ableitungen zur Bezeichnung der Herkunft, Abstammung, dann auch der charakteristischen Eigenart (oft geringschätzig): ahd. *diutisc* – mhd. *diutisch/diutsch/tiutsch/tiusch* »zum Volk gehörig, deutsch« zu ahd. *diota* »Volk«; ahd. *kindisc* »kindlich, jugendlich«, mhd. *kindisch* auch »kindisch«; mhd. *tœresch*.

-ag, -īg: das gebräuchlichste Suffix zur Ableitung aus Substantiven (Abstrakta, Konkreta), Adjektiven und Adverbien: ahd. *steinag* – mhd. *steinec* zu ahd. mhd. *stein*; ahd. *wēnag* – mhd. *wênec* »elend, arm«; ahd. *sālīg* – mhd. *sælic/sælec* »glücklich«; ahd. *rihtīg* – mhd. *rihtic/rihtec* »gerade« zu ahd. *rëht, rihtī*.

-līh (Kompositionssuffix; vgl. Substantiv ahd. *līh* n. f. »Leib, Körper, Gestalt«): ursprünglich Ableitungen zur Bezeichnung der artgemäßen Beschaffenheit: ahd. *kuninglīh* – mhd. *küneclîch/küneclich*; mhd. *êlîch/êlich* »gesetzmäßig« zu ahd. *ēwa*, mhd. *êwe, ê*.

-sam (Kompositionssuffix; vgl. Adjektivstamm ahd. *samo* »derselbe«): Ableitungen zur Bezeichnung des Artgemäßen, der Charaktereigenschaften, Fähigkeiten, Neigungen: ahd. *lobosam* »lobenswert«; *ginuhtsam* »Genüge habend« zu *ginuht* »Genüge, Überfluß«; *heilesam* »segenbringend«; mhd. *tugentsam* »tugendhaft«.

-haft (Kompositionssuffix; vgl. Verbaladjektiv ahd. *haft* »gehalten, gebunden, behaftet«): Ableitungen zur Bezeichnung des Versehenseins mit etwas, später allgemein Eigenschaftsbezeichnungen: ahd. *nōthaft* »notleidend«, *sigihaft* »siegreich«; mhd. *vrevelhaft* »verwegen«, *tugenthaft*.

-bāri (Kompositionssuffix aus einem Verbaladjektiv zu *bëran*, mit der Bedeutung «imstande zu tragen«): ursprünglich Ableitungen aus Substantiven, dann auch aus Adjektiven, schließlich auch aus Verben (bei letzteren zur Bezeichnung der Möglichkeit): ahd. *scīnbāri* »leuchtend«; mhd. *manbære* »heiratsfähig«, *verholnbære* »verborgen«; nhd. *hörbar, eßbar*.

Die zahlreichen nhd. Bildungen mit mehr oder weniger zu Kompositionssuffixen gewordenen Adjektiven (wie *-mäßig, -wärtig, -selig, -schaffen, -artig, -voll, -reich, -arm, -los, -leer, -wert, -breit, -recht, -fertig, -fähig*) haben zum Teil Vorläufer im Ahd. und Mhd., sind aber dort gewöhnlich noch als Determinativkomposita aufzufassen.

1.222 Determinativkomposita

219 Mit Substantiv: ahd. *fartmuodi* – mhd. *vartmüede* »von der Reise müde«; ahd. *grasefaro* – mhd. *grasvar* »grasfarben«; mhd. *schamerôt* »rot vor Scham«; mhd. *vridelôs* »friedlos, geächtet«; mhd. *minnewunt* »von der Liebe verwundet«.

Mit Adjektiv: ahd. *wītmāri* – mhd. *wîtmære* »weitbekannt«; ahd. *alawār(i)* »ganz aufrichtig« – mhd. *alwære* »einfältig, albern«; ahd. *ëbanbreit* »gleich breit« (mhd. *ëbengrôʒ* u. a.); ahd. *hōhmuote* – mhd. *hôchmüete(c)* »hochmütig«; ahd. *missefaro* – mhd. *missevar* »verschiedenfarbig«.

Mit Adverb, Partikel: ahd. *urmāri* – mhd. *urmære* »sehr berühmt«; ahd. *unreini* – mhd. *unreine* »nicht rein«; ahd. *itmāli* »auf ein (wiederkehrendes) Fest bezüglich, festlich« (vgl. *māl* »Mal, Zeitpunkt«). Viele Adjektive mit Adverb oder Partikel im Vorderglied sind von entsprechenden Substantivkomposita abgeleitet.

1.223 Possessivkomposita

Die ursprüngliche Form ist die mit Substantiv als Grundwort; die possessi- 220
ve Bedeutung dieser Komposita begründet deren vornehmlich adjektivische Funktion.

Mit Adjektiv: ahd. *armhërz* »barmherzig«; ahd. *fiorscōʒ* »viereckig«; mhd. *diemuot* »demütig«; mhd. *barhoubet* »mit entblößtem Haupt«; mhd. *swarzmâl* »schwarzfarbig«; mhd. *wankelwitz* »wankelmütig«.

Mit Adverb, Partikel: ahd. *geloub* »genehm«; ahd. *gesprāhhe* »redend, redegewandt«; mhd. *gehaʒ* »hassend«; mhd. *gesite* »geartet«; ahd. *unmëʒ* »ohne Maß«; mhd. *unminne* »unfreundlich, unbeliebt«; mhd. *antvahs* »mit langen Haaren versehen«; mhd. *übermuot* »stolz«.

In den meisten Fällen werden die funktionalen Adjektive auch grammatisch adjektiviert entweder durch die Vertauschung der Glieder (ahd. *falo-fahs* – *fahs-falo* »mit blondem Haar«; selten) oder durch Suffixe:

-*i* (germ. -*ja*-/-*jō*-): ahd. *diomuoti, ubarmuoti* – mhd. *diemüete, übermüete.*

-*ag*-/-*īg*-: ahd. *armhërzīg, diomuotīg, ubarmuotīg* – mhd. *barmhërzec, diemüetic, übermüetec, gespræchec, geheʒʒec, unminnec, barhöubtic, barvüeʒec.*

2. Bedeutung und Bedeutungswandel einiger Beispielwörter

Im folgenden werden Bedeutung und Bedeutungswandel einiger Wörter besonders des religiösen, ethischen und sozialen Bereichs vorgeführt, die in ahd. Texten sowie vor allem in der mhd. höfischen Literatur eine wichtige Stellung einnehmen. Damit wenigstens punktuell deutlich wird, daß der Bedeutungsumfang eines Wortes mitbestimmt ist durch andere Wörter desselben Begriffsfeldes und somit Bedeutungswandel einhergeht mit Umbesetzungen innerhalb dieses Feldes, werden die Wörter, soweit möglich, nach inhaltlicher Zusammengehörigkeit angeordnet und jeweils in Beziehung gesetzt zu einigen Wörtern desselben Sinnbereichs.

Die Stichwörter sind in mhd. Lautgestalt gegeben. Eine alphabetische Aufstellung der Stichwörter und der darüber hinaus in den einzelnen Artikeln behandelten Wörter findet sich im Inhaltsverzeichnis.

221 *hêrre*, ahd. *hēriro* oder *hērōro*, Komparativ zu *hēr* und Lehnbildung nach lat. *senior* in der Bedeutung »der Ältere, Ehrwürdigere«, verdrängt die alten Herrenwörter ahd. *frō* (got. *frauja*; nhd. noch in einigen Zusammensetzungen wie *Frondienst, Fronleichnam* »Leib des Herrn«, vgl. 222) und *truhtīn* »(Kriegs)herr« (mhd. nur auf Gott bezogen). Das Wort wird zum wichtigsten Adelsprädikat (auch für den Klerus gebraucht) und zur bevorzugten Gottesbezeichnung. Unter seinem Einfluß werden mhd. *hêrschaft* und *hêrsen, hêrschen*, Ableitungen von *hêr*, zu Zentralbegriffen der Herrschaftsterminologie (*Herrschaft* und *herrschen* sind formal an *Herr* angeglichen). In einer sozial nicht fixierten Bedeutung wird *hêrre* von der Höflichkeit gebotener Titel. Daraus entwickelt sich die sozial beliebige Herrentitulatur der Neuzeit, besonders in der Anrede (*Herr Meyer*, vgl. ital. *signore*, span. *señor*, franz. *mon-sieur* gegen *seigneur*). Als Gegensatz zu *hêrre* hat *man* im hohen Mittelalter soziale Bedeutung erhalten: als lehnsrechtlicher Begriff heißt *man* »Lehnsmann, Vasall«. Daneben gibt es noch im Mhd. die ursprüngliche geschlechtslose Bedeutung, die im übrigen von der Ableitung ahd. *men(n)isco*, mhd. *mensche* (substantivierte Adjektivbildung zu *man*) »Mensch« getragen wird, aber in *man, jemand, niemand* und in Formeln (*Mann und Maus*) bis ins Nhd. nachwirkt. Im Mhd. ist *man* darüber hinaus hauptsächlich Geschlechtsbezeichnung (*man und wîp*), auch in dem spezielleren Sinn »Ehemann« – wie im Nhd.

222 *vrouwe*, ahd. *frouwa*, sw. f. (zu *frō*, vgl. 221), hat noch im Mhd. ausschließlich soziale Bedeutung und bezeichnet – als Entsprechung zu *hêrre* – die adlige Frau (»Herrin, Dame«, vgl. *unsere liebe Frau*: *notre dame*). Dasselbe gilt für das Diminutiv *vrouwelîn* »junge Dame« und das gleichbedeutende Kompositum *juncvrouwe* (vgl. *junchêrre* »Edelknabe«, nhd. *Junker*). Erst seit dem Spätmittelalter verliert *Frau* die ständische Bedeutung (*Frau Meyer*) und wird zur Geschlechtsbezeichnung sowie – gegenüber dem gleichfalls bedeutungsveränderten *Fräulein* – zur Bezeichnung für die verheiratete Frau. Die Frau im Gegensatz zum Mann und zur unverheirateten Frau ist im Mittelalter *wîp*. Seinen abschätzigen Sinn erhält das Wort seit mhd. Zeit (vgl. dagegen engl. *wife*). Das alte Wort für die unverheiratete und unberührte Frau ist das sozial nicht festgelegte ahd. *magad*, mhd. *maget*, *meit* (»Jungfrau«). Im Diminutiv *Mädchen* bleibt das Wort auch im Nhd. frei von sozialer Fixierung. Schon im Mhd. entwickelt *maget* die im Nhd. herrschende Bedeutung (*Magd* »Dienerin« wie *Knecht*, mhd. = »junger Mann«).

223 *dienest*, ahd. *dionōst*, st.m.n., ist abgeleitet vom Verbum *dionōn, dienen*. Die Wurzel, die auch in *dio-muotī*, *die-müete* »Demut, Erniedrigung«

enthalten ist, bedeutet »Knecht« oder »Gefolgsmann«. *dienest* ist das, wozu man als Knecht oder Gefolgsmann verpflichtet ist. Reiche Anwendung findet das Wort im Feudalrecht. Der Minnesang hat es übernommen, um die Beziehung des Mannes zur *vrouwe* zu kennzeichnen. Auch *dienestman*, im Ahd. »Diener, Helfer« (neben *dienestwīb* »Dienerin«), gewinnt rechtsspezifische Bedeutung als Gegenwort zu lat. *ministerialis* (»Ministeriale«). Erst im 19. Jh. wird der *Dienstmann* zum »Gepäckträger«.

ritter und daneben die etwas ältere Form *rîtære* bezeichnen ihrer Bildung 224
nach (zu *rîten*) einen, der sich fortbewegt (hauptsächlich zu Pferde; vgl. aber engl. *to ride*). In den ältesten Belegen (das Wort ist erst seit dem Ende des 11. Jh.s bezeugt) ist *ritter* ein typisches Dienstwort; es bezeichnet einen abhängigen Mann, der einem Herrn zu Dienst (Militärdienst, Hofdienst) verpflichtet ist. Erst in der höfischen Dichtung wird das Wort zum Adelsprädikat (unter Einfluß von franz. *chevalier*) und verdrängt dann die alte poetische Heldenterminologie (*dëgen, wîgant, recke*) fast völlig. Im adligen Bereich bezeichnet *ritter* spezifisch den adligen Herrn, der feierlich das Schwert geleitet hat. Darüber hinaus ist *ritter* Zentralbegriff der neuen Waffen- und Kampftechnik, der neuen Ethik, des Frauenkults, der höfisch-adligen Kultur überhaupt. Zu einem festen Standesbegriff wird *ritter* erst seit dem 14. Jahrhundert, als sich in den verschiedenen Territorien der niedere Adel als »Ritterstand« konstituiert (vielfach unterschieden vom »Herrenstand«: darin wirkte die Bedeutung des sozial Niedrigstehenden nach). Im Nhd. hält sich *Ritter* als ständischer Begriff und in der Übertragung ins Ethische (vgl. *ritterlich*) gegenüber *Reiter*.

wirt st.m. heißt »Gastgeber« (vgl. nhd. *bewirten*), »Hausherr« (vgl. nhd. 225
Hauswirt), »Gebieter, Herr« (mhd. *dës himels wirt* »Gott«, *dër helle wirt* »Teufel«), »Ehemann« (*wirtes wîp* »Ehefrau«). Die jetzt allein herrschende Bedeutung des gewerblichen Gastgebers (*Gastwirt*) hat das Wort seit dem Mhd. Den Gegensatz *wirt* als des Herrn über eine eigene Haushaltung und *gast* als des Unbehausten macht die Spruchdichtung gern zum Thema, um an die Freigebigkeit der Begüterten zu appellieren. *gast* st.m. bedeutet »Fremder zur Bewirtung« oder »Fremder als feindlicher Krieger« (vgl. lat. *hostis* »Fremdling, Feind«, aber *hospes* »Gastherr, Gastfreund«, auch »Fremdling«; *Hospital*, *Hotel*, engl. *hostel*). Die Einschränkung auf die positive Bedeutung beginnt im Mhd.

edele, ahd. *edili*, Adj. zu ahd. *adal* »(edles) Geschlecht«, bezeichnet ur- 226
sprünglich und grundsätzlich noch im Mhd. eine soziale Qualität, die einem Menschen auf Grund seiner Abstammung zukommt: »von vornehmer Geburt«. Einen abstrakten und juristischen Adelsbegriff hat es aber im hohen Mittelalter noch nicht gegeben (das Subst. *adel* ist viel seltener als *edele*): *edele* heißt nicht »zum Adel gehörig«, sondern »vornehm auf Grund der Herkunft«. Eine Verinnerlichung der Bedeutung begegnet zuerst in mystischen Texten (*edeliu sêle* im 11. Jh., vgl. lat. *anima nobilis*), im

Bereich der höfischen Dichtung am deutlichsten bei Gottfried von Straßburg (*edeleȝ hërze*). In späterer Zeit wird *edele* immer mehr zum Kennwort des Seelenadels, während das neu gebildete *adlig* die alte soziale Bedeutung übernimmt.

227 *rîche*, ahd. *rīhhi*, heißt als Adj. hauptsächlich »mächtig, vornehm« (vgl. got. *reiks* »Herrscher«), dann auch »begütert, reich«, und ist ein wichtiges Adels- und Gottesprädikat. *daȝ rîche* st.n. ist im Mittelalter Gegenbegriff zu lat. *imperium*, meistens in der Bedeutung *Imperium Romanum*; es kann auch den Inhaber der Herrschergewalt, den Träger der Krone bezeichnen und heißt dann unmittelbar »der König« bzw. »der Kaiser« (vgl. *ër stât gebunden vor dem rîche*).

228 *hövesch, hübesch* Adj., abgeleitet von *hof*, im 12. Jh. im Md. gebildet nach dem Vorbild von altfranz. *curtois* (im Süden begegnen auch *hovelîch* und *hovebære*; später ist das Fremdwort *kurtois, kurteis*), ist das Kennwort der neuen, aus Frankreich übernommenen Adelskultur. Der Begriff ist einerseits sozial bestimmt (nur die Adelsgesellschaft am Fürstenhof kann das Prädikat in Anspruch nehmen), andererseits ästhetisch und moralisch, insofern *hövesch* einen hohen Grad an Bildung, Kunstverstand und Gesittung bezeichnet. In beiden Bedeutungen steht das Wort im Gegensatz zu *dörperlîch* »unhöfisch, bäurisch« (vgl. nhd. *Tölpel*), eine Bildung nach dem wohl über die Niederlande (unverschobenes *p*!) vermittelten altfranz. *vilain*. Im Nhd. ist *höfisch* semantisch von *hübsch* unterschieden, das seit dem Frühnhd. die jetzt herrschende Bedeutung »anmutig, schön« entwickelt hat.

229 *wërt*, ahd. *wërd*, Adj., heißt schon im Ahd. sowohl »von bestimmtem Wert« (wie nhd. *das Bild ist hundert Mark wert*) als auch »von hohem Wert, kostbar, vornehm, edel«. In dieser zweiten Bedeutung wurde es durch (und seit) Wolfram von Eschenbach zu einem Schmuckwort der höfischen Epik. Der Akzent liegt auf dem sozialen Rang, doch wird zunehmend auch die innere Qualität eines Menschen damit bezeichnet. Die ethische Bedeutung tritt besonders deutlich hervor in den von *wërt* abgeleiteten Wörtern *Würde* und *würdig* (ahd. *wirdī, wirdīg*, mhd. *wirde, wirdec*).

230 *êre*, ahd. *ēra*, st.f., und einige der folgenden Tugendbegriffe sind in noch stärkerem Maße als schon *wërt* dadurch charakterisiert, daß sie zunächst eine äußere Qualität (einen gesellschaftlichen Wert) bezeichnet haben und erst allmählich zur Bezeichnung einer inneren Qualität geworden sind. In der höfischen Dichtersprache sind äußerer und innerer Aspekt häufig eng aufeinander bezogen. *êre* bedeutet zunächst und grundsätzlich: »Anerkennung, Rang in der Gesellschaft, Wertschätzung, Ansehen, Ruhm«. Daneben (wohl unter Einfluß von lat. *honor*) begegnet seit Notker vereinzelt, in der höfischen Dichtung dann häufiger, *êre* als innerer Wert: »Würde, ehrenhafte Haltung und Gesinnung«. Später wird die moralische Bedeu-

tungsnuance herrschend (seit dieser Zeit zahlreiche Ableitungen: *ehrbar, ehrenhaft, ehrlos, Ehrgefühl* etc.), häufig eingeschränkt auf Vorstellungen der bürgerlichen Sexualmoral (*Ehre* »Jungfräulichkeit«).

vrum, vrom (auch *vrumec, vrümec*) Adj., heißt »nützlich (*vrume* sw.st.m. st.f., ahd. *fruma* st.f. »Nutzen, Vorteil«; vgl. *zu Nutz und Frommen*). In der Bedeutung »tüchtig, tapfer«, auch moralisch »rechtschaffen« wird das Wort ein wichtiges, Personen auszeichnendes Attribut in der höfischen Literatur. Entsprechend bedeutet das Subst. *vrümecheit* st.f. »Tüchtigkeit, Tapferkeit, Trefflichkeit«. Den spezifisch religiösen Sinn der gottgefälligen Haltung gewinnen *fromm* und *Frömmigkeit* erst im 15./16. Jh. 231

tugent, ahd. *tugund, tugid*, st.f., gebildet vom Präterito-Präsens *toug* »es hilft, nützt«, bezeichnet ursprünglich die »Tauglichkeit, Brauchbarkeit, Tüchtigkeit, Kraft« eines Menschen oder eines Dinges (noch im Mhd. wird von der *tugent* eines Schwertes oder eines Steins gesprochen). Durch christliche Schriftsteller wurde das Wort zum Äquivalent von lat. *virtus* und zum Oberbegriff einer ganzen Reihe von Qualitäten wie Selbstbeherrschung, Tapferkeit, Gerechtigkeit, Freigebigkeit u. a. Im Bereich der höfischen Dichtung bezeichnet *tugent* die Vorbildlichkeit des höfischen Verhaltens und der höfischen Gesinnung. Später wird ganz ähnlich wie bei *Ehre* die moralische Bedeutung dominant, mit entsprechender Verengung seit dem 17. Jh. (vgl. *die Tugend des Mädchens*). 232

kiusche, ahd. *kūskī*, (st.) f., heißt »Reinheit, Tugendhaftigkeit«. Das zugehörige, gleichlautende Adj. ist vielleicht eine Entlehnung des lat. *cōnscius* »(der christlichen Lehre) bewußt«. Die Wörter können im Mhd. Selbstbeherrschung in verschiedener Hinsicht bezeichnen, etwa die Mäßigkeit im Essen und Trinken. *kiusche* ist besonders bei Wolfram von Eschenbach im Sinne von »Lauterkeit« eine sehr wichtige Qualität. Die Verengung auf die auch im Mhd. vorhandene Bedeutung – *keusch* »sexuell enthaltsam« – ist wie bei *êre* und *tugent* eine spätere Entwicklung. 233

triuwe, ahd. *triuwa*, st. f., (im Ablaut dazu stehen *trûwen* »trauen« und *trôst*, s. 242) heißt »Gelübde, Versprechen« und ist wichtiger Terminus der Rechtssprache (vgl. got. *triggwa* »Bündnis« sowie die Entlehnungen franz. *trêve* »Waffenstillstand« und mittellat. *treuga Dei* »Gottesfriede« = von der Kirche gebotene Waffenruhe). Als ein Zentralbegriff des Lehnswesens bedeutet *triuwe* die gegenseitige Gebundenheit und Verpflichtung auf Grund eines Lehnsvertrages. Diese Bedeutung liegt auch dem ethischen Begriff *triuwe* der höfischen Dichtung zugrunde. *triuwe* bei Wolfram von Eschenbach ist die unangefochtene verpflichtende Bindung zwischen Menschen oder zwischen Mensch und Gott, häufig gleichbedeutend mit »Liebe« (*got sëlbe ein triuwe ist*: *Deus est caritas*). Später wird die Bedeutung des Wortes enger; sie hat in einzelnen Bereichen charakteristische Weiterentwicklungen erfahren, z. B. im Bereich des Nationaldenkens (*deutsche* 234

Treue) oder der Sexualethik (*eheliche Treue*).

235 *minne*, ahd. *minna*, auch *minnī*, st.f., heißt »Liebe« (lat. *amor, caritas, dilectio*). Eine Bedeutung »Erinnerung, Gedenken« (wie altnord. *minni*, schwed. *minne*; zu vergleichen lat. *me-minī*, *reminīscor* »erinnere mich« u. a. m.) liegt vielleicht der Wendung *minne trinken* »zum Gedächtnis (eines Heiligen) trinken« zugrunde. *minne* bezeichnet außer der Liebe Gottes zu den Menschen und der der Menschen zu Gott die Liebe zwischen Menschen, und zwar christliche Nächstenliebe (häufig *wâriu* oder *rëhtiu minne*), Freundschaft und Wohlwollen sowie die erotische Beziehung zwischen den Geschlechtern. Der Minnesang macht das Wort zum Terminus für die höfische Liebe, die – in der provenzalischen Minnedoktrin entwikkelte – dienende und werbende Verehrung einer *vrouwe* (»Dame«) in der Hofgesellschaft. In späterer Zeit wird *minne* auf die Bezeichnung der sexuellen Beziehung eingeschränkt und dann bis zu seiner literarischen Wiederbelebung im 18. Jh. als nicht gesellschaftsfähig gemieden. An seine Stelle ist seit dem Hochmittelalter *liebe* (ahd. *liubī* mit anderer Bildungsweise) getreten, das seine ursprüngliche, noch im Mhd. geläufige Bedeutung »Wohlgefallen, Freude« (gegenüber *leide* f. »Schmerz, Betrübnis«) aufgegeben hat und nur noch in der anderen, daneben schon ahd. belegten Bedeutung »Zuneigung, Gunst« vorkommt.

236 *milte*, ahd. *milti*, Adj., bedeutet »sanftmütig, gütig, barmherzig, freigebig«. Entsprechendes gilt für das Subst. *milte*, ahd. *miltī* (vgl. die Bildungen ahd. *milda, miltida, miltnissa* »Barmherzigkeit«). In mhd. Zeit, aus der wir fast nur Adelsliteratur kennen, bezeichnen die Wörter vor allem die Freigebigkeit (vgl. nhd. *eine milde Gabe*): *milte* gibt – häufig im Lichte der Vorstellung christlicher Nächstenliebe – lat. *liberalitas* und *largitas* wieder und bildet im Mittelalter neben *rëht* (»Gerechtigkeit«, lat. *iustitia*) die wichtigste Herrentugend (bei Thomasin von Zirclaria die *vrouwe der tugent*). Die allgemeinere Bedeutung (lat. *clementia*) hat sich daneben besonders beim Subst. gehalten und sich im Nhd. auch bei *mild* durchgesetzt.

237 *stæte*, ahd. *stāti*, Adj., gebildet von derselben Wurzel wie *stān* »stehen«, heißt »beständig, fest, unveränderlich, anhaltend« (*unstæte*: »vergänglich, unbeständig, untreu, sich unruhig umhertreibend«, vgl. nhd. *unstet*) und tritt häufig zu Begriffen wie *tugent, triuwe, minne, vröude*. Das Subst. *stæte*, ahd. *stātī*, bildet als »Beständigkeit, Beharrlichkeit, Festhalten (am Guten)« in der höfischen Literatur einen wichtigen Wert, der der lat. *constantia* nahekommt. Erhalten haben sich außer *stets* (mhd. *stætes*, adv. Gen.) nur die Weiterbildungen *stetig* (ahd. *stātīg*) und *Stetigkeit* (mhd. *stætecheit*), jetzt vornehmlich im Sinne der ununterbrochenen Dauer.

238 *mâȝe*, ahd. *māȝȝa*, st.f., eine seit dem Spätahd. belegte Bildung zu *mëȝȝan* »messen«, heißt zunächst »Maß, Größe«, entwickelt sich aber unter dem Einfluß der Kardinaltugend *temperantia* besonders bei Heinrich von Vel-

deke und Hartmann von Aue zum grundlegenden höfischen Idealbegriff: *mâȝe* ist das Maßhalten zugunsten der Mitte, die Dämpfung des Grellen, die Beherrschung der Affekte. *unmâȝe* oder *übermâȝe* führen aus dem Bereich des Höfischen heraus. Seit dem Spätmhd. ist *mâȝe* mit ahd. mhd. *mëȝ* st.n. in Form und Bedeutung zu dem im Nhd. herrschenden *Maß* (spätmhd. *mâȝ* st.n.) zusammengefallen; das Fem. ist noch im 18. Jh. gebräuchlich und deutlich bis jetzt in Wendungen wie *über die Maßen* oder *folgendermaßen* (*mâȝe* »Art und Weise«) erhalten.

zuht st.f. deckt der Bedeutung nach wie das zugrundeliegende Verbum ahd. 239
ziohan im wesentlichen zwei Bereiche: das Ziehen als »Aufziehen, Nähren, Versorgen« (vgl. nhd. *Tierzucht*; auch das Gezogene, Gezüchtete) und als »Erziehen, Bilden, Belehren, Züchtigen« (vgl. nhd. *Zuchthaus*), auch die Bildung als Ergebnis. Der Frucht einer auf die *mâȝe* gerichteten Erziehung entspricht der – innere Haltung und äußeres Benehmen einschließende – höfische Begriff der *zuht*: »edle Bildung, Feingefühl, Liebenswürdigkeit, Höflichkeit« und »feine Lebensart, höfische Manieren«. Im Nhd. zeigt sich eine Verengung der Bedeutung auf diszipliniertes Verhalten (vgl. *Manneszucht*; *zuchtlos*) und auf die Haltung gegenüber sexuellen Beziehungen (vgl. *züchtig*; *Unzucht* gegen mhd. *unzuht* »Ungezogenheit«).

muot st.m. (ahd. auch n.) bezieht sich vornehmlich auf die Gemütsverfas- 240
sung (vgl. engl. *mood* »Stimmung«, got. *mōþs* »Zorn«) und heißt dann »Stimmung, Gesinnung«, kann aber darüber hinaus so gut wie alle seelischen Kräfte und Strebungen bezeichnen (es vertritt vor allem lat. *mens* und *animus*), insbesondere »Gemüt, Empfinden, Herz« sowie »Denkkraft, Sinn, Verstand« und »Begehren, Entschluß, Absicht«. Die alte weite Bedeutung ist noch lebendig in einigen Wendungen und Zusammensetzungen (vgl. *zu Mute sein, frohen Mutes, Hochmut*); die Einschränkung auf die Bedeutung »Beherztheit« (mhd. *ellen*) erfolgt seit frühnhd. Zeit. Die schwer übersetzbare Prägung *hôher muot* (auch *hôchmuot*) bezeichnet in der höfischen Literatur ein Hochgefühl der adligen Gesellschaft und der ihr Zugehörigen, das in dem Bewußtsein gründet, an einem durch höfische Bildung, ritterliche Bewährung und festlichen Glanz ausgezeichneten außerordentlichen Dasein teilzuhaben (vgl. auch lat. *magnanimitas*). *hôher muot* und *hôchmuot* haben schon im Mhd. besonders in geistlicher Literatur auch negativen Sinn wie nhd. *Hochmut* (lat. *superbia*, das sonst mit *hôchvart*, nhd. *Hoffart*, und *übermuot* wiedergegeben wird).

genâde, ahd. *ginâda*, st.f., meint »Ruhe, Behaglichkeit« (*diu sunne gêt ze* 241
genâden »zur Ruhe«), besonders aber die »helfende Geneigtheit«, die Vergünstigung, auf die man keinen Anspruch hat (vgl. got. *niþan* »jemanden unterstützen«). Der Begriff erstreckt sich im Mittelalter auch auf die Beziehung zwischen Gleichgestellten; im übrigen kann der Sieger dem Besiegten, der Richter dem Verurteilten (vgl. nhd. *begnadigen*), Gott dem

sündigen Menschen *genâde* erweisen. Im Minnesang bezeichnet das Wort die Erhörung durch die Dame. Schließlich kann es auch »Dank« bedeuten. In der jetzt allein herrschenden – sieht man von Anreden wie *gnädige Frau* ab – religiösen Bedeutung hat sich ahd. *ginãda* als die von der irischen Mission in Süddeutschland eingeführte Wiedergabe von lat. *gratia* durchgesetzt gegen andere Übersetzungen, nämlich gegen das wohl der angelsächsischen Mission zugehörige *gëba*, das der südöstlichen Kirchensprache vertraute *anst* (vgl. got. *ansts*, zum Präterito-Präsens *an* »ich gönne«, wozu auch *Gunst*), die im Westen begegnende Bildung *ēragrëhtī* (zu *ēra* und *girëht*) und schließlich gegen das im Norden entsprechend verwendete alte Gefolgschaftswort *huldī* (zum Adj. *hold*). *hulde*, bezogen auf das Gefolgschaftsverhältnis, kann sowohl die Geneigtheit des Gefolgsherrn wie die Ergebenheit des Gefolgsmanns bezeichnen (ebenso heißt *hold* »zugeneigt« und »ergeben«). In der höfischen Dichtung, insbesondere im Minnesang wird das Wort analog für die Haltung der Dame und für die des Minnenden gebraucht. *gotes und dër wërlde hulde* zu erringen gilt vor allem in der höfischen Literatur als die Daseinsaufgabe. Meist in Höflichkeitsformeln begegnet *hulde* als »Erlaubnis (*mit iuwern hulden*). Im Nhd. ist die Bedeutung auf die Haltung des Höhergestellten dem Niederen gegenüber eingeschränkt (gerade dieser Aspekt ist dagegen aufgegeben in *huldigen*).

242 *trôst* st.m. heißt »Zuversicht, Vertrauen« (vgl. nhd. *getrost*, engl. *trust* »Vertrauen«, got. *trausti* »Bündnis, Vertrag« zu *trauan*, ahd. *trūwēn*; s. auch *triuwe*: 234), dann als ahd. Wiedergabe von lat. *consolatio*, die sich von Süddeutschland aus durchgesetzt hat, auch »Ermutigung, Hilfe«. Häufig wird das Wort in der persönlichen Bedeutung »Helfer(in), Schützer(in)« gebraucht, insbesondere in Beziehung auf den Heiligen Geist (vgl. auch *trœstære, trôstgeist*), aber auch auf Recken und Artusritter, schließlich auf die Minnedame, von der Erfüllung erhofft wird. Die engere, lat. *consolatio* entsprechende Bedeutung ist im Nhd. die herrschende geworden.

243 *sælde*, ahd. *sālida*, st.f., heißt »Glück, Heil, Segen«; es bezeichnet das zuteilwerdende Glück wie auch den Zustand des Beglücktseins (lat. *felicitas*). Speziell wird *sælde* für »himmlische Seligkeit« gebraucht, im übrigen greifen religiöse und profane Bedeutung ineinander. Für *sælde* kann weithin die abweichende Bildung *sælecheit*, ahd. *sālīgheit*, st.f., eintreten. Mit *sælecheit* aber verbindet sich mehr als mit *sælde* die Vorstellung einer Qualität: »Wohlgeartetheit, Vollkommenheit« (zum Adj. *sælec* »gesegnet, gut, fromm, selig«; vgl. lat. *beatus* und got. *sēls* »gut, gütig«). *sælde* und *sælecheit* berühren sich in der Bedeutung eng mit *heil* st.n. »Gesundheit, Wohlergehen, Glück« (das gleichlautende Adj. heißt »gesund, ganz, unversehrt«; vgl. engl. *whole*), besonders »Rettung« (lat. *salus*) im christlichen Sinne von »Seelenheil« (vgl. *heilant*: *salvator*). *heil* als Gruß ist ein Segenswunsch (tritt oft für lat. *salve* ein). Lat. *fortuna* entsprechen *sælde* als

(vielfach personifizierte) unberechenbare Verleiherin des Glücks (*sælde diu ist sinewël* »das Glück ist rund«) und *heil* als ungewisser, glücklicher oder unglücklicher Ausgang (vgl. nhd. *sein Heil versuchen*); als Wiedergabe von *fortuna* aber setzt sich das seit dem 12. Jh. belegte *gelücke* st.n. durch. *gelücke* heißt indifferent »Geschick, Zufall, Glück« (vgl. engl. *luck*), dann auch auf das Positive eingeschränkt »günstiges Los, Erfolg« (engl. *good luck* gegen *bad luck*). Als »erfreulicher Zustand« hat das Wort das im Spätmittelalter untergegangene *sælde* abgelöst, als »Gefühl der Freude« steht es neben *Seligkeit* im nichtreligiösen Sinn.

leit st.n. bezeichnet noch im Mhd. das angetane oder widerfahrende Böse, 244
Unerfreuliche (im Gegensatz zu *liep* n. »das Erfreuliche, Angenehme«); diese Bedeutung erhält sich in nhd. Wendungen wie *sich ein Leid antun* (vgl. *beleidigen*). Schon im Mittelalter kommt dem Wort daneben die in neuerer Zeit vorherrschende Bedeutung »tief empfundener Schmerz« (besonders über den Verlust eines Menschen) zu, in der es *riuwe* verdrängt hat. *riuwe*, ahd. *(h)riuwa*, st.sw.f., bedeutet allgemein »(seelischer) Schmerz, Kummer, Trauer« (es gibt vielfach lat. *dolor* wieder), wird aber durch die Anwendung auf die christliche Bußlehre früh spezialisiert auf »Betrübnis über Getanes oder Unterlassenes« und vertritt entweder lat. *poenitentia* »Sinnesänderung, Buße« oder *contritio cordis* (den ersten Teil des Bußsakraments) »Zerknirschung, Reue«.

arbeit st.f. bezeichnet im Mittelalter vornehmlich »Mühsal, Not, Bedräng- 245
nis« (vgl. griech. *orphanós* »verwaist«, lat. *orbus* dass.; got. *arbi*, ahd. *erbi* »das Gut für den oder die Hinterbliebenen«); entsprechend heißt *arbeitsam, arbeitlich* »mühselig«. *arbeit* ist die Not, die man erleiden muß, aber auch jene, die man freiwillig übernimmt: sich in Kampfesnot zu bewähren ist im höfischen Roman der Weg des Ritters, Ansehen und ethisch-religiöse Läuterung zu erlangen. Die von der höfischen Literatur weithin ausgeklammerte Bedeutung von *arbeit* als einer zweckmäßigen, beruflichen Tätigkeit und deren Produkt gibt es seit dem Ahd.; neueren Datums sind nur die Einschränkung des Worts auf diesen Bedeutungsbereich sowie die Wandlung und Differenzierung des Begriffs mit der Veränderung von Produktionsweise und ökonomischer Theorie.

âventiure f., im 12. Jh. entlehnt aus altfranz. *aventure*, das aus mittellat. 246
adventura (»was auf einen zukommt, was sich ereignet«) gebildet ist, wird in der Bedeutung »wunderbare, gefährliche Begebenheit« und, sofern die Gefahr als eine Möglichkeit ritterlicher Bewährung gesucht wird, »ritterliches Wagnis« zu einem Zentralwort der höfischen Epik, die von den ritterlichen »Abenteuern« der Artushelden erzählt. Nhd. *Abenteuer*, als Neutr. seit dem 16. Jh. gebräuchlich und aufgrund von Volksetymologie an *Abend* und *teuer* angeglichen, hat von dem ritterlichen *âventiure*-Begriff kaum etwas bewahrt. *âventiure* wird schon früh auch für die Erzählung

und Dichtung von Rittertaten gebraucht im Sinne von »ritterliche Erzählung, Dichtung« oder »literarische Quelle, poetische Vorlage«. Das Wort kann auch einen Abschnitt der Dichtung meinen (vgl. die Aventiuren des Nibelungenlieds). Die neben *âventiure* wichtigste Bezeichnung für eine erzählende Dichtung ist *mære* st.n., das für ahd. *māri* n. »Nachricht, Kunde, Erzählung« und *mārī* f. »Ruhm« steht (das im Spätmittelalter ausgestorbene Adj. *mære*, ahd. *māri*, heißt »bekannt, berühmt«, vgl. got. *mērjan* »künden«, dann auch »herrlich, gewaltig, wichtig, lieb« gegenüber *unmære* »gering geachtet, gleichgültig, widerwärtig, verhaßt«). Einige Bedeutungen des jetzt ungebräuchlichen *mære* sind auf das Diminutiv *Märchen* (seit dem 15. Jh.) »wunderbare Geschichte, Erdichtetes« übergegangen.

247 *list* st.m. (auch f., wie nhd. ausschließlich) gehört zu dem Präterito-Präsens got. *lais* »verstehe, weiß« (dazu *laisjan*, ahd. *lēren*; schwundstufig wie *list* ist *lërnēn, lirnēn*) und bedeutet entsprechend »Weisheit, Klugheit« (so *gotes list, menneschlîcher list*), spezieller »Kenntnis, Wissen, Wissenschaft, handwerkliche Fertigkeit«, insbesondere auch »Magie« (s. *zouberlist*). Das Wort vertritt lat. *scientia, ars* (*die siben liste* sind die *septem artes liberales*). Seit den frühesten Belegen hat *list* daneben die Bedeutung »Schlauheit« im üblen Sinne, »Trug«, die seit dem Frühnhd. herrscht; allerdings ist der negative Aspekt in früherer Zeit wie noch in *Arglist, Hinterlist* vielfach eigens kenntlich gemacht. *list* in der positiven Bedeutung ist verdrängt worden von *kunst*, mit dem es im Mittelalter konkurriert (*swër sîner kunst meister ist, dër hât gewalt an sîner list*). *kunst* st.f., gebildet zu dem Präterito-Präsens *kan* »weiß, verstehe« (vgl. *kennen, kund*; lat. [g]*nōscere* »erkennen«), bezeichnet die geistige Fähigkeit (gegenüber *maht* zum Präterito-Präsens *mag*: »Imstandesein, Vermögen, Kraft«), die Weisheit (*gotes kunst*), insbesondere die durch Übung oder Studium erlernte Fertigkeit und Kenntnis auf den verschiedensten Gebieten (*swarziu kunst* »Magie«, *Redekunst, die sieben freien Künste* usw.). Die lat. Entsprechungen sind, ähnlich wie für *list*: *scientia, ars, doctrina, disciplina. Künstler* kann noch zu Beginn der Neuzeit »Gelehrter« bedeuten. Erst im 18. Jh. wird *Kunst* zur Bezeichnung einer originären, an Regeln und Lehren nicht gebundenen Schöpfung in Dichtung, Musik, Malerei, Plastik, die zuvor *schöne Künste* geheißen hatten.

Anhang: Laute und Schriftzeichen

1. Zum phonetischen System der Laute

Die Laute lassen sich nach den Gesichtspunkten Material, Artikulationsart, Artikulationsort sowie Ablauf nach Dauer und Stärke (Intensität) bestimmen und einordnen.

1.1. Material

Der notwendige Luftstrom kann – bei jeder Artikulationsart – entweder als 248
nicht veränderter Atemstrom oder unter vollem Mitschwingen der Stimmbänder als Stimmstrom eingesetzt werden. Mit Hilfe des Atemstroms werden s t i m m l o s e, mit Hilfe des Stimmstroms s t i m m h a f t e Laute erzeugt.

1.2 Artikulationsart

Die Artikulationsart eines Lautes ergibt sich aus der Stellung des jeweils 249
entscheidenden beweglichen Sprechorgans (Lippen, Zunge) in bezug auf ein Gegenüber (z. B. Zungenblatt gegenüber den Oberzähnen): die drei möglichen Stellungen sind Verschlußstellung und Engestellung einerseits sowie Öffnungsstellung andererseits.

1.21 Geräuschlaute

Sowohl bei Verschluß- als auch bei Engestellung entstehen durch Atem- 250
und Stimmstrom geräuschhafte Laute (Geräuschlaute):

- im Falle der Verschlußstellung stimmlose oder stimmhafte V e r s c h l u ß l a u t e (nach der antiken Grammatik werden stimmlose Verschlußlaute auch als Tenues, stimmhafte als Mediae bezeichnet). Beispiel: *p – b* in engl. *pull – bull.*
- im Falle der Engestellung stimmlose oder stimmhafte R e i b e l a u t e (Frikative; in den Grammatiken auch als Spiranten bezeichnet). Beispiel: *f – w* in nhd. *fahren – waren.*

Die Verbindungen von Verschlußlauten mit den jeweils homorganen (ortsgleichen) Reibelauten zu einheitlichen Lauten stellen die A f f r i k a t e n dar: *pf* und *z* [ts]; für den äußersten Süden des deutschen Sprachgebiets kommt *ch* [kx] hinzu.

1.22 Stimmlaute

251 Bei Öffnungsstellung entstehen in jedem Fall geräuschlose Laute (Stimmlaute):

- mit Atemstrom Hauchlaute
- mit Stimmstrom Vokale

  Vokale werden im wesentlichen nach der Klangfarbe (und nur sekundär nach der Quantität) unterschieden: sie wird bestimmt durch die Organstellung (hauptsächlich der Zunge) und den damit gegebenen Resonanzraum.

  Neben die einfachen Vokale stellen sich die Diphthonge als (gleitende) Verbindungen zweier Vokale bzw. von Vokal und Halbvokal (*i̯*, *u̯*) in gleicher Silbe.

1.23 Halblaute

252 Zwischen den Geräuschlauten auf der einen und den reinen Stimmlauten auf der anderen Seite liegen – im wesentlichen als Öffnungs-, d. h. als geräuschlose Laute – die Halblaute: einerseits die Halbkonsonanten, nämlich die Nasale (*m*, *n*) und die Liquiden (*l*, *r*), andererseits die Halbvokale, nämlich *i̯* und *u̯*, die man auch als die Vokale *i* und *u* in konsonantischer Funktion bezeichnen kann. Im Mhd. bereits sind die Halbvokale *i̯* und *u̯* in weiche Reibelaute (*j* bzw. *w*) übergegangen.

1.3 Artikulationsort

253 Unter dem Artikulationsort versteht man diejenige Stelle, an der das jeweils entscheidende bewegliche Sprechorgan Verschluß oder Enge bildet. Ist das bewegliche Sprechorgan die Zunge, so wird nur das jeweilige Gegenüber bezeichnet, also z. B. Gaumensegel (hinterer, weicher Gaumen: Velum – velar), (harter) Gaumen (Palatum – palatal), Gaumen und Zahntaschen (Palatum u. Alveolen – palato-alveolar) oder Zahndamm bzw. Schneidezähne (dental); in den übrigen Fällen wird auch das bewegliche Organ, z. B. die Unterlippe (Labium), mitbezeichnet: labiodental, bilabial.

1.4 Ablauf

Der Ablauf der Artikulation läßt sich nach Dauer und Stärke (Intensität) bestimmen. 254

- Nach Dauer werden kurze und lange Laute unterschieden. Das betrifft keineswegs nur Vokale, sondern im Ahd. und Mhd. – anders als im Nhd. – auch Konsonanten: Doppelschreibung eines Konsonanten bezeichnet im Ahd. und Mhd. lange Konsonanz. Solche »gedehnten« Konsonanten nennt man Geminaten, die Konsonantendehnung selbst Gemination.
- Nach Stärke (Intensität) werden – im wesentlichen bei den Geräuschlauten – Fortes (auch behaucht), Halbfortes und Lenes unterschieden. Die Einteilung nach der Intensität des Luftstroms ist an sich zwar unabhängig von Stimmhaftigkeit und Stimmlosigkeit, tatsächlich aber verbinden sich in den einzelnen Sprachen nicht alle drei Intensitätsgrade sowohl mit Stimmhaftigkeit als auch mit Stimmlosigkeit. Für die mhd. Zeit kommen neben stimmlosen Fortes und Halbfortes fast ausschließlich stimmlose Lenes in Betracht.

2. Schematische Darstellungen der ahd. und mhd. Konsonanten und Vokale

Bei den folgenden Tabellen ist zu beachten: 255

- Die übliche Zusammenfassung der Geräuschlaute und der Halbkonsonanten zur Gruppe der Konsonanten – gegenüber den Vokalen – ist nicht phonetisch (s. 248–252), sondern funktionsmäßig begründet: allein die Vokale können im Deutschen Silbenträger sein.
- Über die phonologisch relevanten Werte hinaus sind auch einige wichtige stellungsbedingte Varianten (z. B. stimmloses *s* – stimmhaftes *s*; Fortis (germ.) *f* – Lenis *v*) berücksichtigt.
- Die schematischen Darstellungen verzichten auf eine Reihe in der Phonetik üblicher Differenzierungen: die hier gewählte Form der Darbietung soll die wichtigsten, in den Lautveränderungen (Lautverschiebung, Assimilationserscheinungen) erkennbaren Zusammenhänge deutlich werden lassen. Aus diesem Grunde wird z. B. auf der einen Seite bei den Labiallauten nicht zwischen Bilabialen und Labiodentalen unterschieden, werden auf der anderen Seite aber bei den *s*-Lauten ʒ und stimmloses *s* (das, soweit es nicht *sch* wurde, schon seit Ende des 12. Jahrhunderts mit jenem zusammenfiel: vgl. 39) gegeneinander abgegrenzt; nur aus diesem Grunde werden auch die – hier aufgrund ihrer Funktion berücksichtigten – Halbkonsonanten in das auf die Geräuschlaute bezogene System der Artikulationsstellen eingeordnet.

	labial	dental	pal.-alv.	pal.	velar
Verschluß-laute	*b / p*	*d / t*			*g / k*
Affrikaten	*pf*	*z*			*ch* [kx]
Reibelaute	⟨*w*⟩, *v / f* (*v*)	*/ ȥ*	*s / s*, ⟨*sch*⟩	*j /*	*/ ch* (*h*, *hh*)
Nasale	*m*	*n*			
Liquiden		*l* *r*			

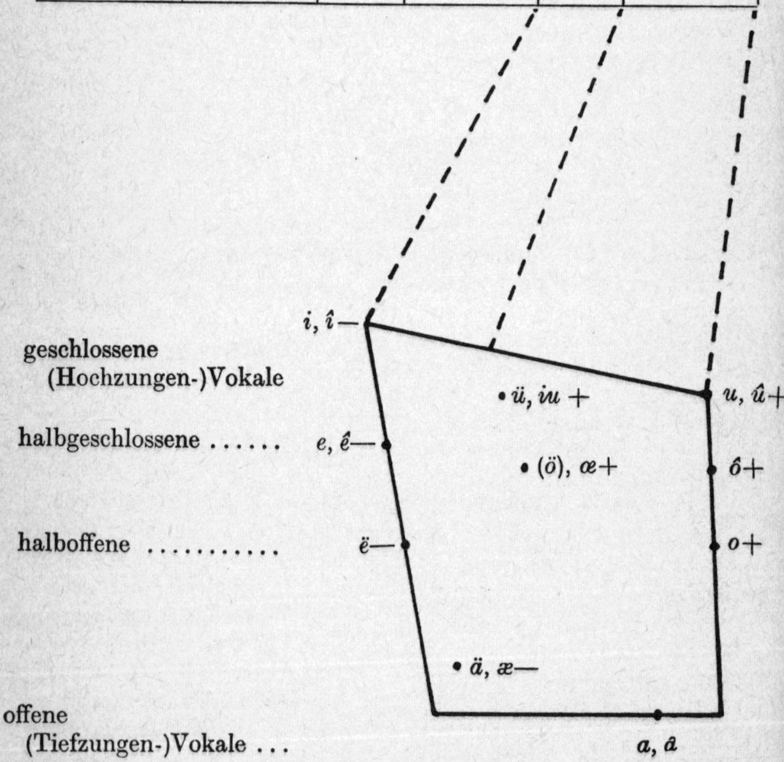

Anmerkung zur Konsonantentabelle:

In [ ] stehen die Symbole für die phonetischen Werte.

Durch / sind Stimmlosigkeit/Stimmhaftigkeit bzw. Fortes/Lenes gegeneinander abgegrenzt.

In ⟨ ⟩ sind die Schriftzeichen für solche Laute angegeben, die erst für das Mhd. (oder das Frühnhd.) gelten.

In ( ) stehen gebräuchliche Schriftzeichenvarianten. Die verschiedenen Schreibungen hängen zum Teil von der Stellung des Lautes im Wortkörper ab, zum Teil sind sie Sache der drucktechnischen Einrichtung (vgl. 257–259).

Anmerkung zur Vokalskala:

Die Laute sind angeordnet nach Grad und Richtung der Zungenhebung. Die Zeichen + und − bedeuten Lippenrundung bzw. Lippenspreizung. Die im Obd. sehr offenen Laute *ä* und *æ* sind im Md. (und in Teilen des Alem.) mit dem halboffenen *ë* zusammengefallen; in einigen md. Dialekten wird sogar *æ* mit *ë* im Reim gebunden.

Die Diphthonge (die sich aufgrund ihrer phonetischen Struktur nicht als Punkt wiedergeben lassen) kann man allgemein danach unterscheiden, ob die Zunge bei der Artikulation nach oben oder ob sie nach unten gleitet. Zur ersten Gruppe gehören ahd. *ei* und *ou* (mhd. *ei, ou* und *öu*), zur zweiten ahd. *iu, io, ie, ia* und *uo* (mhd. *ie, uo* und *üe*).

3. Schriftzeichen

Eine normative Orthographie, wie sie der »Duden« für die nhd. Schrift- 256
sprache fixiert, gab es für die geschriebene Sprache in ahd. und mhd. Zeit nicht. Derselbe Laut und dasselbe Wort wurden von ein und demselben Schreiber häufig auf verschiedene Weise geschrieben. Ein Grund für die verwirrende Vielfalt und die scheinbare Willkürlichkeit der Schreibweisen liegt darin, daß es sehr schwer war, mit Hilfe der relativ wenigen Zeichen, die das lateinische Alphabet zur Verfügung stellte, die komplizierte und ganz andersartige Lautstruktur der deutschen Dialekte wiederzugeben. Besonders schwankend ist demgemäß die Schreibweise für die Laute, die es im Lateinischen nicht gab, also für die meisten Diphthonge und die Umlaute sowie für die Affrikaten und langen Reibelaute.

Aus praktischen Gründen werden in den Grammatiken und in den Ausgaben insbesondere mittelhochdeutscher Texte die mannigfaltigen Bezeichnungen der einzelnen Lautwerte vereinheitlicht bzw. solche Lautwerte, die in den Handschriften in der Regel nicht eigens bezeichnet sind, durch vereinbarte Zeichen allererst markiert. (Dies gilt z. B. für die Mehrzahl der Umlaute, vor allem für die Kürzen *ä*, (*ö*), *ü* und die Längen *æ, œ*; ferner sind lange Vokale, die in mittelalterlichen Handschriften nur gelegentlich durch Akzente, Doppelschreibungen oder Längenstriche bezeichnet werden, durchweg kenntlich gemacht: für das Ahd. durch Längenstriche, z. B. *ā*, für das Mhd. durch Zirkumflexe, z. B. *â*.)

257 In den (normalisierten) Textausgaben und in den Grammatiken werden üblicherweise folgende Schriftzeichen verwendet:

a) Geräuschlaute und Halbkonsonanten
b, *c*, *d*, *f*, *g*, *h*, *j*, *k*, *l*, *m*, *n*, *p*, *q*, *r*, *s*, *ʒ*, *t*, *v*, *w*, (*y*), z.

b) Vokale
a, *â*, *ë*, *e*, *ê*, *i*, *î*, *o*, *ô*, *u*, *û*;
ä, *æ* (*ae*), *ö*, *œ* (*oe*), *ü*, *iu* (d. i. mhd. *ǖ*);
ei, *ie*, *ou*, *öu* (*öi*), *uo*, *üe*, (ahd. *iu*).

258 Bezeichnung einunddesselben Lautwertes durch verschiedene Zeichen liegt auch bei normalisierter Schreibung noch in folgenden Fällen vor:

a) für die ahd. und mhd. velare Verschlußlautfortis wird entweder *k* oder, vor allem nach Vokalen im Wort- und Silbenauslaut, *c* geschrieben (ahd. *dacta*, mhd. *tac*);
b) der velare lange Reibelaut wird für das Ahd. anfangs durch *hh*, für das Mhd. durch *ch* wiedergegeben (ahd. *sprëhhan*, mhd. *sprëchen*);
c) die dentale Affrikata wird bezeichnet im Wortanlaut und nach Konsonant durch z (ahd. *hërza*, mhd. *zeichen*), nach Vokal im Inlaut ahd. zz, mhd. *tz* (ahd. *sizzen*, mhd. *sitzen*), nach Vokal im Auslaut ahd. z, mhd. z oder *tz* (ahd. *scaz*, mhd. *schaz*, *schatz*);
d) die labiale Affrikata wird im Ahd. durch *ph* oder *pf*, im Mhd. zumeist durch *pf* wiedergegeben (ahd. *phlëgan*, mhd. *pflëgen*).

259 Bezeichnung verschiedener Lautwerte durch einunddasselbe Zeichen liegt auch bei normalisierter Schreibung noch in folgenden Fällen vor:

a) z steht im Wortanlaut und nach Konsonant für die dentale Affrikata (s. oben c), nach Vokal meistens für den dentalen Reibelaut (Verschiebungs-*s*: ahd. mhd. *ûz*; vgl. jedoch mhd. *schaz* = *schatz*); zwecks genauer Unterscheidung schreiben die meisten Grammatiken (kaum jedoch Textausgaben) für diesen Reibelaut *ʒ*;
b) *s* bezeichnet im Ahd. intervokalisch stimmhaften, in den übrigen Stellungen wohl nur stimmlosen Reibelaut; im Mhd. steht *s* für stimmhaften oder stimmlosen Reibelaut etwa entsprechend der nhd. Regelung;
c) *ch* kann im Südobd. (vgl. 20) sowohl langen Reibelaut als auch Affrikata bezeichnen;
d) *h* bezeichnet ahd. mhd. im Wort- und Silbenanlaut Hauchlaut (ahd. *hant*, mhd. *nâhe*), im Auslaut sowie vor *s* und *t* einen Reibelaut (ahd. *sah*, mhd. *naht*);
e) *e* bezeichnet im Ahd. und Mhd. entweder kurzes offenes *e* (in den Grammatiken meistens *ë* geschrieben) oder kurzes geschlossenes *e* (Umlauts-*e*, in den Grammatiken bisweilen *ẹ* geschrieben); die meisten höfischen Dichter haben diese beiden *e*-Laute nicht miteinander gereimt (mhd. *wëllen* »wälzen« – mhd. *wellen*, *weln* »wählen«).

260 Im übrigen ist zu beachten:

– *iu* bezeichnet im Ahd. einen Diphthong, im Mhd. aber den langen Monophthong [yː];
– *ei* und *ou* haben im Ahd. und weithin auch im Mhd. die Lautwerte [eɪ] bzw. [oʊ];

- *ie* ist im Ahd. und Mhd. Diphthong (d. h. *e* bezeichnet nicht Länge des *i* wie im Nhd., z. B. in *Lied*);
- alle ahd. und mhd. Vokale, die – in entsprechend eingerichteten Ausgaben – keine Längenbezeichnung tragen, sind kurz;
- *h* ist im Ahd. und Mhd. entweder Hauchlaut oder aber Reibelaut (niemals Längenbezeichnung wie häufig im Nhd., z. B. in *Hahn*);
- anlautendes *s* in *sp* und *st* hat gewöhnlich nicht den Lautwert [ʃ].

Texte zur begleitenden Lektüre

Die folgenden Textstücke wurden unter zwei verschiedenen Gesichtspunkten ausgewählt: die Vergleichstexte sind für die Illustration der im Teil A. knapp skizzierten lautlichen, flexivischen, syntaktischen und wortgeschichtlichen Wandlungen gedacht; die übrigen Texte sollen vornehmlich mit den sprachlichen Verständnisproblemen bekanntmachen, die mittelalterliche deutsche Texte aufgeben. Entsprechend sind die beigefügten Anmerkungen ausgerichtet; bei deren Anlage ist vorausgesetzt, daß zur Lektüre wenigstens die kleinen Wörterbücher – das von Schützeichel für das Althochdeutsche und das »Mittelhochdeutsche Taschenwörterbuch« von Lexer (s. Bibliographie 4.3) – herangezogen werden.

Die Texte werden in der Form abgedruckt, in der die benutzten Ausgaben sie darbieten. Eine Ausnahme bilden nur die ahd. Texte, in denen vokalische Längen kenntlich gemacht sind (z. B. langes *a* in *nāmun*). Im übrigen fehlen in den Texten graphische Unterscheidungen, die im Darstellungsteil vorgenommen worden sind, wie z. B. die zwischen Umlaut-*e* und offenem *ë*, zwischen Verschiebungs-*s* (ʒ) und Affrikata (z). Graphische Eigentümlichkeiten bis hin zu den Kürzeln wurden beibehalten (z. B. *uuarf* = *warf*, *uuntrota* = *wuntrota*, *uragite* = *vragite*, *vnd* = *und; ihs̄* bzw. *ih'c* = *ihesus*, *habē* = *haben*, *vñ* = *vnd*, *nām̃* = *nāmen*); vor allem die vielfach wechselnden Bezeichnungen für Reibelaute, Affrikaten, Umlaute etc. mögen die Schwierigkeiten dokumentieren, die der Wiedergabe deutscher Laute mit Hilfe des lateinischen Alphabets im Wege standen (vgl. 256–259).

Vergleichstexte

(Übersetzungen von *Matth.* 27, 5–14)

a. Gotische Bibel[1]

(5) jah atwaírpands þaim silubr⟨ein⟩am in alh aflaiþ, jah galeiþands ushaíhah sik. (6) iþ þai gudjans nimandans þans skattans qeþun: ni skuld ist lagjan þans in kaúrbaúnan, unte andawaírþi bloþis ist. (7) garuni þan nimandans usbaúhtedun us þaim þana akr kasjins, du usfilhan ana gastim. (8) duþþe haitans warþ akrs jains akrs bloþis und hina dag. (9) þanuh usfullnoda þata qiþano þaírh Iaíraímian praúfetu qiþandan: jah usnemun þrins tiguns silubreinaize andawaírþi þis waírþodins, þatei garahnidedun fram sunum Israelis, (10) jah atgebun ins und akra kasjins, swaswe anabauþ mis frauja. (11) iþ Iesus stoþ faúra kindina, jah frah ina sa kindins qiþands: þu is þiudans Iudaie? iþ Iesus qaþ du imma: þu qiþis. (12) jah miþþanei wrohiþs was fram þaim gudjam jah sinistam, ni waíht andhof. (13) þanuh qaþ du imma Peilatus: niu hauseis ƕan filu ana þuk weitwodjand? (14) jah ni andhof imma wiþra ni ainhun waúrde, swaswe sildaleikida sa kindins filu.

[1] Zum Lautwert der Schriftzeichen: *o* = *ō*; *e* = *ē*; *ei* = *ī*; *aí* = kurzes offenes *e*; *aú* = kurzes offenes *o*; *ai* = Diphthong; *au* = Diphthong; *z* = stimmhaftes *s*; *h* = stimmloser velarer Reibelaut; *ƕ* = stimmloser labiovelarer Reibelaut; *þ* = stimmloser dentaler Reibelaut.

b. Monsee – Wiener Fragmente (Anfang des 9. Jh.s; bair. Abschrift eines rheinfränk. [?] Originals)[1]

(5) Enti aruuarf[2] · *dea*[3] *pendinga ⟨...⟩ danan enti kēnc*[4] *arhēnc*[5] *sih*[6] *in striche*[7] *(6) ⟨...⟩ duo*[8] *dero ēu*^{v}*arto*[9] *nāmun dea pendinga ⟨...⟩ Ni muoz man dea lecchen*[10] *in geldfaz ⟨...⟩ bluotes uuerd*[11]. *(7) sintun*[12] *karātanes ⟨...⟩ chauftun mit dēm*[13] *⟨...⟩ z enes ⟨...⟩ za*[14] *grabum; (8) Bidiu*[15] *ist*

[1] In einigen Fällen wird hinsichtlich der Zusammen- und Getrenntschreibung von der angegebenen Edition abgewichen.

[2] = *arwarf*, gegenüber *-wairpands* Text a., *worp* h.: 2. Lautverschiebung; (vgl. aber – rheinfränk.? – unverschobenes *p* in *pendinga*; Text h.: *penninge*.)

[3] S. zu Text d. Anm. 6.

[4] Zu *ē* gegenüber *ea*, *ia* (*giang*), *ie* s. 26 (vgl. *hēlden* »hielten« Text h. V. 7); *k* bzw. *c* (statt *g*): 2. Lautverschiebung (vgl. *ka-* für *ga-*, *gi-* in *karātanes*, *kanemnit*, *kaquetan*, *kabōt*, aber: *ghachurun*, *gahōris*).

[5] Gegenüber *ushaíhāh* Text a.: vgl. 79. 80, Klasse VII; gegenüber *erhieng* Text c.: s. oben Anm. 4.

[6] Vgl. *sik* Text a., *sick* h.: 2. Lautverschiebung.

[7] Affrikata *ch* [kx] statt *k* (vgl. *stricu* Text c., nhd. *Strick*): 2. Lautverschiebung.

[8] Diphthongierung von *ō* (vgl. *bluotes* gegenüber *blōþis* Text a., *blōdes* h., *blood* i.); sonst ahd. mhd. meist *dō*.

[9] *ē-(ēwa-)wart* »Gesetzeshüter, Priester«; vgl. Text d. (V. 12). *heithaftōno*, G. Pl. des subst. gebrauchten Adj. *heithaft* (Ableitung von *heit* m. f. »Person, Wesen, Rang, Stand«) »zum Priesterstande gehörig«, nur bei Tatian (Text c.), der sonst für lat. *sacerdos* das Wort *biscof* hat. Vgl. *prîster*, *priester* Texte e. g. h. k. l., *pfaffe* f.

[10] *cch* für westgerm. *gg* (Gemination durch *j*: s. 64; vgl. *lagjan* Text a.), sonst alem. bair. *lekken*, fränk. *leggen*.

[11] st. n. »Preis«, vgl. *anda-waírþi* Text a. »Wert, Erlös«, Text c. und *werde* f.; dagegen *lôn* e., *gelt* g. h. k. l.

[12] Dieses Wort und einige weitere des Satzes sind wegen der fragmentarischen Überlieferung nicht sicher bestimmt.

[13] D. Pl. des Demonstrativums (»diesen«). Zum Monophthong *ē* für germ. *ai* und zu *d* (Text c.: *thēn*) für germ. *þ* vgl. *þaim* Text a.

[14] Vgl. *zi* Text c. (V. 14), *zů* e., nhd. *zu* gegenüber *to* Texte h. i.: 2. Lautverschiebung.

[15] Kausale Konjunktion aus *bi-* und dem Instrumental zu *daȝ* (vgl. *Bithiu* Text c.); entsprechend *duþþē* (*du-þē*) Text a. (got. in anderer Bedeutung auch *bi-þē*). Später ersetzt durch andere Konjunktionen, vgl. *durch daz* Text e., *dorumb* f., *daher* g., *dar van* h., *deßwegen* k., *deshalb* l.

kanemnit ⟨. . .⟩ *daz ist bluotes acchar*[16] *untaz*[17] · *hiutu*[18] *(9) Duo uuard · arfullit daz*[19] *kaquetan*[20] *ist durah hieremiam · den forasagun*[21] *Enti antfēngun*[22] *drīzuc*[23] *pendingo* ⟨. . .⟩ *uuerdh · daz sie ghachurun*[24] · *fona* ⟨. . .⟩ *(10) gābun*[25] *dea uuidar demo hauuanāres*[26] ⟨. . .⟩ *sō*[27] *mir*[28] *kabōt*[29] *truhtīn*[30] *(11) Ihs̄ duo stuont fora demo herizohin*[31] ⟨. . .⟩ *der herizoho · quad · dū*[32] *bist iudeo* ⟨. . .⟩ *Quad imo ihs̄ dū quidis iz · (12) Enti* ⟨. . .⟩

[16] Vgl. *accher* Text d. (V. 10): *cch* [kx] für westgerm. *kk* (Gemination durch *r*; s. *akrs* Text a. mit *k* gegenüber *g* nach der 1. Lautverschiebung, vgl. *ager* lat. Text zu c.): 2. Lautverschiebung; dagegen *accar* Text c., *acker* e. usw.

[17] Präposition »bis«; vgl. *und* Text a., *unto* i., *unzan* c., *vntz* f.; *biz* e., *bis* g. k. l., *bet* h.

[18] Adv. (erstarrter Instrumental), eigentlich »an diesem Tag« (im Akk. *hina dag* Text a.); vgl. lat. *ho-die*; Adj. *hiutlīhhan* Text c. für lat. *hodiernum*, *hûtigen* Text e., *heutigen* f. g. k. l.

[19] *ȝ* gegenüber *t* (vgl. *þata* Text a., *dat* h., *that* i.): 2. Lautverschiebung.

[20] Vgl. *giquetan* Text c. zu *quedan* »sprechen«, das früh untergeht, s. *gesprochen* d.e., *gespraken* h., *gesagt* f. g. k. Zur Präfigierung des 2. Part. s. 100; vgl. dagegen *qiþano* (subst. Part.) Text a. oder auch *spoken* i.; s. auch *kanemnit* (V. 8), *giheizzan* Text c. gegenüber *haitans* a., *called* i.

[21] *f* gegen *p* in lat. *pro* (*prophetam* lat. Text zu c.): 1. Lautverschiebung. Sonst erscheint *wīzzagon* Text c., *wîssagen* d., *weyssagen* f. bzw. das griech.-lat. Wort.

[22] Vgl. oben Anm. 4.

[23] *drīzzug* Text c. usw. »dreißig«; vgl. *þrins tiguns* Text a. »drei Zehner«, *dortich* h., *thirtie* i.: hochdt. *ȝȝ* für intervokalisches (!) *t* gegen Affrikata *z* in hochdt. *zehn*, *vierzig* etc. (2. Lautverschiebung).

[24] Prät. zu *ga-chiosan*. *ch* [kx] für germ. *k*: s. oben Anm. 7.

[25] Aber *-gēbun* Text a. (vgl. 57).

[26] = *hawanāres*; vgl. *hauinâres* Text d., *hafners* f. (noch im heutigen Süddeutsch *Hafner*) »Töpfer« (vgl. Texte e. g. k. l.). Nur im Tatian (Text c.) findet sich *leimuurhten*: *leimwurhto* »Lehmarbeiter«.

[27] Vgl. Text c. (und *swaswē* a.); die vergleichende Konjunktion erscheint auch verstärkt als *alse* Texte d. e., *als* f. g., *alsze* h., und wird dann abgelöst durch *wie* k.

[28] *r* gegen germ. *z* vgl. *mis* Text a. (auslautverhärtet für **miz*).

[29] *ō* gegen *au* (vgl. *anabauþ* Text a.) s. 54.

[30] Vgl. *trohtīn* Text c. gegenüber *frauja* Text a., *herre* d. (sowie e. f. g. h. k. l.): s. 221.

[31] »Heerführer, Statthalter«, ist sonst mit *kindins* Text a. (»Anführer eines Stammes«), *grāuo* c. V. 14 (d. i. zunächst ein Beamter), *rihtâre* d., *richtêre*, *richter* e.f. (»Regent, Richter«), *landpfleger* g. k. l. (vielleicht nach lat. *procurator* gebildet) oder *amptmann* h. (»Diener, mit einem Amt Betrauter«) wiedergegeben.

[32] *þu* (Text a.), *thou* (i) gegenüber *tu* (lat. Text zu c.): 1. Lautverschiebung.

dea hērōstun[33] · *ēuuarta* · *enti dea* ⟨...⟩ *neouuiht*[34] *im ni antuurta* · *(13) Duo quad* ⟨...⟩ *Inu*[35] *ni gahōris*[36] *huueo*[37] *manac sam* ⟨...⟩ *dir sagent* · *(14) enti ni antuurta imo* ⟨...⟩ *Sō daz sih es drāto*[38] *uuntrōta*[39] · *der* ⟨...⟩

[33] Vgl. zu Text d. Anm. 8.

[34] Vgl. *ni waíht* (Text a.) »nicht eine Sache, nicht etwas: nichts«; zur doppelten Negation: 159.

[35] Fragepartikel, meist gebraucht in Anlehnung an das Lat. (*num, nonne*).

[36] Vgl. *hauseis* Text a.: zu *ō* gegen *au*, *r* gegen *s* (für *z*) s. oben Anm. 29 bzw. 28.

[37] Vgl. zum Anlaut *ƕan* (Text a.) gegenüber *quanta* (lat. Text zu c.): 1. Lautverschiebung; zum Schwund des Velars s. *vvuo* Text c. und *wî, wie* f. usw.

[38] Vgl. *thrāto* Text c. (Adv. zu *drāti* »schnell«) für lat. *vehementer*; sonst ist der Grad ausgedrückt durch *filu* Text a., *hart* f. und *sêre* e., *seer* g., *szer* h., *sehr* k. l.

[39] = *wuntrōta*; *t* für *d* im Suffix des sw. Prät: vgl. *vorwunderde* Text h. und *sildaleikida* a., *marveiled* i.; im übrigen vgl. *tag* c. gegenüber *dag* a., *dach* h., *day* i. (2. Lautverschiebung).

c. Althochdeutscher *Tatian* (um 830, ostfränk.)*

(5) Inti uoruuorpfanēn[1] silabarlingon[2] in thaz tempal thana fuor, gangenti[3] erhieng sih mit stricu[4]. (6) Thie hērōston thero heithaftōno[5] intfanganēn silabarlingon quădun: nist erloubit thaz man sie sente in thaz tresofaz[6], uuanta[7] iz ist uuerd bluotes. (7) Girăte giganganemo couftun fon thēn accar leimuurhten[8] in[9] grabasteti elilentero[10]. (8) Bithiu uuas giheizzan ther accar Acheldemach, accar bluotes, io unzan hiutlīhhan tag. (9) Thō uuas gifullit thaz dar giquetan uuas thuruh Hieremiam then uuīzzagon quedentan[11]: sie intfiengun thō drīzzug silabarlingo, uuerd uuerdōnti thaz sie

* *Tatian*, lat. (V. 11. 12 nach der *Vulgata*):
(5) Et proiectis argenteis in templo recessit, abiens laqueo se suspendit. (6) Principes autem sacerdotum acceptis argenteis dixerunt: non licet mittere eos in corbonan, quia pretium sanguinis est. (7) Consilio autem inito emerunt ex illis agrum figuli in sepulturam peregrinorum. (8) Propter hoc vocatus est ager ille Acheldemach, ager sanguinis, usque in hodiernum diem. (9) Tunc impletum est quod dictum est per Hieremiam prophetam dicentem: et acceperunt XXX argenteos, pretium adpretia-

[1] = *vorworpfanēn*: Affrikata *pf* (für germ. *p*) gegenüber Reibelaut in *warf* (s. oben zu Text b. Anm. 2).

[2] Konstruktion: Dativus absolutus, s. 182; vgl. noch *intfanganēn silabarlingon* (V. 6), *Girăte giganganemo* (V. 7).

[3] Part. coniunctum (s. 181; lat. *abiens*), vgl. *galeiþands* Text a.; sonst aufgelöst mit Hilfe einer finiten Verbform.

[4] Instrumental.

[5] S. oben zu Text b. Anm. 9.

[6] Das Vorderglied entspricht griech.-lat. *thesaurus* »Schatzkammer, Vorratskammer« (vgl. *treasurie* Text i.; nhd. *Tresen, Tresor*); das Wort ist eine der von Text zu Text verschiedenen Wiedergaben von griech.-lat. *corbona* »Tempelschatz«.

[7] Vgl. *wan* Text e., *wann* f., *wente* h.: kausale Konjunktion, später abgelöst durch *denn* (vgl. Texte g. k. l.).

[8] = *leimwurhten* (G. Sg.); s. zu Text b. Anm. 26.

[9] Hier in Anlehnung an das Lat.: »zu, für«, vgl. Text f., wo allerdings für *sepultura* richtiger *begrebde* steht.

[10] G. Pl. zum subst. Adj. *eli-lenti* »in anderem Lande befindlich, fremd« für lat. *peregrinus*; nach vulgärlat. *pęlegrinus* im Deutschen *pilgrîme* Text e., *pilgeram* f., *pilgern* g., *pelegrime* h.; zu *gastim* a. »Fremdlinge« (vgl. *strangers* i.) s. 225.

[11] Konstruiert nach Part. *dicentem* (vgl. *qiþandan* Text a.); ohne die Akk.-Endung *sprechende* d.e., *sagent* f. (vgl. auch *saying* i.); aufgelöst *do er spricht* g., *da er sprach* k.

uuerdōton fon kindon Israhelo, (10) inti gābun sie in accar leimuurhten, sō mir trohtīn gisazta. ⟨...⟩ (13) Thō quad imo Pilatus: ni gihōris vvuo managu giuuiznessu[12] *sie uuidar thir quedent? (14) Inti ni antlingita imo zi noheiningemo uuorte, sō thaz uuntarōta ther grāuo thrāto.*

ti, quem adpretiaverunt a filiis Israhel, (10) et dederunt eos in agrum figuli, sicut constituit mihi Dominus. ⟨(11) Iesus autem stetit ante praesidem, et interrogavit eum praeses dicens: Tu es rex Iudaeorum? Dicit illi Iesus: Tu dicis; (12) et, cum accusaretur a principibus sacerdotum et senioribus, nihil respondit.⟩ (13) Tunc dicit illi Pilatus: non audis quanta adversum te dicant testimonia? (14) Et non respondit ei ad ullum verbum, ita ut miraretur preses vehementer.

[12] A. Pl. des Neutr. *giwiznessi*, nur Tatian (vgl. *they witnesse* Text i.); sonst *gezůcnisse* e., *gezeúgniß* f. und Umschreibungen.

d. Wien – Münchener Fragmente (12. Jh., schwäb.?)

(9) ⟨. . .⟩ let daz gesprochen ist durh den wissagen[1] *ieremiam sprechende*[2]. *Vnt si nam̃ die drizic*[3] *silbir den chôf ze chôfinde*[4] *den si da chôften uon den sunen isrl'e. (10) unt gaben sie an den accher des hauinares. alse mir geschichte*[5] *der herre*[6]. *(11) Vnt ih'c stůnt uor dem rihtare. Vnt der rihtare uragite in unt sprach. Bist du chunic der iuden? Vnt ih'c sprach zim*[7]. *Du sprichistes. (12) Vnt do man in růcte. die uvrsten*[8] *der ewarten unt die eltern. Do antwrte*[9] *er*[10] *niht. ⟨. . .⟩*

[1] Zur Abschwächung nichtstarktoniger Vokale vgl. *wīzzagon* Text c., *forasagun* b.; *gâben, accher, geschichte* gegenüber *gābun* b.c., *acchar* b., *accar* c., *gisazta* c., *kabōt* b. Für schwaches *e* steht auch *i*, z. B. *urâgite* (ahd. *frāgēta*).

[2] Lenisierung von *t* nach *n*: vgl. *quedentan* Text c.

[3] Zur Verschärfung im Auslaut (s. 32) vgl. *drīzzug* Text c. (aber bair. *drīzuc* b.); vgl. *růcte* (V. 12) zu *rüegen.*

[4] Dat. des Gerundiums mit *-nd-* für *-nn-*. *ô* für germ. *au* ist Monophthongierung über die in 54 genannten Fälle hinaus, vgl. dagegen *couftun* Text c. (V. 7) und älteres *chauftun* b.

[5] Zu *(ge)schicken*, eine der zahlreichen Entsprechungen von lat. *constituit.*

[6] Hier fungiert, wie regelmäßig seit dem Mhd., das einfache Demonstrativpronomen als Artikel: vgl. *truhtīn* Text b., *trohtīn* c. (*frauja* a.); s. auch *den chôf* (V. 9) gegenüber *werd* c. (*andawaírþi* a.); *den sunen* gegenüber *kindon* c. (*sunum* a.); *den accher* (V. 10) gegenüber *accar* c. (*akra* a.); im Ahd. hat *dër, diu, daȝ* beim Subst. noch vorwiegend demonstrative Funktion: vgl. *dea pendinga* Text b. V. 5 (*þaim silubreinam* a.), *dea hērōstun ēuuarta* b. V. 12 (*þaim gudjam* a.), *ther grāuo* c. V. 14 (*sa kindins* a.) usw. Der artikellose Gebrauch von *chunic* (V. 11), *kůnic* Text e., wäre auch im Nhd. möglich: je nach intendierter Aussage wird im Nhd. ein subst. Prädikatsnomen entweder artikellos bzw. mit *ein* oder mit dem bestimmten Artikel gebraucht. Unter bestimmten Bedingungen (Bedeutung des betreffenden Subst. wie hier *König* sowie nähere Bestimmung des Subst. wie hier durch Gen.) kann auch im Nhd. das artikellose subst. Prädikatsnomen die Funktion des mit bestimmtem Artikel verbundenen Subst. wahrnehmen (*König der Juden*); zu *ein kúnic* Text f. (s. auch g. h.) gegenüber *der König* k. l. vgl. allerdings 157.

[7] Für *ze im*; zum Schwund von Endsilben vgl. *imo* Texte b.c., *imma* a.

[8] = *vursten, vürsten*, vgl. *vůrstin* e., *fúrsten* f., subst. Superlativ »Vornehmsten« sowie *hērōstun* (adj. Superlativ) Text b. und *hērōston* c. (V. 6) (subst. Superlativ) für lat. *principes.*

[9] Gegenüber *antuurta* Text b., *antlingita* c. (V. 14) und *andhof* a.: die Bezeichnung des Subjekts, das nicht Subst. ist, durch Pronomen wird seit dem Mhd. obligatorisch; zu gelegentlichen Ausnahmen im Mhd. vgl. 185.

[10] Zur Wortstellung: Zweitstellung des Verbum finitum im Hauptsatz (so auch alle folgenden Texte) gegenüber Endstellung Text b. (*antuurta*); entsprechend *Vnt ih'c sprach zim* V. 11 (so auch in allen folgenden Texten) gegenüber Spitzenstellung in Text b. (*Quad*).

e. Evangelienbuch des Matthias von Beheim (1343; md.)

(5) Und her[1] *warf di silberîne in den tempil und gînc inwec und hînc*[2] *sich an einen strik. (6) Abir di vůrsten*[3] *der prîstere nâmen di silberîne und sprâchin: »Iz zcimet nicht si zů werfine in den stok carbonam*[4]*, wan iz ist ein lôn des blûtes*[5]*.« (7) Und si gîngen in einen rât und kouften darumme einis topfêris*[6] *ackir zů begrabine die pilgrîme. (8) Und durch daz ist jenre acker geheizen mit irme gezůcnisse Acheldemach, daz ist ein ackir des blûtes biz in den hûtigen tag. (9) Und dô ist irfullit daz gesprochin ist durch Jeremîam den prophêten sprechinde: Si nâmen di drîzec silberîne, den lôn des belôneten den si belôneten von den kinderen von Israêl, (10) Und gâbin si an eime ackere eines topfêres, alse mir der herre gesatzet hât*[7]*. (11) Und Jhêsus stûnt vor dem richtêre, abir en*[8] *vrâgite der richter und sprach: »Dû bist kůnic der Juden?«*[9] *Und Jhêsus sprach zů ime: »Dû sprichest iz.« (12) Und dô her besculdiget wart von den vůrstin der prîstere und den eldestin, dô antworte her nichtes nicht*[10]*. (13) Dô sprach zů ime Pilâtus: »Inhôris du nicht*[11]*, sich wî grôz gezůcnisse sie wider dich sprechin? (14) Und her antworte ime nicht zců keime worte, alsô daz sich der richter sêre wundirte.*

[1] Md. Form für *er*; vgl. zum Anlaut *he* Text h., *hee* i.

[2] Md. Monophthongierung gegenüber *erhieng* Text c.; vgl. *gînc* (V. 5), *prîstere* (V. 6), *gîngen* (V. 7), *wî* (V. 13); dazu 40a).

[3] S. zu Text f. Anm. 1.

[4] Tautologischer Ausdruck (s. zu Text c. Anm. 6): *stok* allein bedeutet schon so viel wie *gottis kasten* Text g., *offer kisten* h. (vgl. nhd. *Opferstock*).

[5] Md. Monophthongierung (*blutt* Text g.) gegenüber *bluotes* b.c.; vgl. *stûnt* (V. 11), *stund* g., gegenüber *stuont* b.; dazu 40a).

[6] *ê* in der Ableitungssilbe bezeichnet den Umlaut von ahd. *ā*, der im Md. von ahd. *ē* nicht geschieden ist; auch bei *rihtare* Text d. ist Umlaut anzusetzen (zu den Schwierigkeiten graphischer Bezeichnung s. zu Text f. Anm. 1 und 3).

[7] Perfekt, zuvor meist durch Präteritalformen ausgedrückt (vgl. *anabauþ* Text a., *kabōt* b., *gisazta* c., *geschichte* d., auch *ordent* f.), ist durch Hilfsverbfügung wiedergegeben; vgl. *befolhen hat* g. und h. k. l.; s. auch *sie haben genommen* g. (V. 9) gegenüber *sy namen* f. (e.d.), *sie infiengun* c. (b.); dazu 141 a).

[8] Für *in*: md. Senkung; vgl. niederd. *en* Text h.

[9] Zur Wortstellung: direkter Fragesatz ohne Inversion (vgl. Text b.); dagegen vorher d. (*Bist du chunic der iuden?*) und alle folgenden Texte.

[10] Eigentlich »nichts von nichts«. Indem *nicht* (vgl. *ni waíht* Text a., *neouuiht* b., *niht* d., *nit* f.) »nichts« als Negationspartikel aufgefaßt wird, kann der Gen. *nichtes* isoliert auch als Akk. oder Nom. fungieren (vgl. *nichts* Texte g. h. k. l.).

[11] Negation doppelt ausgedrückt durch Partikel und adv. Akk. des pron. Subst. *nicht*; vgl. *ni gahōris* Text b., *ni gihōris* c. einerseits und *Hórstu nit* f., *Horestu nicht* g. andererseits.

f. Straßburger Druck (1466)

(5) Er warff die silberin in den tempel: vnd schied sich er gienge hin vnd hinge sich an einen strick. (6) Vnd die fúrsten[1] *der pfaffen namen die silberin sy sprachen. Sy gezement nit zelegen zů dem schatz: wann es ist der werde des blůtz. (7) Wann sy namen rate· sy kauften von in einen acker des hafeners in die begrebde der pilgeram: (8) dorumb dirr*[2] *acker ist geheissen acheldemach: daz ist der acker des blůtz: vntz an disen heútigen*[3] *tag. (9) Do wart derfúllt das gesagt ist durch jeremias den weyssagen*[4] *sagent. Vnd sy namen die ·XXX· silberin· den werde des gemieten*[5] *den sy hetten gemiet von den súnen israhel: (10) vnd gaben sy an den acker des hafners· als mir ordent der herr. (11) Wann ihesus stůnd vor dem richter: vnd der richter fragt in sagent. Bist duß ein kúnig der iuden? Ihesus sprach zů im. Du sagst es. (12) Vnd do er wart besagt von den fúrsten der pfaffen vnd von den alten: er antwurt in nit. (13) Do sprach pilatus zů im. Hőrstu nit· wie manig gezeúgniß dise sagent wider dich? (14) Vnd er antwurt im nit eins wortz*[6]*: also daz sich der richter hart wundert.*

[1] Durch *ú* ist Umlaut von ahd. *u* bezeichnet; vgl. *derfúllt, súnen* (V. 9), *kúnig* (V. 11). Demnach ist wohl auch *ů* in den entsprechenden Wörtern des Textes e., *vůrsten* und *kůnic*, als Umlautbezeichnung gemeint (vgl. aber unten Anm. 3); das Zeichen fehlt in *irfullit.*

[2] Zusammengesetztes Demonstrativum, s. 131.

[3] Wie *gezeúgniß* (V. 13) Diphthong gegenüber mhd. *iu* [y:]; Unsicherheit in der Bezeichnung des Monophthongs (aus ahd. *iu* oder *ū*) verrät Text e. mit *hûtigen* einerseits, *gezůcnisse* andererseits.

[4] Diphthong gegenüber *wîssagen* d., *wīzzagon* c.

[5] Substantiviertes 2. Part. zu *mieten* »lohnen, für Zins in Besitz nehmen, kaufen«; vgl. *belôneten* Text e.

[6] Zu dem Gen. s. 146.

g. Martin Luther (*Septemberbibel*, 1522)

(5) vnnd er warff die sylberling ynn den tempel / hub sich daruon / gieng hyn / vnd erwurget sich selb. (6) Aber die hohen priester namen die silberling / vnnd sprachen. Es taug[1] nicht / das wyr sie ynn den gottis kasten legẽ / deñ es ist blutt gelt (7) sie hielten aber eynen radt / vnnd kaufften eyn topffers acker[2] drumb / zum begrebnis der pilgern / (8) daher ist der selbige acker genennet / der bluttacker / bis auff[3] den heuttigen tag. (9) Da ist erfullet / das gesagt ist / durch den propheten Jeremias do er spricht / sie haben genommen dreyssig sillberlinge / damit betzallt wart der verkauffte / wilchen sie kaufften von den kindernn von Israel / (10) vnd habẽ sie gebenn[4] vmb eyn topffers acker / als myr der herr befolhen hat. (11) Jhesus aber stund fur dem landpfleger / vnd der landpfleger fragt yhn / vñ sprach / bistu eyn konig[5] der iuden? Jhesus aber sprach / du sagists / (12) Vñ da er verklagt wart von den hohen priestern vnd Eltisten / antworttet er nichts / (13) da sprach Pilatus zu yhm / Horestu nicht wie hartt sie dich verklagen? (14) vnd er anttwortet yhm nicht auff eyn wort / also / das sich auch der landpfleger seer verwunderte.

[1] Mit der Flexion des Prät.-Präs. ahd. *toug* »es nützt«.
[2] S. auch V. 10. Die Stellung des artikellosen Gen. zwischen Artikel und dem näher bestimmten Subst. markiert den Übergang von syntaktischer Fügung zum Determinativkompositum, vgl. *enen pottemakers acker* Text h., *den Töpferacker* l. gegenüber *einis topfêris ackir* e., *enes pottemakers acker* h.
[3] Diphthongierung gegenüber mhd. *ûf*; vgl. *vp* Text h.
[4] 2. Part. ohne Präfix (s. 100), im 16. Jh. noch häufiger im Ostmd. und Obd.
[5] Md. Senkung gegenüber *kúnig* Text f., *kůnic* e., *chunic* d. (vgl. 40 a).

h. *Dat nyge Testament tho dude* (1523; nd. Übertragung der Lutherschen Übersetzung von 1522)

(5) Vnde he worp de sulueren[1] *penninge in den tempel / schedede van dar / gynck hen vñ erworgede sick sůluen. (6) Auerst de ŏuersten preestere / nemen de sulueren penninge / vñ sprekẽ. Idt themet sick nicht / dat mẽ dyt in de offer kisten legge / wente idt is gelt des blodes (7) se heldẽ auerst enẽ raedt / vñ kofften enes pottemakers acker dar vor / to ener begrauinge der pelegrime / (8) dar van is de sůluighe*[2] *acker genŏmet de acker des blodes / bet vp dessẽ iegẽwardigen dach. (9) Do wort erfůllet dat gespraken is / dorch den propheten Iheremias. Se hebben genamen dortich sulueren penninge / dar mede betalt wort de vorkoffte / welckeren se kofften van den kinderen van Israel / (10) vñ hebbẽ se ghegeuen vmme enen pottemakers acker alsze my de here beualen heft. (11) Ihesus auerst stundt vor dem amptmanne / vñ de amptman fragede en seggende. Bystu ein kŏninck der Iŏden? Iesus auer sprack / Du sechst idt / (12) Vñ do he vorklaget wort vã den ŏuerstẽ preesterẽ vñ den oldesten / do antworde he nichts / (13) Do sede Pilatus to em. Hŏrestu nicht wo harde sz[e]e dy vorklagẽ? (14) vñ he antworde em dar vp nicht ein wort / alszo dat sick des de amptmã szer vorwunderde.*

i. *The English Bible* (1611)

(5) And hee cast downe the pieces of silver in the Temple, and departed, and went and hanged himselfe. (6) And the chiefe Priests tooke the silver pieces, and said, It is not lawfull for to put them into the treasurie, because it is the price of blood. (7) And they tooke counsell, and bought with them the potters field, to burie strangers in. (8) Wherefore that field was called, The field of blood unto this day. (9) (Then was fulfilled that which was spoken by Ieremie the Prophet, saying, And they tooke the thirtie pieces of silver, the price of him that was valued, whom they of the children of Israel did value: (10) and gave them for the potters field, as the Lord appointed me.) (11) And Iesus stood before the governour, and the governour asked him, saying; Art thou the King of the Iewes? And Iesus sayd unto him, Thou sayest. (12) And when hee was accused of the chiefe Priests and Elders, he answered nothing. (13) Then saith Pilate unto him, Hearest thou not how many things they witnesse against thee? (14) And he answered him to never a word: insomuch that the Governour marveiled greatly.

[1] Vgl. *silver* Text i., aber *sylberling* g.: *u/v* bezeichnen stimmhaften Reibelaut gegenüber hochdt. Verschlußlaut *b* (beide für germ. ƀ); s. auch *sůluen* (vgl. mit Auslautverhärtung *himselfe* Text i.) gegen *selb* Text g.; *auerst* (V. 6) gegen *Aber* g.; *begrauinge* (V. 7) gegen *begrebnis* g., *begrabine* e.; *ghegeuen* (V. 10), *gave* i. gegen *gebenn* g.

[2] *gh* bezeichnet stimmhaften Reibelaut gegenüber hochdt. Verschlußlaut g (beide für germ. ḡ); dementsprechend erscheint durch Verschärfung im Auslaut stimmloser Reibelaut, vgl. *dortich* (V. 9) oder *dach* (V. 8, aber Pl. *daghe*) gegenüber *selbig, dreyssig, tag* Text g.

k. Übersetzung des 19. Jh.s (kath.)[1]

(5) Da warf er die Silberlinge in den Tempel hin, entwich, ging hin, und erhenkte sich mit einem Stricke. (6) Die Hohenpriester aber nahmen die Silberlinge, und sprachen: Es ist nicht erlaubt, sie in den Tempelschatz zu werfen; denn es ist Blutgeld. (7) Als sie nun Rath gehalten hatten, kauften sie damit den Acker eines Töpfers zum Begräbnisse für die Fremdlinge. (8) Deßwegen heißt derselbe Acker Hakeldama, das ist der Blutacker, bis auf den heutigen Tag. (9) Da ist erfüllet worden, was durch den Propheten Jeremias gesagt wurde, da er sprach: Sie nahmen die dreißig Silberlinge, den Preis des Geschätzten, welchen sie gekauft hatten von den Söhnen Israels[2]*, (10) und gaben sie für den Acker eines Töpfers, wie mir der Herr befohlen hat. (11) Jesus aber stand*[3] *vor dem Landpfleger, und der Landpfleger fragte*[4] *ihn, und sprach: Bist du der König der Juden? Jesus sprach zu ihm: Du sagst es! (12) Und als er von den Hohenpriestern und Aeltesten angeklagt wurde*[5]*, antwortete*[6] *er nichts. (13) Da sprach Pilatus zu ihm: Hörst du nicht, welch große Dinge sie wider dich bezeugen? (14) Und er antwortete ihm auf kein Wort, so daß der Landpfleger sich sehr verwunderte.*

[1] Auf die Prinzipien, die die Orthographie dieses und des folgenden Textes bestimmen, wird hier nicht eingegangen (einige Hinweise in 44).

[2] Zur Wortstellung: Prädikat des abhängigen Satzes vor dem adverbialen Ausdruck (wie alle voraufgehenden Texte) gegenüber Endstellung Text l. Dagegen: *als er von den Hohenpriestern und Aeltesten angeklagt wurde* (V. 12), aber: *da er verklagt wart von den hohen priestern vnd Eltisten* Text g. (vgl. e.f.). Die Endstellung des Verbs *wie mir der Herr befohlen hat* (V. 10) findet sich schon im Text c. (auch e.g.), dagegen noch in Text f. *als mir ordent der herr* (vgl. b.d.).

[3] Späte Neubildung (wohl nach Part. *gestanden*; möglich, nachdem das Präs. *ich stande* untergegangen war) gegenüber *stund* Text g., *stundt* h., *stůnd* f., *stûnt* e., stûnt d., *stuont* b. (vgl. *stōþ* a., *stood* i.).

[4] Gegenüber *fragt* Text f.g.: mhd. frühnhd. Apokope (vgl. *urâgite* d.e.) wird in bestimmten Flexionsformen um der grammatischen Eindeutigkeit willen aufgegeben; vgl. *Silberlinge* (V. 5) gegenüber *sylberling* g. (z. T. zur Vermeidung des Hiats).

[5] Gegenüber *wart* Texte e.f.g.: Ausgleich des Wurzelvokals im Prät. der st. Verben (vgl. 79 und 80); *-e* in Analogie zu den sw. Verben.

[6] Herstellung von *-ete* (statt sonst *-te*) im Prät. der sw. Verben, s. 85; vgl. *antwurt* Text f., *antworte* e., *antwrte* d., *antuurta* b. (aber: *antworttet* g. mit Apokope).

l. Übersetzung des 20. Jahrhunderts (kath.)

(5) Da warf er die Silberlinge in den Tempel, ging weg und erhängte sich mit einem Stricke. (6) Die Hohenpriester hoben die Silberlinge auf und meinten: »Man darf sie nicht in den Tempelschatz legen; denn es ist Blutgeld.« (7) Sie beschlossen, dafür den Töpferacker als Begräbnisstätte für die Fremden zu kaufen. (8) Deshalb heißt jener Acker bis auf den heutigen Tag [Hakeldama, das ist] Blutacker. (9) So erfüllte sich das Wort des Propheten Jeremias:

»Sie nehmen die dreißig Silberlinge,
Den Preis für den Geschätzten,
Den die Söhne Israels geschätzt haben,
(10) Und geben sie für den Töpferacker.
So hat der Herr mir aufgetragen.«

(11) Jesus wurde dem Landpfleger vorgeführt. Der Landpfleger richtete an ihn die Frage: »Bist du der König der Juden?« Jesus antwortete: »Ja, ich bin es.« (12) Auf die Anklagen der Hohenpriester und Ältesten entgegnete er jedoch nichts. (13) Da sagte Pilatus zu ihm: »Hörst du nicht, was sie alles gegen dich vorbringen?« (14) Doch er antwortete ihm auf keine einzige Frage, so daß sich der Landpfleger sehr wunderte.

Althochdeutsche Texte

(Übersetzung und poetische Bearbeitungen von *Joh. 4, 4–13*)

Aus dem ahd. *Tatian* (87, 1–3)

Gilamf inan uaran[1] *thuruh Samariam. Inti quam thō in burg*[2] *Samariae thiu dar*[3] *ist giquetan*[4] *Sychar, nāh*[5] *uodile den dar*[6] *gab Iacob Iosebe sīnemo sune. Uuas dār brunno Iacobes. Der heilant uuas giuueigit fon dero uuegeuerti*[7]*, saz sō oba themo brunnen; uuas thō zīt nāh sehsta*[8]*. Quam thō uuīb*[9] *fon Samariu sceffen*[10] *uuazzar. Thō quad iru der heilant: gib mir trinkan. Sīne iungōron giengun*[11] *in burg, thaz sie muos*[12] *couftīn*[13]*. Thō quad imo uuīb thaz samaritānisga*[14]*: uueo thū*

Lat. Text: *Oportebat autem eum transire per Samariam. Venit in civitatem Samariae quae dicitur Sychar, iuxta predium quod dedit Iacob Ioseph filio suo. Erat ibi fons Iacob. Ihesus ergo fatigatus ex itinere sedebat sic super fontem; hora erat quasi sexta. Venit mulier de Samaria haurire aquam. Dicit ei Ihesus: da mihi bibere. Discipuli enim eius abierant in civitatem, ut cibos emerent. Dicit ergo ei mulier illa Samaritana:*

[1] *inan varan*: A. c. i. (s. 180), abhängig von *gilamf* (zu *gilim(p)fan* »sich ziemen, notwendig, unumgänglich sein«; vgl. nhd. *glimpflich*).
[2] »befestigter Ort, Stadt«, wohingegen ahd. mhd. *stat* »Stätte, Ort« meist nur mit näherer Bestimmung im Sinne von nhd. *Stadt* gebraucht wird: *stat ze Wirzeburc, stat ze Rôme.*
[3] Vgl. 132 und 164.
[4] Inf.: *quedan* (vgl. 58 und 59).
[5] Präp. mit Dat. »bei«.
[6] Vgl. Anm. 3.
[7] Dat. Sg. zu *wegevart* (vgl. 46).
[8] Nachgestelltes, durch Adv. *nāh* (»beinahe, ungefähr«) näher bestimmtes Attribut zu *zīt* »Stunde«.
[9] Zur Bedeutung vgl. 222.
[10] Im Tatian neben *scephen* (stv.), hier in der Bedeutung »schöpfen« (*haurire*); Inf.-Konstruktion mit finalem Sinn.
[11] Die Präteritalform bezeichnet hier Plusquamperfekt: vgl. 141 b).
[12] st. n. »Speise, Essen« (vgl. mit verengter Bedeutung nhd. *Mus*).
[13] Konj. im Finalsatz (vgl. 170).
[14] Mit dem Artikel nachgestelltes, schwach flektiertes Adj. (s. 150); vgl. demgegenüber *wīb samaritānisg* in Z. 9 f.

mit thiu Iudeisg bis[15] *trinkan fon mir bitis*[16]*, mit thiu bin uuīb samaritānisg? ni ebanbrūchent*[17] *Iudei Samaritanis*[18]. *Thō antlingita ther heilant inti quad iru: oba thū uuessīs*[19] *gotes geba inti uuer ist thē*[20] *dir quidit: gib mir trinkan, thū odouuān bātīs fon imo thaz hē*[21] *dir gābi lebēnti*[22] *uuazzar. Thō quad imo thaz uuīb: hērro*[23]*, thū nū*[24] *ni habēs mit hiu*[25] *scefēs*[26] *inti thiu fuzze*[27] *teof ist: uuanān habēs lebēnti uuazzar? Eno thū bistu*[28] *mēra*[29] *unsaremo fater*[30] *Iacobe thē dar gab uns den phuzi: her*[31] *tranc fon imo inti sīna*[32] *suni inti sīn fihu.*

quomodo tu Iudeus cum sis bibere a me poscis quae sum mulier Samaritana? non enim coutuntur Iudei Samaritanis.
Respondit Ihesus et dixit ei: si scires donum dei et quis est qui dicit tibi: da mihi bibere, tu forsitan petisses ab eo, et dedisset tibi aquam vivam. Dicit ei mulier: domine, neque in quo haurias habes et puteus altus est: unde ergo habes aquam vivam? Numquid tu maior es patre nostro Iacob qui dedit nobis puteum, et ipse ex eo bibit et filii eius et pecora eius?

[15] Eingeschobener Satz, eingeleitet durch *mit thiu* »obgleich, während doch« (s. 168).
[16] Direkter, durch *weo* (»wie, wieso«) eingeleiteter Fragesatz.
[17] Das Adj. *eban, eben* (»gleich«) dient im Ahd. Mhd. mehrfach als Präfix.
[18] *Iudei Samaritanis*: aus dem lat. Text übernommene Kasusformen.
[19] Prät. zum Prät.-Präs. *weiz* (dazu 90); Irrealis im Bedingungssatz (dazu 167) entsprechend *bātīs* im Hauptsatz; von *wessīs* abhängig 1. ein Akk.-Obj., 2. ein indirekter Fragesatz.
[20] *thē* (und *thie*) stehen im Tatian als Mask. des einfachen Demonstrativpronomens neben *ther*.
[21] Mask. des Pronomens der 3. Pers. Sg.; der Anlaut auch in *her*, das im Tatian häufiger als *er* ist.
[22] Akk. Sg. n. des stark flektierten Part. Präs. (nominale Form): vgl. 123 und 149.
[23] Zur Bildung und Bedeutung s. 221.
[24] Adv. (kommt auch als Konjunktion zur Einleitung abhängiger Sätze vor), gibt dem Satz eine begründende Nuance in bezug auf die in der folgenden Frage enthaltene Schlußfolgerung, die im lat. Text mit *ergo* als solche gekennzeichnet ist.
[25] Instrumentalis zum neutr. Fragepronomen *(h)waz*; *mit hiu* »womit«.
[26] Der Konj. (vgl. lat. Text) ist wohl als potential aufzufassen.
[27] st. f. (s. aber *phuzi* m., Z. 15), nach lat. *puteus* »Brunnen« (vgl. nhd. *Pfütze*).
[28] Direkter, negative Antwort erwartender Fragesatz, eingeleitet mit Fragepartikel *eno* (wiederzugeben mit »etwa«); das Subjektspronomen steht doppelt (einmal enklitisch).
[29] Entweder Nom. Sg. n. oder adv. gebrauchter Akk. des im Ahd. nur schwach flektierten Komparativs (vgl. 122).
[30] Dat. Sg. (vgl. 111) in Nachbildung des lat. Ablativus comparationis.
[31] Vgl. Anm. 21.
[32] Gelegentlich statt *sīne* (s. Z. 6) als Nom. Pl. m.

Aus *Otfrids Evangelienbuch* (II. 14, 1–34)

Sīd thō thésēn thingon[1] *fuar*[2] *Krist zēn*[3] *héimingon,*
in selbaz géwi[4] *sīnaz;* *thio buah*[5] *nénnent uns tház.*
Thera férti[6] *er ward irmúait,* *sō*[7] *ofto fárantemo duit*[8]*;*
ni lāzent thie árabeit[9] *es*[10] *fríst* *themo*[11] *wā́rlīcho mán*[12] *ist.*
Fúar er thuruh Samáriam, *zi̭ einera burg*[13] *er thār thō quám,*
in themo ágileize[14] *zi éinemo gisā́ze.*
Thō gisaz[15] *er múadēr*[16]*,* *sō wir gizáltun*[17] *hiar nu ḗr,*
bī einemo brúnnen *(thaz*[18] *wir ouh púzzi*[19] *nennen).*

[1] *Sīd thesēn thingon*: »nach diesen Geschehnissen, danach«; *thō* bezieht sich auf das Fortschreiten der Erzählung: »nunmehr, dann«.
[2] *ua* für germ. *ō* (sonst ahd. *uo*).
[3] = *zi thēn* (vgl. 130).
[4] Neutraler *ja*-Stamm (das *w* ist, wie generell im Ahd., bilabial = engl. *w* zu lesen); ohne Umlaut, aber mit Gemination des Halbvokals *u̯* Gen. Dat. Sg. Pl. (z. B. *gouuon*, d. i. *gouwon*); »Landschaft, Gegend, Gau«.
[5] Nom. Pl. f. (= *biblia*) »die Heilige Schrift«.
[6] (Temporaler oder) kausaler Gen. »(bei, während) von dieser Reise«.
[7] Vgl. 172.
[8] Otfrid setzt für germ. *d* im Anlaut zumeist *d*, im In- und Auslaut jedoch *t*; die Abweichung von der zu erwartenden Form *duat* (sonst ahd. *tuot*) erklärt sich aus Analogie zum stv., wobei *i* mit *u* sonst einen Diphthong bildet. Hier unpersönlicher Gebrauch: »es ergeht«.
[9] Nom. Pl. des fem. *i*-St. (mit Elision des *-i*); zur Bedeutung vgl. 245.
[10] Gen. der Relation (s. 144) zu *frist lāzen* »Zeit lassen, Frist, Aufschub geben«; *es* nimmt dabei die Aussage des vorangehenden Satzes auf.
[11] Demonstrativum und Relativum zugleich, und zwar in dem Kasus, der vom übergeordneten Satz gefordert wird: vgl. 165 a).
[12] »Mensch«; vgl. 221.
[13] S. Anm. 2 zum voraufgehenden Text (Tatian).
[14] »unter (der) Anstrengung«.
[15] Vgl. 198; »er setzte sich«.
[16] Vgl. 151 b (halbprädikativ). Nur auf *muadēr* bezieht sich der folgende, mit *sō* eingeleitete Satz.
[17] Inf.: *zellen*, vgl. 84 und 86 a).
[18] Das Neutrum des Relativums macht deutlich, daß sich die Aussage des Satzes nicht auf *brunnen* unmittelbar, sondern auf die damit bezeichnete Sache bezieht.
[19] S. Anm. 27 zum voraufgehenden Text (Tatian).

Ther ēvangélio thār quīt[20], *theiz*[21] *móhti*[22] *wesan séxta zīt;*
theist dages héizesta joh árabeito[23] *méista.*
Thie júngōron iro[24] *zílōtun, in kóufe in*[25] *múas thō hólētun,*[26]
tház sie thes giflízzīn[27], *mit selben*[28] *Kríste inbizzīn. –*
Unz[29] *drúhtīn thār saz éino*[30], *sō*[31] *quam ein wī́b thara thṓ,*
tház si thes gizílōti[32], *thes wázares*[33] *gihólōti.*
»Wī́b«, quad er innan thés[34], *»gib mir thes drínkannes*[35]*;*
wírd mir zi gifúare[36], *thaz íh mih nū gikúale!«*
»Wio mág thaz«, quad si, »wérdan (thū bist júdiisgēr mán,
inti ih bin thésses thietes[37]*!), thaz thū́ mir sō gibíetēs?«*[38]

[20] Für *quidit* (Ausfall des Dentals und Kontraktion) vgl. 32 und 103.

[21] Für *thaz iz* (Krasis), vgl. auch *theist* (v. 10) für *thaz ist* (s. 128 und 130).

[22] Konj. (Prät). in der indirekten Aussage; zum Prät.-Präs. *mag* s. 89 und 90.

[23] Der Gen. Pl. wird zumeist als Partitivus gedeutet (»das schlimmste Stück der täglichen Mühsal«), wahrscheinlicher ist aber Gen. der Relation zu *ist meista* (»in Hinsicht auf Mühsal«).

[24] Reflexiver Gen. Pl. (vgl. 127) zu *zilōtun* »sie beeilten, bemühten sich«.

[25] Reflexiver Dat. Pl.

[26] Paralleler, logisch jedoch von *iro zilōtun* abhängiger Satz (im Nhd. Infinitivkonstruktion).

[27] Konj. (Prät.) im Finalsatz; der pronominale Objektsgenitiv *thes* weist auf den formal parallelen, logisch aber abhängigen Satz im folgenden Halbvers hin.

[28] Schwach flektiertes *selb* bei artikellos gebrauchtem Substantiv; häufig formelhaft in Verbindung mit *druhtīn, Krist, Maria* etc., sonst nachdrücklich hinweisend: »ebenderselbe, der gerade erwähnte«.

[29] Konjunktion, »während, indem«.

[30] *ein* in der Bedeutung »allein« wird überwiegend schwach flektiert (daneben gibt es bei Otfrid auch ein Adv. *eino*).

[31] Nimmt im Nachsatz den vorangehenden temporalen Nebensatz auf.

[32] Konj. im Finalsatz; abhängig von *gizilōti* sind ein pronominales Gen.-Obj. und der darauf bezogene folgende – formal parallele – Satz.

[33] Part. Gen. als Objekt bei einem trans. Verbum, vgl. 146.

[34] *innan thes*: »indessen, inzwischen«.

[35] Gen. (vgl. dazu Anm. 33) des Infinitivs (Gerundiums).

[36] Dat. Sg. zu *gifuari* (st. n.) »Erquickung, Wohltat«: »erquicke, stärke mich«; der nachfolgende konjunktivische *thaz*-Satz läßt sich final (oder auch modal) auffassen.

[37] *thesses thietes*: der Gen. (zum flexivischen Erscheinungsbild des zusammengesetzten Demonstrativums vgl. 131) in Verbindung mit dem Verbum substantivum drückt ein partitives Verhältnis aus (»von diesem Volk«).

[38] Durch *thaz* eingeleiteter Subjektssatz (hinweisendes *thaz* im Vordersatz).

Thaz óffonōt Johannes thā́r, bī hiu[39] *si sṓ quad in wā́r*[40],
bī wíu si thaz sō zélita, thaz drínkan sō firságēta:
Wánta[41] *thio zuā*[42] *líuti*[43] *ni eigun*[44] *múas gimúati*[45]
wérgin[46] *zi iro mázze in éinemo fázze.*
»Óba thū«, quad er, »dā́tīst, thia gotes gíft irknā́tīs,[47]
joh wér thih bitit thánne ouh hiar zi drínkanne[48]*:*
Thū bātīs ínan ōdo sā́r, er gā́bi[49] *thir in alawā́r*[50]
zi líebe joh zi wúnnōn spríngentan brúnnon.«
»Ni hábēs«, quad si, »frṓ[51] *mīn, fazzes*[52] *wíht zi thiu*[53] *heraín*[54],
thū herazúa[55] *gilepphēs*[56], *wiht thésses sār giscépphēs.*

[39] *bī hiu* leitet einen indirekten Fragesatz ein (im Hauptsatz *thaz* als hinweisendes pronominales Satzglied); die gleiche Einleitung (nur mit anderem Anlaut des Instr. zu *(h)waz*) wird im folgenden Vers bei dem ersten der beiden asyndetisch gereihten indirekten Fragesätze wiederholt.
[40] *in wār*: adv. Wendung »in Wahrheit, fürwahr«.
[41] Konjunktion, hier den vorhergehenden Satz erklärend: »nämlich«.
[42] = *zwā* (Fem. des Zahlworts »zwei«).
[43] Nom. Pl. zu *liut* (fem. *i*-St.) in der Bedeutung »Völker« (nämlich das der Juden und das der Samariter).
[44] 3. Pl. Präs. zum Prät.-Präs. [*eigan*] der I. Ablautreihe (»haben, besitzen«).
[45] Wohl nicht nachgestelltes Attribut, sondern adv. Akk.: »gern« oder »in Freundschaft, Eintracht«.
[46] Adv. (»irgendwo«), ist mit der Negation zusammenzunehmen: »nirgends«.
[47] Parallelkonstruktion (vorausweisendes *dātīst*) zum durch *oba* eingeleiteten Konditionalsatz (mit Irrealis der Gegenwart entsprechend *bātīs* im Hauptsatz); von *irknātīs* sind abhängig ein Akk.-Obj. (*gift*) und ein indirekter Fragesatz (v. 24).
[48] Der von *bitten* abhängige Inf. ist mit *zi* verbunden (und entsprechend flektiert), weil der Akk. *thih* nicht Träger der durch den Inf. bezeichneten Verbalhandlung ist.
[49] Zum Modus des Verbums und zur Form des von *bātīs* abhängigen Satzes vgl. 175.
[50] Vgl. Anm. 40.
[51] Zur Bedeutung vgl. 221.
[52] Part. Gen., abhängig von *wiht* (s. auch *wiht thesses* im folgenden Vers; vgl. 146); *wiht* ist mit der Negation zusammenzunehmen (»nichts«): »kein Gefäß«.
[53] *zi thiu*: präpositionale Verbindung mit finalem Sinn (»dazu, zu dem Zweck«), Bezugspunkt für die beiden asyndetisch gereihten Nebensätze (ohne konjunktionale Einleitung) im folgenden Vers.
[54] Adv., »dabei, mit bei dir«.
[55] Adv., »hierher, hier hinauf«.
[56] Zu *gilepphēs* (wohl potent. Konj.) ist ein pronominales Objekt zu ergänzen.

Waz mag ih zéllen thir ouh mḗr[57]?   ther púzz[58] ist filu díofēr[59];
wār nimist thū thánne ubar tház[60]   wazar flíazzantaz?
Fúrira[61], wā́n ih, thū ni bíst   thanne únsēr fater Jácob ist;
er dránk es[62], sọ ih thir zéllu,   joh sīnu[63] kínd ellu.
Er wóla iz al[64] bithā́hta[65],   thaz[66] er mit thíu[67] nan[68] wī́hta,
joh gáb uns ouh zi núzzī   thésan selbon púzzi.«

[57] Adv., »weiter, fernerhin«.
[58] Elision des stammauslautenden *-i* (*ja*-St.) vor nachfolgendem Vokal.
[59] Zur Verwendung der pronominalen Form des Nom. vgl. 151 a.
[60] *ubar thaz*: »darüber hinaus, noch dazu«.
[61] Entweder Nom. Sg. n. des (ahd. schwach flektierten) Komparativs (»etwas Größeres«) oder aber adv. Akk.
[62] Vgl. Anm. 33; »davon«.
[63] Nom. Pl. n. mit dem (seit Beginn des 9. Jh.s) für das Fränk. charakteristischen Ausgang auf *-u* gegenüber *-iu* im Alem. Bair. (s. auch *ellu*, mit Primärumlaut!).
[64] Entweder Adj. oder Adv. (»gänzlich, gar wohl«).
[65] Prät. zu *bithenken* (vgl. 87).
[66] Konjunktion, Einleitung eines Objektssatzes, auf den im Hauptsatz *iz al* hinweist.
[67] *mit thiu*: »damit« (indem er selbst und seine Nachkommen daraus tranken?).
[68] = *inan*.

Aus *Christus und die Samariterin* (v. 1–17)

Lesēn[1] *uuir, thaz fuori*[2] *ther heilant fartmuodi*[3].
ze untarne, uuizzun[4] *thaz, er zeinen*[5] *brunnon kisaz*[6].
Quam fone Samario ein[7] *quena sārio*
scephan[8] *thaz uuazzer: thanna noh*[9] *sō saz er.*
(Uuurbon[10] *sīna*[11] *thegana be*[12] *sīna līpleita):*
bat[13] *er sih ketrencan daz uuīp thaz ther*[14] *thara quam.*
›Biuuaz[15] *kerōst*[16] *thū, guot man, daz ih thir geba*[17] *trinkan?*
iā ne niezant, uuizze[18] *Christ, thie Iudon unsera uuist*[19]*‹.*
›Uuīp, obe thū uuīs sīs[20], *uuielīh gotes gift ist,*

[1] Die kürzere (aus dem Konj. übernommene) Form der 1. Pl. Präs. Ind., die schon bei Otfrid herrscht und seit dem 10. Jh. allgemein gilt.
[2] Konj. (Prät.) in der indirekten Aussage.
[3] Nominale Form des Nom. Sg. m. (*ja*-St.), halbprädikativ (s. 147).
[4] 1. Pl. Präs. Ind. zum Prät.-Präs. *weiz*; formelhafte Wendung (wie *ih weiz, wān ih* etc.).
[5] = *ze* (mit Akk.) *einen*.
[6] Vgl. Anm. 15 zum voraufgehenden Text (Otfrid); *k* (für *g*, s. auch *ketrencan* v. 6, *kerōst* v. 7 u. a.) ist alem. Dialekt zuzuschreiben.
[7] Nominale Form des Nom. Sg. f.
[8] Inf.-Konstruktion mit finalem Sinn.
[9] *thanna noh*: »zu dem Zeitpunkt immer noch«.
[10] 3. Pl. Prät. Ind. zum stv. *werban* »tätig sein, sich bemühen, sich kümmern«; der Ausgang auf *-on* (statt *-un*, s. auch *nuzzon* v. 17) ist wohl als Abschwächung zu deuten, die auch sonst vielfach in diesem Text bezeugt ist.
[11] Vgl. Anm. 32 zum voraufgehenden Tatiantext.
[12] = *bī*, Präp., hier mit Akk. (»um, wegen«).
[13] Von *bat* sind abhängig 1. ein Akk. der Pers. (*daz wīp*), 2. ein einfacher Inf. (*ketrencan*, Kausativ zu *trinkan*), zu dem das Reflexivum *sih* als Akk.-Obj. gehört (nhd. »ihn«).
[14] Abgeschwächte Form des relativierenden *dār:* vgl. 132 und 164.
[15] »warum, weshalb«.
[16] Zum Anlaut vgl. Anm. 6.
[17] 1. Sg. Präs. Konj. (statt *gebe*).
[18] Konj. Präs. in der Beteuerungsformel.
[19] Zur Wortbildung vgl. 212.
[20] (Potentialer) Konj. Präs. zu *wīs wesan* (bzw. *sīn*) »sich bewußt sein«; doch ist wohl eher mit anderen Textausgaben und mit den früheren Auflagen des Lesebuchs (s. Nachweise) zu lesen *wissīs* (Konj. Prät. zu *weiz*) entsprechend *ercantīs* im gleichgeordneten zweiten Bedingungssatz.

unte den ercantīs, mit themo do[21] *kōsōtīs,*
tū[22] *bātīs dir unnen*[23] *sīnes kecprunnen*[24]‹.
›*Disiu buzza*[25] *ist sō tiuf*[26], *ze dero ih heimina liuf,*
noh[27] *tū ne habis*[28] *kiscirres*[29], *daz thū thes kiscephēs*[30]:
uuār maht[31] *thū, guot man, neman quecprunnan*[32]?
Ne bistū liuten[33] *kelop mēr than Iacob.*
ther gab uns thesan brunnan, tranc er nan[34] *ioh sīna*[35] *man*[36]:
sīniu smalenōzzer nuzzon[37] *thaz uuazzer*‹.

21 Nebenform des Personalpronomens »du«.

22 Das anlautende *t-* (statt *d-* bzw. *th-*; vgl. auch v. 13) ist möglicherweise entsprechend Notkers Anlautgesetz (*p-*, *t-*, *k-* statt *b-*, *d-*, *g-* im ersten Wort eines Satzes oder Kolons bzw. innerhalb des Satzes nach einem auf stimmlosen Laut ausgehenden Wort) zu deuten.

23 Von *bātīs* abhängiger Inf. (zum Prät.-Präs. *ih an*) mit Dat. der Pers. und Gen. der Sache.

24 Im Anlaut von *kec-* ist der Labial geschwunden (vgl. *quec-* v. 14; s. nhd. *keck* gegenüber *quick-*); zur Wortbildung vgl. 217.

25 st. f., vgl. Anm. 27 zum voraufgehenden Tatiantext; mit anlautendem *b-* ist das Wort nur im Alem. belegt.

26 Durchgängiges *-iu-* vor Labial (und Velar) ist dem Alem. Bair. eigentümlich (vgl. *teof* im voraufgehenden Tatiantext, Z. 13, und *diofēr* im voraufgehenden Text (Otfrid), v. 29; s. dazu 53; s. auch *liuf* im folgenden Halbvers.

27 Reiht negierten an nichtnegierten Satz an: »und nicht, auch nicht«.

28 Form der 2. Sg. Präs. Ind. nach Art der *jan*-Verben (statt *habēs*), in anderen Fällen dann auch mit Primärumlaut (vgl. 87).

29 Zum Gen. (ebenso zu *thes* im folgenden Halbvers) vgl. Anm. 33 zum voraufgehenden Text (Otfrid).

30 Konj. in einem abhängigen Satz mit finaler Nuance.

31 2. Sg. Präs. Ind. zum Prät.-Präs. *mag*; zur Flexionsendung und zum wurzelauslautenden Konsonanten vgl. 88 und 89.

32 Ausgang auf *-an* (vgl. auch v. 16) gegenüber *brunnon* v. 2 ist wohl durch Reim bedingt.

33 Dat. Pl. m. (f.?) des *i*-St. *liut*, abhängig von *kelop (sīn)* »berühmt, geachtet«.

34 = *inan* (in der Hs. *eran*, wohl für *er inan*).

35 Vgl. Anm. 32 zum voraufgehenden Tatiantext.

36 Nom. Pl.: vgl. 111; zur Bedeutung s. 221.

37 Prät. zum stv. *niozan*; zum Flexionsausgang vgl. Anm. 10.

Mittelhochdeutsche Texte

Aus dem *Iwein*-Roman Hartmanns von Aue (v. 2763–2970)

Dô sî dâ siben naht[1] *gebiten*[2],
dô was ouch zît daz sî riten.
do si[3] *urloup nemen wolden,*
die dâ rîten solden[4],
her Gâwein der getriuwe man
vuorte[5] *hern*[6] *Îweinen dan*
von den liuten sunder.
er sprach ›ezn ist niht wunder[7]
umb einen sæligen[8] *man*
der dar nâch gewerben kan
und dem vrümekheit[9] *ist beschert,*
ob im vil êren[10] *widervert.*
doch ringet dar nâch allen tac
manec man sô[11] *er meiste*[12] *mac,*
dem doch dehein[13] *êre geschiht:*
der enhât der sælden[14] *niht.*

[1] Zur Form des Akk. Pl. vgl. 114; der Akk. gibt die Erstreckung in der Zeit an.
[2] Zur Bezeichnung des Plusquamperfekts durch das Präteritum vgl. 141 b).
[3] Zur hinweisenden Funktion des Personalpronomens vor Relativsätzen vgl. 152.
[4] *suln* dient hier vornehmlich zur Umschreibung des Futurs.
[5] Inf. *vüeren*; zum Wechsel des Wurzelvokals vgl. 86 a).
[6] Zur Bedeutung von *hêrre* (vor Eigennamen meist *her*) vgl. 221.
[7] *wunder* »Gegenstand der Verwunderung« steht in Wendungen wie dieser meist ohne Artikel; zur doppelten Verneinung s. 159.
[8] Zur Bedeutung vgl. 243.
[9] Zur Bedeutung vgl. 231.
[10] Partitiver Gen. Pl., zu *vil* gehörig; Abstrakta werden zur Intensivierung häufig im Plural gebraucht; zur Bedeutung vgl. 230.
[11] Modale Konjunktion, vgl. 172.
[12] Superlativadv. zu einem ausgesparten Inf. *ringen*: »am meisten, mit äußerster Kraft«, in der Übersetzung am besten mit *sô* zu verbinden: »soviel er vermag«.
[13] Zur Bedeutung vgl. 158 c), auch 155.
[14] Partitiver Gen. Pl., zu *niht* gehörig; zum Plural s. oben Anm. 10; zur Bedeutung vgl. 243.

nû ist iuwer arbeit[15]
sæleclîchen an geleit[16]*:*
iu hât erworben iuwer hant[17]
ein schœne[18] *wîp*[19] *unde ein lant.*
sît iu nû wol geschehen sî[20]*,*
sô bewaret daz dâ bî
daz iuch iht[21] *gehœne*
iuwers wîbes schœne[22]*.*
geselle, behüetet daz enzît
daz ir iht[23] *in ir*[24] *schulden sît*
die des werdent gezigen[25]
daz sî sich durch ir wîp verligen.
kêrt ez niht allez[26] *an gemach;*
als dem hern Êrecke geschach,
der sich ouch alsô manegen tac
durch vrouwen[27] *Ênîten verlac*[28]*.*
wan[29] *daz er sichs*[30] *erholte*
sît als[31] *ein rîter*[32] *solte,*

[15] Zur Bedeutung vgl. 245.
[16] Ahd. *gilegit*, vgl. 32 und 99.
[17] *iuwer hant* läßt sich auffassen als figurativer Ausdruck (pars pro toto) an Stelle von *ir*.
[18] Nominale Form des Akk. Sg. n. (*ja-/jō*-St.!); dazu 123 und 149.
[19] Zur Bedeutung vgl. 222.
[20] Der Konjunktiv ergibt sich nicht aus dem Gebrauch der temporalen und kausalen Konjunktion *sît* (dazu 166 bzw. 169), sondern erklärt sich aus Attraktion bei imperativischem Charakter des übergeordneten Satzes (*bewaret*!).
[21] Adv. Akk. in der Funktion von pleonastischem *niht*: vgl. 161.
[22] Zur Wortbildung vgl. 212.
[23] S. oben Anm. 21.
[24] Gen. Pl. des Personalpron. als Bezugswort für das Relativpron. *die* (vgl. oben Anm. 3).
[25] Inf. *zîhen*; zum Wechsel des wurzelschließenden Konsonanten vgl. 58 und 59.
[26] Der Akk. kann sich auf *ez* beziehen (»alles«) oder adverbiell gebraucht sein (»gänzlich, ganz und gar«; dazu 137a).
[27] Zur Bedeutung vgl. 222.
[28] Inf. *verligen*, vgl. 81.
[29] Mit *daz* zur Einschränkung des folgenden irrealen Hauptsatzes, vgl. 173. Noch in diesen abhängigen Satz gehört das temporale Adv. *sît*.
[30] Der Gen. *-s* (= *es*), bezogen auf reflexives *erholte*, läßt sich als Objektsgenitiv (s. 143) oder als Genitiv der Relation (s. 144) erklären.
[31] Modale Konjunktion, vgl. 172.
[32] Zur Bedeutung vgl. 224.

sô wære vervarn sîn êre.
der minnete ze sêre.
Ir hât des[33] iuch genüegen sol:
dar under lêr ich iuch wol
iuwer êre bewarn.
ir sult mit uns von hinnen varn:
wir suln turnieren als ê.
mir tuot anders[34] iemer wê
daz ich iuwer[35] künde hân,
sol iuwer rîterschaft zergân.[36]
vil maneger beschirmet sich dâ mite:
er giht[37] ez sî des hûses site,
ist er êlîche gehît,[38]
daz er danne vür die zît[39]
sül weder rîten noch geben[40]:
er giht er sül dem hûse leben.
er geloubet[41] sich der beider,
vreuden unde cleider
die nâch rîterlîchen siten
sint gestalt[42] und gesniten:
und swaz er warmes[43] an geleit[44],
daz[45] giht er ez sîn wirtes[46] cleit.

[33] Zugleich Bezugswort und Relativum in dem Kasus, der vom abhängigen Satz (*genüegen* !) gefordert wird: vgl. 165 a).
[34] Adv. Gen., vgl. 137 b).
[35] Gen. des Personalpron. der 2. Pers. Pl. (vgl. 126), zu *künde* gehörig.
[36] Konjunktionsloser Konditionalsatz, vgl. 177.
[37] *er giht* (zum stv. *jehen*) ist eng an den voraufgehenden Satz angeschlossen und kann mit Nebensatz wiedergegeben werden (vgl. 179); davon abhängig indirekte Rede im Konjunktiv (*sî, sül*), dazu 175.
[38] Eingeschobener Konditionalsatz, auf den die indirekte Rede im folgenden Vers durch *vür die zît* Bezug nimmt. Das Part. gehört zum swv. *hîwen, hîen.*
[39] *vür die zît* »von der Zeit an«.
[40] *geben* ist ›*milte* üben‹ (dazu 236).
[41] Zur Kasusrektion und Bedeutung vgl. 143 a).
[42] 2. Part. zu *stellen*; vgl. 99.
[43] Partitiver Gen., bezogen auf *swaz.*
[44] Vgl. oben Anm. 16.
[45] Der Akk. statt des bei *jehen* üblichen Gen. (vgl. 143 c) erklärt sich wohl durch Anlehnung an *swaz.*
[46] Zur Bedeutung vgl. 225.

er treit[47] *den lîp swâre*[48],
mit strûbendem hâre,
barschenkel unde barvuoz.
und daz ist ie der ander[49] *gruoz*
den er sînem gaste[50] *gît:*
er sprichet ›sît der zît
daz ich êrste[51] *hûs gewan*
(daz geloubet mir lützel ieman[52]*)*
sone wart ich nie zewâre
des über[53] *ze halbem jâre*
ichn müese koufen daz korn.[54]
hiure bin ich gar verlorn
(mich müet daz ichz iu muoz clagen):
mir hât der schûr erslagen
den besten bû den ich hân.
ich vürhte ich müeze[55] *daz hûs lân.*
etewie ernert[56] *ich den lîp,*
wan[57] *daz ich sorge um mîn wîp:*
diene weiz ich war ich tuo.[58]
dâ hœret grôz kumber zuo,
swer daz hûs haben sol:[59]
jane mac nieman wizzen wol
waz ez muoz kosten.
ich wære wol enbrosten[60]
der werlt an andern dingen,

[47] Ahd. *tregit* zu *tragan*, vgl. auch Anm. 16.
[48] Adv. zum Adj. *swære*; vgl. 138 a).
[49] *ander* »unmittelbar folgend«.
[50] Zur Bedeutung vgl. 225.
[51] Superlativadv. »zuerst«.
[52] *lützel ieman*, mit untertreibender Bezeichnung der Negation (vgl. 158 e): »niemand«.
[53] *über werden eines dinges* »einer Sache überhoben werden«.
[54] Zur Form des abhängigen Satzes vgl. 162.
[55] Konjunktiv entsprechend 175.
[56] Für *ernerte*, Konj. Prät.
[57] In Verbindung mit *daz* zur Einleitung eines exzipierenden Satzes, vgl. 173.
[58] Zur Syntax: 188 a).
[59] Relativsatz in der Funktion eines Konditionalsatzes, dazu 165 d).
[60] 2. Part. zu *enbresten* stv. IV (vgl. 81) mit Dat.: »jemandem entkommen, sich eines Anspruches jemandes entledigen«.

möht ich dem hûse geringen.‹
Sus beginnet er trûren unde clagen
unde sînem gaste sagen
sô manec armez mære
daz im[61] *lieber wære*
wærer nie komen[62] *dar.*
der wirt hât wâr, und doch niht gar.
daz hûs muoz kosten harte[63] *vil:*
swer êre ze rehte haben wil,
der muoz deste dicker heime[64] *sîn:*
sô tuo[65] *ouch under wîlen schîn*
ob er noch rîters muot[66] *habe,*
unde entuo sich des niht abe[67]
ern sî der rîterschefte bî[68]
diu im ze suochenne[69] *sî*[70]*.*
ich rede als ichz erkennen kan.
nû durch wen möhte ein vrumer man
gerner wirden[71] *sînen lîp*
danne durch sîn biderbez wîp?
hât er sich êren verzigen
und wil sich bî ir verligen,
unde giht des danne,
gelîch einem bœsen manne,
daz erz ir ze liebe tuo,
dâne geziehe si niemer zuo:[72]

[61] *dem gaste.*
[62] 2. Part. ohne Präfix, vgl. 100.
[63] Adv. zum Adj. *herte* (vgl. 138 a), hier Verstärkung von *vil.*
[64] Adv. Dat., vgl. 137 c).
[65] Fehlen des pronominalen Subjekts neben der 3. Pers. Sg. Präs. Konj.; vgl. 185.
[66] Zur Bedeutung vgl. 240.
[67] *sich abe tuon eines dinges* »etwas aufgeben«.
[68] Zur Form des abhängigen Satzes vgl. oben Anm. 54.
[69] Dat. des flektierten Inf. (Gerundiums).
[70] Der Konjunktiv steht in Angleichung an den optativischen Konjunktiv des regierenden Satzes (*entuo*).
[71] Zur Wortbildung (zum Adj. *wert*: 229) vgl. 203.
[72] *si* ist entweder Subjekt (und *geziehen* intrans.) »dazu begebe sie sich niemals: darauf gehe sie, lasse sie sich nicht ein« oder – wahrscheinlicher – Objekt (und das Subjekt *er* ist erspart) »dazu ziehe er sie nicht bei: dabei berufe er sich nicht auf sie«.

wan[73] *ir ist von herzen leit*
sîn unwirde[74] *und sîn verlegenheit*[75].
swie rehte liep er ir sî,[76]
sî müet, ist er ir ze dicke bî.
manegiu ziuhet sich daz an[77],
durch die vorhte des man[78],
daz sîs niht verdrieze[79]*:*
swaz aber ers genieze[80]
ober sich bî ir verlît[81],
daz haber eine[82] *âne nît.*
Iu hât verdienet iuwer hant
eine künegîn unde ein lant:
sult[83] *ir nû dâ verderben bî,*
sô wæn ich daz noch rîcher[84] *sî*
âne huobe ein werder[85] *man.*
her Îwein, dâ gedenket an,
und vart mit uns von hinnen,
und gewinnet mit minnen[86]
der küneginne ein urloup abe
zeinem tage[87] *der vuoge habe,*
und bevelhet ir liut unde lant.
ein wîp die[88] *man hât erkant*

73 Kausale Konjunktion, vgl. 169.
74 Zur Bedeutung vgl. 229.
75 Das Abstraktum zu *(sich) verligen* (zur Bildung vgl. 212).
76 Konzessivsatz; der Konjunktiv ist der übliche Modus, gleichviel ob eine potentielle Nuance oder ein Faktum ausgedrückt werden soll.
77 *sich ane ziehen* »sich zu eigen machen, sich das Ansehen geben«.
78 Gen. obiectivus (s. 145).
79 Unpers. mit Objektsgen. (*-s*), vgl. 143 b).
80 Der Gen. *-s* bezeichnet, wovon man Vorteil hat (vgl. 143 b), der Akk. *swaz*, was man als Vorteil hat.
81 Ahd. *-ligit;* vgl. 32 und 103.
82 »allein«; die Form ist entweder mit der Endung des schwachen Adj. oder mit Adverbialsuffix gebildet.
83 *sult* drückt eine futurische Nuance aus.
84 Zur Bedeutung vgl. 227.
85 Zur Bedeutung vgl. 229.
86 Die *minne* (zum Plural vgl. oben Anm. 10) kann sowohl die Freundlichkeit Iweins wie auch das Wohlwollen der Königin sein: »im guten«.
87 »bis zu einem Tage«.
88 Zur Inkongruenz des Genus vgl. 183.

in alsô stætem[89] muote,
diun bedarf niht mêre[90] huote
niuwan[91] ir selber[92] êren.
man sol die huote kêren
an irriu[93] wîp und an kint,
diu sô einvaltec sint
daz sî eins alten wîbes rât
bringen mac ze missetât.
Ir hât alsô gelebet unz her
daz ichs an iu niht wandel ger[94],
nâch êren als ein guot kneht:
nû hât ir des êrste[95] reht[96]
daz sich iuwer êre
breite unde mêre.
irte iuch etewenne daz guot
michels[97] harter[98] dan der muot,
nû muget ir mit dem guote
volziehen dem muote.
nû sît biderbe und wol gemuot:
sô wirt diu rîterschaft noch guot
in manegem lande von uns zwein.
des[99] volget mir, her Îwein.‹
Nû versuochter zehant
an die vrouwen daz er vant:[100]

89 Zur Bedeutung vgl. 237.

90 Substantivisches indeklinables Neutrum (des Komparativs), das hier den Gen. vertritt (bezogen auf *bedarf*); dazu gehört der partitive Gen. *huote.*

91 Nach *niht* + Komparativ: »als« (vgl. 174).

92 Gen. Sg. (stark) des Indefinitpron. *selp*, bezogen auf das Personalpron. *ir.*

93 Im Gegensatz zu *stæte* (s. oben v. 129): »wankelmütig«.

94 *gern* mit Objektsakk. *(wandel)* statt des überwiegend gebrauchten Gen. (dazu 143 a); der Gen. *-s* gehört entweder zu *wandel* oder als Bezeichnung der Relation (dazu 144) zu dem Ausdruck *wandel gern.*

95 S. oben Anm. 51.

96 *reht* bezeichnet nicht nur den »Anspruch«, sondern auch die »Pflicht«, die aus der für alle geltenden Norm folgt; *des* gehört als Gen. der Relation zu dem Ausdruck *ir hât reht.*

97 Adv. Gen. (dazu 137 b) zur Bezeichnung des Maßes oder Grades.

98 Komparativ zum Adv. *harte* (s. oben Anm. 63).

99 Kausaler adv. Gen. oder Gen. der Relation.

100 *ein dinc an einen versuochen* »etwas von jemandem zu erlangen suchen«; *daz* ist zugleich Objekt zu *versuochte* (als Demonstrativum) und zu *vant* (als Relativum).

wan[101] *dô sîn bete was getân,*
done hete sî des[102] *deheinen wân*
daz er sî ihtes bæte
wan[103] *daz sî gerne tæte.*
daz geweren rou[104] *sî dâ ze stat,*
dô er sî urloubes bat
daz er turnieren müese varn.[105]
sî sprach ›daz sold[106] *ich ê bewarn‹:*
done mohte sis niht wider komen[107].
sus wart dâ urloup genomen
zeinem ganzen jâre.
ouch swuor sî des, zewâre,
und[108] *beliber*[109] *iht vürbaz,*
ez wære iemer ir haz.
ouch swuor er, des in diu liebe twanc,
in dûht daz eine jâr ze lanc,
unde ern sûmde sich niht mê,
er kæme wider, möhter, ê,
esn latzte[110] *in êhaftiu nôt,*
siechtuom vancnüsse ode der tôt.
Sî sprach ›iu ist daz wol erkant
daz unser êre und unser lant
vil gar ûf der wâge lît,

[101] Kausale Konjunktion (vgl. 169), die die Begründung für den voraufgehenden Relativsatz einleitet.

[102] Gen. der Relation, bezogen auf *(sî) het wân.*

[103] »außer«; schränkt *ihtes* ein: *wan [des,] daz* etc. (*daz* ist Bezugswort und Relativum zugleich und steht in dem vom Relativsatz geforderten Kasus; vgl. oben Anm. 33).

[104] 3. Sg. Prät. zu *riuwen* stv. II.

[105] Der Satz ist entweder ein innerlich abhängiger Finalsatz (»damit er gehen könne«) oder indirekte Rede abhängig von einem zu ergänzenden Verbum dicendi (»mit den Worten, er müsse gehen«).

[106] Prät. (Konj.) zur Bezeichnung des Plusquamperfekts.

[107] *wider komen eines dinges* »von etwas zurückkommen, etwas bessern«.

[108] *und* an der Spitze eines konjunktionslosen Konditionalsatzes, vgl. 167.

[109] Der Konj. Prät. als Kennzeichen der indirekten Rede (vgl. im folgenden *wære, dûht, sûmde, kæme*) bei Ind. Prät. im übergeordneten Satz (*swuor*) kann sich, wie hier, auf die Zukunft beziehen.

[110] Inf. *letzen* (zum Wechsel des Wurzelvokals vgl. 86a) »hindern an etwas« (mit Gen.); zur Konstruktion vgl. 176.

ir enkumt uns wider enzît,[111]
daz ez uns wol geschaden mac.
hiute ist der ahte tac
nâch den sunewenden:
dâ sol daz jârzil enden.
sô kumt benamen[112] *ode ê,*
ode ichn warte iuwer niht mê.
unde lât diz vingerlîn
einen geziuc der rede sîn.
ichn wart nie manne sô holt[113]
dem[114] *ich diz selbe golt*
wolde[115] *lîhen ode geben.*
er[116] *muoz wol deste baz leben*
der ez treit und an siht.
her Îwein, nûne verliesetz niht.
sînes steines kraft ist guot:
er gît gelücke[117] *und senften muot:*
er ist sælec der in treit.‹
nû was der künec Artûs gereit:
der schiet mit urloube dan.
nû reit diu vrouwe mit ir man
wol drî mîle ode mê.
daz scheiden tete ir herzen wê,
als wol an ir gebærden schein.
daz senen bedahte[118] *her Îwein*
als er dô beste[119] *kunde:*
mit lachendem munde
truobeten im diu ougen.

[111] Zur Konstruktion vgl. 176; dieser Satz gehört logisch hinter den folgenden Konsektutivsatz.

[112] Adv. »im vollen Sinne des Wortes, wirklich, so wie es verabredet ist«.

[113] Zur Bedeutung vgl. 241.

[114] Der Relativsatz hat nach dem voraufgehenden *sô* modal-konsekutiven Sinn (»daß ich ihm«).

[115] Zum Tempus s. oben Anm. 106.

[116] Vgl. oben Anm. 3.

[117] Zur Bedeutung vgl. 243.

[118] Inf. *bedecken* swv.; zum Wechsel des Vokals und des Konsonanten vgl. 86a) bzw. 86b).

[119] Zu Form und Syntax vgl. oben Anm. 12.

der rede ist unlougen[120]*,*
er hete geweinet benamen,
wan[121] *daz er sich muose schamen.*
ze lande vuor der künec Artûs,
diu vrouwe widere ze hûs.

[120] *unlougen* stn. »was sich nicht in Abrede stellen läßt«; daraus, daß das Wort ein Substantiv ist, erklärt sich die Konstruktion mit Gen. (*der rede*).

[121] Mit *daz* zur Einschränkung des voraufgehenden irrealen Satzes, vgl. 173 und oben Anm. 29; der Indikativ ist der übliche Modus.

Albrecht von Johansdorf

Ich vant âne huote
die vil minneclîchen[1] *eine*[2] *stân.*
sâ dô sprach diu guote
›waz welt ir sô eine her gegân[3]*?‹*
›frouwe[4]*, ez ist alsô geschehen.‹*
›saget, war umbe sît ir her[5]*? des*[6] *sult ir mir verjehen.‹*

›Mînen senden kumber
klage ich iu, vil liebe frouwe mîn.‹
›wê, waz saget ir tumber?
ir mugt iuwer klage wol lâzen sîn.‹
›frouwe, ichn mac ir[7] *niht enbern.‹*
›sô[8] *wil ich in tûsent jâren niemer iuch gewern*[9]*.‹*

›Neinâ, küniginne!
daz mîn dienest[10] *sô iht sî verlorn!‹*[11]
›ir sît âne sinne,
daz ir bringet mich in solhen zorn.‹
›frouwe, iur[12] *haz tuot mir den tôt*[13]*.‹*
›wer hât iuch, vil lieber man, betwungen ûf die nôt[14]*?‹*

[1] Akk. Sg. des substantivierten Adj., das durch das Adv. *vil* verstärkt ist.
[2] Adv. »allein«.
[3] 2. Part. bei *wellen*: »was hat es für einen Zweck, daß Ihr so allein hierher kommt? weshalb kommt Ihr so allein hierher?«.
[4] Zur Bedeutung vgl. 222.
[5] Zu ergänzen ist das 2. Part. eines Verbums der Bewegung.
[6] Objektsgen., vgl. 143 c).
[7] Objektsgen., vgl. 143 a).
[8] Adversativ: »jedoch«.
[9] Mhd. mit Akk. der Person!
[10] Zur Bedeutung vgl. 223.
[11] Der *daz*-Satz ist entweder ein Finalsatz (zu *iht* als Negation s. 160), abhängig von einem aus *Neinâ* herzuleitenden »verhaltet Euch nicht so!«, oder ein Wunschsatz ohne übergeordneten Satz (*iht* wäre dann wie in bestimmten abhängigen *daz*-Sätzen gebraucht).
[12] = *iuwer.*
[13] *einem den tôt tuon = einen tœten.*
[14] »in diese Bedrängnis gebracht«.

›Daz hât iuwer schœne
die ir hât, vil minneclîchez wîp[15]*.‹*
›iuwer süezen dœne
wolten[16] *krenken*[17] *mînen stæten*[18] *lîp.‹*
›frouwe, niene welle[19] *got.‹*
›werte ich iuch, des[20] *hetet ir êre*[21]*; sô*[22] *wær mîn*[23] *der spot.‹*

›Lât mich noch geniezen
daz ich iu von herzen ie was holt[24]*.‹*
›iuch mac wol verdriezen
daz ir iuwer wortel gegen mir bolt[25]*.‹*
›dunket iuch mîn rede niht guot?‹
›jâ hât si beswæret dicke mînen stæten muot[26]*.‹*

›Ich bin ouch vil stæte,
ob ir ruochet[27] *mir der wârheit jehen*[28]*.‹*
›volget mîner ræte[29]*,*
lât die bete diu niemer mac geschehen.‹
›sol ich alsô sîn gewert?‹
›got der wer iuch anderswâ des[30] *ir an mich dâ gert.‹*

[15] Zur Bedeutung vgl. 222.
[16] Prät. in der Funktion des Perfekts; dazu 141 a).
[17] Zur Bildung und Bedeutung vgl. 203.
[18] Zur Bedeutung vgl. 237.
[19] Das Objekt zu dem negierten *wellen* ist der im voraufgehenden Vorwurf enthaltene Gedanke.
[20] Gen. in kausaler Bedeutung.
[21] Zur Bedeutung vgl. 230.
[22] Vgl. Anm. 8.
[23] Gen. des Personalpron. der 1. Person Sg. zur Bezeichnung der Zugehörigkeit.
[24] Zur Bedeutung vgl. 241.
[25] *boln* swv. »schleudern, werfen« (z. B. auch von Blicken gesagt).
[26] Zur Bedeutung vgl. 240.
[27] *ruochen*, »seine Gedanken auf etwas richten«, hier in der Höflichkeitsformel, vgl. nhd. *geruhen*.
[28] Die Infinitivkonstruktion kann heißen »mir die Wahrheit zu sagen« oder – wie hier durch den Kontext nahegelegt – »mir aufrichtige Gesinnung zuzuerkennen«.
[29] Gen. Pl. des st. m. *rât*, bezogen auf *volget* (*volgen* sonst meist mit Dat.).
[30] Zugleich Bezugswort und Relativum (Genitivobjekt zu *wer* und *gert*).

›Sol mich dan mîn singen
und mîn dienest gegen iu niht vervân[31] *?‹*
›iu sol wol gelingen:
âne lôn sô sult ir niht bestân.‹
›wie meinet ir daz, frouwe guot?‹
›daz ir deste werder[32] *sît und dâ bî hôchgemuot*[33]*.‹*

[31] »vorwärts bringen« (vgl. nhd. *verfangen*).
[32] Zur Bedeutung vgl. 229.
[33] Zur Bedeutung vgl. 240.

Wolfram von Eschenbach

Den morgenblic bî wahtærs sange erkôs
ein vrouwe[1] *dâ*[2] *si tougen*
an ir werden[3] *vriundes arme lac.*
dâ von si der vröiden[4] *vil verlôs.*
des[5] *muosen liehtiu ougen*
aver nazzen[6]*. si sprach: ›ôwê tac!*
wilde und zam daz vröit sich dîn[7]
und siht dich gerne – wan[8] *ich eine. wie sol*[9] *ez mir ergên!*
nu enmac niht langer hie bî mir bestên
mîn vriunt: den jaget von mir dîn schîn.‹

Der tac mit kraft al[10] *durch diu venster dranc.*
vil slôze[11] *sie besluzzen.*
daz half niht: des wart in sorge kunt.
diu vriundîn den vriunt vast[12] *an sich twanc.*
ir ougen diu beguzzen
ir beider wangel. sus sprach zim ir munt:
›zwei herze und einen lîp hân wir.
gar ungescheiden unser triuwe[13] *mit einander vert.*
der grôzen liebe[14] *der bin ich gar verhert*
wan sô[15] *du kumest und ich zuo dir.‹*[16]

[1] Zur Bedeutung vgl. 222.
[2] Zugleich Demonstrativum und Relativum (»da, wo«), vgl. 165 a).
[3] Zur Bedeutung vgl. 229.
[4] Gen. partitivus, bezogen auf (subst.) *vil.*
[5] Gen. in kausaler Bedeutung.
[6] Zu Bildung und Bedeutung vgl. 197.
[7] Gen. Sg. des Personalpron. der 2. Person, (in kausaler Bedeutung) bezogen auf *sich vröin.*
[8] Negative Einschränkung eines Satzteiles: »ausgenommen, außer, nur . . . nicht« (vgl. 174).
[9] Umschreibung des Futurs.
[10] Adv., verstärkt *durch.*
[11] Gen. Pl., bezogen auf *vil. vil slôze* kann sein: Subjekt (dann ist *sie* Objekt, zu beziehen entweder auf die Fenster oder auf die Liebenden) oder Objekt (dann ist *sie* Subjekt, zu beziehen auf die Liebenden).
[12] *vast(e)* Adv. zum Adj. *vest(e)*; zur Bildung vgl. 138 a).
[13] Zur Bedeutung vgl. 234.
[14] Zur Bedeutung vgl. 235.
[15] *sô* fungiert hier als temporal-konditionale Konjunktion.
[16] Im ersten Satzglied läßt sich aus dem zweiten *zuo mir*, im zweiten aus dem ersten *kume* ergänzen.

Der trûric man nam urloup balde alsus:
ir liehten vel diu slehten
kômen nâher. sus der tac erschein.
weindiu ougen – süezer vrouwen kus![17]
sus kunden si dô vlehten
ir munde, ir brüste, ir arm, ir blankiu bein.
swelch[18] *schiltær entwurfe*[19] *daz,*
geselleclîche[20] *als sie lâgen – des wære ouch dem genuoc*[21].
ir beider liebe doch vil sorgen truoc,[22]
sie pflâgen minne[23] *ân allen haz.*

[17] Daß der Vers – bei dieser Interpunktion – kein Prädikatsverbum aufweist, läßt sich aus dem gnomischen, sentenzhaften Charakter der Aussage erklären. Die beiden nominalen Glieder sind aufeinander bezogen durch die Attribute *weindiu* (= *weinendiu*) und *süezer* (zu *kus*!), die man in Prädikate auflösen kann (etwa: »wenn die Augen weinen, ist der Kuß süß«).

[18] Einleitung eines Relativsatzes (s. 164), der die Funktion eines Konditionalsatzes hat (dazu 165 d).

[19] In diesem Sinnbereich (*schiltære* »Maler«, insbesondere »Wappenmaler«): »gestalten, skizzieren, malen«.

[20] Vorgezogenes Adv. zu *lâgen*. Zu der damit ausgedrückten Vorstellung der gänzlichen Einheit hat man einen Gegensatz aus *entwerfen* zu gewinnen versucht: »die Umrisse zeichnen«; in dieser Bedeutung aber gebraucht Wolfram das Verbum sonst nicht.

[21] Mit Gen.; steht – mit leichter Untertreibung – auch für »viel, sehr viel«: »der täte seiner Kunst vollauf Genüge«; auf *genuoc* = »zuviel« beruht eine andere Auffassung (»das wäre zuviel für ihn, damit wäre er überfordert«), die allerdings zu der Annahme nötigt, der Konjunktiv *entwurfe* bezeichne außer dem Irrealis noch die Absicht oder den Versuch.

[22] Der Vers steht in einem konzessiven (*doch*) Verhältnis zum Voraufgehenden oder Folgenden; er wird gewöhnlich und so auch hier (vgl. die Interpunktion) auf das Folgende bezogen, da andernfalls der Schlußvers als isolierter Zusatz erschiene. *doch* kann in der vorliegenden Stellung nicht Konjunktion eines abhängigen (Konzessiv-)Satzes sein, sondern nur das Bezugswort im Hauptsatz (trotz der Endstellung des Verbs) zu einer im folgenden Satz enthaltenen Einräumung (die hier zur Verdeutlichung mit einem Nebensatz wiedergegeben wird): »ihre Liebe war (dennoch) von großer Sorge überschattet, obgleich sie sich ihr ohne alle Fremdheit hingaben«. Vielfach wird umgekehrt das erste Glied als die Einräumung angesehen und die Stellung des *doch*, das bei dieser Auffassung im Schlußvers zu erwarten wäre, mit dem Hinweis auf »älteren Sprachgebrauch« erklärt.

[23] Zur Bedeutung vgl. 235.

Nachweise der zitierten Textstücke

Vergleichstexte

a) Die gotische Bibel. Hrsg. von Wilhelm Streitberg. Erster Teil. 5., durchges. Aufl. – Heidelberg 1965. (Germanische Bibliothek. 4. Reihe: Texte.) S. 27.

b) The Monsee fragments. Newly collated text with introduction, notes, grammatical treatise and exhaustive glossary [. . .] Ed. by George Allison Hench. – Straßburg 1890. S. 37.

c) Tatian. Lateinisch und altdeutsch mit ausführlichem Glossar hrsg. von Eduard Sievers. Zweite neubearb. Ausgabe. – Paderborn 1892. (= Bibliothek der ältesten deutschen Literatur-Denkmäler. 5.) [Unveränderter Nachdruck 1966.] S. 259f./S. 264.

d) Deutsche Bibelfragmente in Prosa des XII. Jahrhunderts. Hrsg. von Horst Kriedte. – Halle a. d. S. 1930. S. 82/S. 84.

e) Des Matthias von Beheim Evangelienbuch in mitteldeutscher Sprache. 1343. Hrsg. von Reinhold Bechstein. – Leipzig 1867. (= Mittheilungen der Deutschen Gesellschaft zur Erforschung vaterländischer Sprache und Alterthümer in Leipzig. Bd 3.) S. 65f.

f) Die erste deutsche Bibel. Erster Band ⟨Evangelien⟩. Hrsg. v. W. Kurrelmeyer. – Tübingen 1904. (= Bibliothek des litterarischen Vereins in Stuttgart. CCXXXIV.) S. 108f.

g) Die Septemberbibel. Das Neue Testament deutsch von Martin Luther. Nachbildung der zu Wittenberg 1522 erschienenen ersten Ausgabe zum vierhundertjährigen Geburtstage Luthers. Mit einer Einleitung von Julius Köstlin. – Berlin 1883. (= Deutsche Drucke älterer Zeit in Nachbildungen. 1.) Bl. XXIII^{r}.

h) Neue Forschungen und Texte zur Geschichte der deutschen Bibel. Hrsg. in Gemeinschaft mit K. Beckey und E. Zimmermann von Hans Vollmer. – Potsdam 1939. (= Bibel und deutsche Kultur. Veröffentlichungen des Deutschen Bibelarchivs in Hamburg. Bd IX.) S. 79f.

i) The English Bible. Translated out of the Original Tongues by the Commandment of King James the First. Anno 1611. Volume VI: The New Testament. – London 1904. (= The Tudor Translations. Ed. by W. E. Henley. 38.) S. 50f.

k) Die Heilige Schrift des Alten und Neuen Testamentes. Aus der Vulgata mit Bezug auf den Grundtext neu übersetzt und mit kurzen Anmerkungen erläutert von Joseph Franz Allioli. Bd 3. 8. Aufl. (2. Aufl. der Ausg. mit lat. Text). – München und Landshut 1858. S. 121f.

l) Das Neue Testament. Übers. und erl. von P. Dr. Konstantin Rösch O. M. Cap. – Paderborn 1952. [Abdruck der letzten vom Übers. besorgten Aufl. 1937.] S. 70.

Althochdeutsche Texte

Ahd. Tatian:
(s. Angaben zu Vergleichstext c.) S. 118f.

Otfrid:
Otfrids Evangelienbuch. Hrsg. von Oskar Erdmann. 5. Aufl. besorgt von Ludwig Wolff. – Tübingen 1965. (= Altdeutsche Textbibliothek. Nr. 49.) S. 83f.

Christus und die Samariterin:
Althochdeutsches Lesebuch. Zusammengestellt und mit Wörterbuch versehen von Wilhelm Braune. Fortgeführt von Karl Helm. 15. Aufl., bearb. von Ernst A. Ebbinghaus. – Tübingen 1969. S. 136.

Mittelhochdeutsche Texte

Hartmann von Aue:
Iwein. Eine Erzählung von Hartmann von Aue. Hrsg. von G. F. Benecke und K. Lachmann. Neu bearb. von Ludwig Wolff. 7. Ausgabe. Bd 1: Text. – Berlin 1968. S. 67–72.

Albrecht von Johansdorf:
Des Minnesangs Frühling. Nach Karl Lachmann, Moriz Haupt und Friedrich Vogt neu bearb. von Carl von Kraus. 34. Aufl. ⟨Textausgabe ohne Anmerkungen⟩ Unveränd. Nachdruck. – Stuttgart 1967. S. 121f.

Wolfram von Eschenbach:
Wapnewski, Peter: Die Lyrik Wolframs von Eschenbach. Edition – Kommentar – Interpretation. (Mit 7 Abb.) – München (1972). S. 19f.

Die Genehmigung zum Abdruck der längeren zusammenhängenden Texte erteilten freundlicherweise die Verlage:

C. H. Beck, München
Walter de Gruyter & Co., Berlin
S. Hirzel, Stuttgart
Max Niemeyer, Tübingen
Ferdinand Schöningh, Paderborn.

Kurze Bibliographie

Die methodologische Diskussion, die heute in der Sprachwissenschaft geführt wird, in einer Bibliographie zu spiegeln entspräche nicht dem Zweck und der Anlage dieses Bändchens. Hier sind nur einige Handbücher, die über den Gegenstand oder über Aspekte der vorliegenden Einführung näher unterrichten, und insbesondere die wichtigsten Hilfsmittel für die Textlektüre zusammengestellt. Für weitere Literatur sei besonders auf die jüngeren der verzeichneten Darstellungen verwiesen.

1. Sprachgeschichte

1.1 Gesamtdarstellungen

Bach, Adolf: Geschichte der deutschen Sprache. – Leipzig 1938. 8. Aufl. Heidelberg 1965.

Moser, Hugo: Deutsche Sprachgeschichte. – Stuttgart 1950. 5. Aufl. Tübingen 1965.

Moser, Hugo: Deutsche Sprachgeschichte der älteren Zeit; Arno Schirokauer: Frühneuhochdeutsch; August Langen: Deutsche Sprachgeschichte vom Barock bis zur Gegenwart. – In: Deutsche Philologie im Aufriß. Hrsg. von Wolfgang Stammler. Bd I. Berlin 1952. 2. Aufl. 1957. Sp. 621–1396.

Eggers, Hans: Deutsche Sprachgeschichte. I. Das Althochdeutsche. II. Das Mittelhochdeutsche. III. Das Frühneuhochdeutsche. – Reinbek 1963/65/69. (= rowohlts deutsche enzyklopädie. 185/186. 191/192. 270/271.)

Tschirch, Fritz: Geschichte der deutschen Sprache. Bd I–II. – Berlin 1966–69. (= Grundlagen der Germanistik. 5. 9.)

Geschichte der deutschen Sprache. Mit Texten und Übersetzungshilfen. Verfaßt von einem Autorenkollektiv unter Leitung von Wilhelm Schmidt. – Berlin 1969.

von Polenz, Peter: Geschichte der deutschen Sprache. 7., völlig neu bearbeitete Auflage der früheren Darstellung von Hans Sperber. – Berlin 1970. (= Sammlung Göschen. 915/915 a.)

Kurzer Grundriß der germanischen Philologie bis 1500. Hrsg. von Ludwig E. Schmitt. Bd I. Sprachgeschichte. – Berlin 1970.

1.2 Dialekte und Gemeinsprache

Henzen, Walter: Schriftsprache und Mundarten. Ein Überblick über ihr Verhältnis und ihre Zwischenstufen im Deutschen. – Zürich, Leipzig 1938. 2. Aufl. 1954. (= Bibliotheca Germanica. 5.)

Schirmunski, Victor M.: Deutsche Mundartkunde. Vergleichende Laut- und Formenlehre der deutschen Mundarten. (Aus dem Russischen übersetzt und wissenschaftlich bearbeitet von Wolfgang Fleischer.) – Berlin 1962. (= Deutsche Akade-

mie der Wissenschaften zu Berlin. Veröffentlichungen des Instituts für deutsche Sprache und Literatur. 25.)
Guchmann, M. M.: Der Weg zur deutschen Nationalsprache. (Ins Deutsche übertragen und wissenschaftlich bearbeitet von Günter Feudel.) Teil 1–2. – Berlin 1964–1969. (Teil 1 = Bausteine zur Sprachgeschichte des Neuhochdeutschen. 1.; Teil 2 = Deutsche Akademie der Wissenschaften zu Berlin. Veröffentlichungen des Instituts für deutsche Sprache und Literatur. 40.)
Besch, Werner: Sprachlandschaften und Sprachausgleich im 15. Jahrhundert. Studien zur Erforschung der spätmittelhochdeutschen Schreibdialekte und zur Entstehung der neuhochdeutschen Schriftsprache. – München 1967. (Bibliotheca Germanica.)

2. Laut- und Formenlehre

Wilmanns, Wilhelm: Deutsche Grammatik. Bd. I–III (in 4 Bdn). – Straßburg 1893–1909. Bd I. Lautlehre. 3. Aufl. 1911. Bd III. Flexion. 1906–1909.
Paul, Hermann: Deutsche Grammatik. Bd I–V. – Halle 1916–1920. Nachdruck 1968. Bd I. Geschichtliche Einleitung. Lautlehre. Bd II. Flexionslehre.
Krahe, Hans: Germanische Sprachwissenschaft. Bd I–II. – Berlin 1942. 7. Aufl. bearbeitet von Wolfgang Meid. 1969. (= Sammlung Göschen. 238. 780.). Vgl. Meid, Wolfgang, unter 4.1.
von Kienle, Richard: Historische Laut- und Formenlehre des Deutschen. – Tübingen 1960. 2., durchgesehene Aufl. 1969. (= Sammlung kurzer Grammatiken germanischer Dialekte. A. 11.)
Penzl, Herbert: Geschichtliche deutsche Lautlehre. – München (1969).
Herrlitz, Wolfgang: Historische Phonologie des Deutschen. Teil I: Vokalismus. – Tübingen 1970. (= Germanistische Arbeitshefte. 3.)
Penzl, Herbert: Vom Urgermanischen zum Neuhochdeutschen. Eine historische Phonologie. – Berlin 1975. (= Grundlagen der Germanistik. 16.)
Braune, Wilhelm: Althochdeutsche Grammatik. – Halle 1886. 12. Aufl. bearb. von Walther Mitzka. – Tübingen 1967. (= Sammlung kurzer Grammatiken germanischer Dialekte. A. 5.)
Sonderegger, Stefan: Althochdeutsche Sprache und Literatur. Eine Einführung in das älteste Deutsch. Darstellung und Grammatik. – Berlin, New York 1974. (= Sammlung Göschen. 8005.)
Penzl, Herbert: Lautsystem und Lautwandel in den althochdeutschen Dialekten. – München 1971.
Cordes, Gerhard: Altniederdeutsches Elementarbuch. Mit einem Kapitel »Syntaktisches« von Ferdinand Holthausen. – Heidelberg 1973. (= Germanische Bibliothek. 1. Reihe.)
Weinhold, Karl: Mittelhochdeutsche Grammatik. – Paderborn 1877. Unveränderter Nachdruck der 2. Aufl. (1883) 1967.
Paul, Hermann: Mittelhochdeutsche Grammatik. – Halle 1881. 20. Aufl. von Hugo Moser und Ingeborg Schröbler. – Tübingen 1969. (= Sammlung kurzer Grammatiken germanischer Dialekte. A. 2.) S. 1–279.

Michels, Victor: Mittelhochdeutsches Elementarbuch. – Heidelberg 1900. 4. Aufl. 1921. (= Germanische Bibliothek. I, 1,7.)
Mettke, Heinz: Mittelhochdeutsche Grammatik. Laut- und Formenlehre. 3. Aufl. – Leipzig 1970.
Lasch, Agathe: Mittelniederdeutsche Grammatik. 2., unveränd. Aufl. – Tübingen 1974. (= Sammlung kurzer Grammatiken germanischer Dialekte. A. 9.)
Moser, Virgil: Historisch-grammatische Einführung in die frühneuhochdeutschen Schriftdialekte. – Halle a. d. S. 1909. Unveränd. repr. Nachdr. Darmstadt 1971.
Moser, Virgil: Frühneuhochdeutsche Grammatik. Bd I. Teil 1. 3. – Heidelberg 1929. 1951.
Grammatik des Frühneuhochdeutschen. Beiträge zur Laut- und Formenlehre. Hrsg. von Hugo Moser und Hugo Stopp. Erster Band, 1. Teil: Vokalismus der Nebensilben I. Bearb. von Karl Otto Sauerbeck./2. Teil: Vokalismus der Nebensilben II. Bearb. von Hugo Stopp. – Heidelberg 1970/73. (Germanische Bibliothek. 1. Reihe.)
Blatz, Friedrich: Neuhochdeutsche Grammatik mit Berücksichtigung der historischen Entwickelung der deutschen Sprache. 3., völlig neubearb. Aufl. in zwei Bdn. – Karlsruhe 1895/96. Repr. Nachdr. Hildesheim, New York 1970. Bd I. Einleitung. Lautlehre. Wortlehre.

3. Syntax

Paul, Hermann: Deutsche Grammatik (s. unter 2.). Bde III. IV. Syntax.
Behaghel, Otto: Deutsche Syntax. Eine geschichtliche Darstellung. Bd I–IV. – Heidelberg 1923–1932. (= Germanische Bibliothek. I, 1, 10.)
Schröbler, Ingeborg: Syntax. – In: Paul, Hermann: Mittelhochdeutsche Grammatik (s. unter 2.). S. 283–502.
Blatz, Friedrich: Neuhochdeutsche Grammatik (s. unter 2.). Bd II. Satzlehre (Syntax).

4. Wortforschung

Reichmann, Oskar: Deutsche Wortforschung. – Stuttgart 1969. (= Sammlung Metzler. 82.)

4.1 Wortbildung

Wilmanns, Wilhelm: Deutsche Grammatik (s. unter 2.). Bd II. Wortbildung.
Paul, Hermann: Deutsche Grammatik (s. unter 2.). Bd V. Wortbildungslehre.
Henzen, Walter: Deutsche Wortbildung. – Halle 1947. 3. Aufl. Tübingen 1965. (= Sammlung kurzer Grammatiken germanischer Dialekte. B. 5.)
Meid, Wolfgang: Wortbildungslehre. [Erschienen als Bd III von Hans Krahe: Germanische Sprachwissenschaft (s. unter 2.)] – Berlin 1967. (= Sammlung Göschen. 1218/1218a/1218b.)

4.2 Wortgeschichte

Schirmer, Alfred: Deutsche Wortkunde. Eine kulturgeschichtliche Betrachtung des deutschen Wortschatzes. – Berlin 1926. 5. Aufl. bearb. von Walther Mitzka. Berlin 1965. (= Sammlung Göschen. 929.)

Deutsche Wortgeschichte. Hrsg. von Friedrich Maurer und Friedrich Stroh. Bd I–III. – Berlin 1943. 2. Aufl. (in 2 Bdn). Berlin 1959. Registerband. Bearbeitet von Heinz Rupp. Berlin 1960 (= Grundriß der germanischen Philologie. 17.)

Schwarz, Ernst: Kurze deutsche Wortgeschichte. – Darmstadt 1967.

4.3 Wörterbücher

Grimm, Jacob, und Wilhelm Grimm: Deutsches Wörterbuch. Bd I–XVI (in 32 Bdn). – Leipzig 1854–1960.

Paul, Hermann: Deutsches Wörterbuch. – Halle 1897. 5., völlig neu bearbeitete und erweiterte Aufl. von Werner Betz. 2. Druck. Tübingen 1966.

Kluge, Friedrich: Etymologisches Wörterbuch der deutschen Sprache. – Berlin 1883. 20. Aufl. bearb. von Walther Mitzka. Berlin 1967.

Duden. Etymologie. Herkunftswörterbuch der deutschen Sprache. – Mannheim 1963. (= Der Große Duden. 7.)

Graff, Eberhard G.: Althochdeutscher Sprachschatz oder Wörterbuch der althochdeutschen Sprache. Bd I–VI. – Berlin 1834–1842. Vollständiger alphabetischer Index von Hans F. Massmann. – Berlin 1846. Neudruck Hildesheim 1963.

Karg-Gasterstädt, Elisabeth, und Theodor Frings: Althochdeutsches Wörterbuch. Bd I. [Buchstaben A und B]. – Berlin 1968.

Schützeichel, Rudolf: Althochdeutsches Wörterbuch. – Tübingen 1969.

Müller, Wilhelm [ab Bd II:] und Friedrich Zarncke: Mittelhochdeutsches Wörterbuch. Mit Benutzung des Nachlasses von Georg Friedrich Benecke. Bd I–III (in 4 Bdn). – Leipzig 1854–1866. Neudruck Hildesheim 1963.

Lexer, Matthias: Mittelhochdeutsches Handwörterbuch. Zugleich als Supplement und alphabetischer Index zum mittelhochdeutschen Wörterbuche von Benecke – Müller – Zarncke. Bd I–III. – Leipzig 1872–1878. Neudruck Stuttgart 1965.

Lexer, Matthias: Mittelhochdeutsches Taschenwörterbuch. – Leipzig 1879. 34. Aufl. (mit neubearb. u. erw. Nachträgen). Stuttgart 1974.

Götze, Alfred: Frühneuhochdeutsches Glossar. – Bonn 1912. 7. Aufl. Berlin 1967. Nachdr. 1971. (= Kleine Texte für Vorlesungen und Übungen. 101.)

Formen- und Wortregister

Das Register ist nicht darauf angelegt, alle in diesem Buch enthaltenen ahd. und mhd. Wörter und Wortformen bereitzustellen. Die Liste beschränkt sich im wesentlichen auf häufiger vorkommende ahd. und mhd. Flexions- und Tempusformen, deren Erscheinungsbild, sowie Wörter, deren syntaktischer Gebrauch vom Neuhochdeutschen aus betrachtet ungewöhnlich sind.
Das im Kapitel »E. Zur Wortkunde« zusammengestellte Wortmaterial läßt sich mit Hilfe des Inhaltsverzeichnisses (s. E. 2. Bedeutung und Bedeutungswandel einiger Beispielwörter) und des Sachregisters (s. Ableitungssuffixe, Kompositionssuffixe, Präfixe) erschließen.
Die Zahlen beziehen sich auf die fortlaufende Abschnittszählung.

Sachregister

Die Zahlen beziehen sich auf die fortlaufende Abschnittszählung.